다음세대 소그룹 반 목회 실행을 위한

BCM 교사 코칭

사랑마루
SARANGMARU

다음세대 소그룹 반 목회 실행을 위한

BCM 교사 코칭

2014년 10월 30일 초판 1쇄 인쇄
2014년 10월 30일 초판 1쇄 발행
지은이/BCM 교육목회 코치팀
  유윤종·강신덕·김덕주·조문섭·이선미·정영호
발행인/김진호
편집인/유윤종
기획/강신덕
편집/전영욱 강영아
디자인·일러스트/권미경 오인표
홍보·마케팅/강형규 박지훈
행정지원/조미정 박주영

대표전화 TEL (02) 3459-1051~2/ FAX (02) 3459-1070
홈페이지 http://www.eholynet.org, http://www.ibcm.kr
등록 2011년 1월 17일 등록번호/ 제2011-000013호
ISBN 979-11-952714-5-0 03230
가격 12,000원

다음세대 소그룹 반 목회 실행을 위한

BCM 교사 코칭

BCM 교육목회
교회교육의 혁신

김진호 목사
기독교대한성결교회 교단 총무

　최근 몇 년 한국교회의 숫자 감소는 교회를 넘어서 한국사회 자체의 큰 이슈가 되고 있습니다. 몇몇 사람들은 교인의 숫자가 줄어드는 것을 환영하고 이 사회가 진정으로 진보하고 있다고 박수를 치고 있지만, 대부분의 현명한 사람들은 이 사회가 종교와 신앙을 내려놓는다는 것이 의미하는 사회 역행 현상에 대해 심각한 우려를 표명합니다. 발전된 사회일수록 종교와 신앙의 의미가 더욱 깊어지고 그 사회의 중요한 원동력으로 작용하는 것이 상식인데, 그와는 반대로 흘러가는 현상에 안타까움을 금할 수 없습니다.

　우리 사회가 지금 진지하게 들여다보아야 하는 것은 교회를 비롯한 종교의 영향력이 심각하게 외면되고 무너져 가고 있는 것입니다. 그 이유에 대한 분석이야 여러 학자들과 전문가들의 몫이겠지만, 교회 사역의 핵심을 감당하는 목회자들, 교회교육 지도자들과 교사들 역시도 그 문제와 원인에 대한 깊이 있는 성찰과 토론의 과제가 전혀 주어지지 않은 것은 아닐 것입니다. 교회교육은 이제 작금의 종교적 현상, 무엇보다 기독교가 심각하게 겪고 있는 문제들에 깊은 관심을 가져야 합니다. 그리고 그 대안 모색과 실천이 다른 어느 곳보다 다음 세대 교육에서부터 시작되어야 함을 알아야 합니다.

기독교대한성결교회의 BCM 교육목회는 지금의 위기에 대한 하나의 귀중한 대안입니다. 우리가 이미 아는 바로 BCM 교육목회는 교회의 목회 현장에 대한 갱신과 회복, 부흥의 과제를 포함하여 교육현장에 대한 대안 모색에서도 한국교회의 선도적인 역할을 수행해 왔습니다. 지난번 '2014년 교회교육 엑스포'에서도 충분히 드러났듯 한국교회는 지금 BCM교육목회가 제안하는 교육목회적 대안에 대하여 열광하고, 그것을 적극적으로 수용하는 태도로 급속하게 변화하고 있습니다. 이유는 생각보다 간단합니다. BCM 교육목회는 지금 이 시대 한국교회가 회복해야할 과제에 대하여 명확하게 직시하고 또렷한 대안을 제안하고 있기 때문입니다. BCM이 제안하는대로 평신도를 목회의 동역자로 세우는 일, 부모를 신앙교육의 동반자로 세우는 일, 무엇보다 교사를 소그룹 소그룹 반목회자로 세우는 일 등은 분명 이 시대 한국교회가 취할 수 있는 최적의 대안 모색 방식이 될 것입니다.

　이번에 우리는 한국교회의 대안 모색을 위한 또 하나의 결정체를 얻게 되었습니다. 교회 교사들의 다음세대 사역을 위한 보다 치밀한 계획과 실행의 방법이 제시된 「BCM 교사 코칭」입니다. 이 책은 교회가 교사들을 소그룹 반목회자로 세우고 그들로 하여금 맡겨진 다음세대 영혼들에 대한 목자로서의 충실한 리더십을 형성하도록 돕습니다. 무엇보다 이 책은 교사들이 다음세대를 위한 소그룹 사역에서 언제 무엇을 어떻게 해야할지에 대해 상세하게 그리고 치밀하게 제안합니다. 이제 한국교회는 그 회복과 부흥을 위한 근본적인 대안의 또 한 가지 귀한 도구를 얻게 된 셈입니다.

　이 책이 발간되기까지 헌신과 수고 그리고 격려를 아끼지 않아 주신 총회 교육부의 홍건표 목사님과 소위원들 그리고 이 책의 실질적인 출판을 위해 수고해주신 출판위원회 위원들께 감사드립니다. 이 책의 개발과 집필을 위해 현장에서의 임상과 더불어 수고해 주신 김덕주 목사님, 조문섭 목사님, 정영호 목사님 그리고 이선미 목사님께 감사드립니다. 이 책의 모든 내용들이 개발되고 최종적으로 정리, 제작되도록 임상기회로 지원하고 격려해 주신 대구제일교회와 오연택 목사님, 군산중앙교회와 홍건표 목사님, 대전정림교회와 정형교 목사님, 김천서부교회와 주석현 목사님, 태광교회와 차주혁 목사님, 오류동교회와 조종환 목사님 그리고 홍성교회와 김형배 목사님께 진심으로 감사드립니다. 무엇보다 우리 총회본부의 교육국은 BCM 교육목회의 성장과 발전을 위해 중요한 견인차입니다. 유윤종 국장을 비롯한 직원들의 노고로 기독교대한성결교회와 총회본부는 한국교회와 세상을 향한 귀한 진보를 이룰 수 있었습니다.

　이 땅 곳곳에서 피와 땀을 흘리며 눈물로 기도하며 하나님나라의 부흥을 위해 수고하시는 모든 사역자들의 수고와 노력으로 우리는 하나님의 교회가 부흥하고 성장할 수 있는 귀한 조건을 하나 더 추가하게 되었습니다. 하나님께 영광과 찬양을 돌리며, 앞으로도 한국교회와 기독교대한성결교회가 지속적인 성장과 부흥을 이루기를 간절히 기원합니다. 감사합니다.

2014년 10월 30일

목차 contents

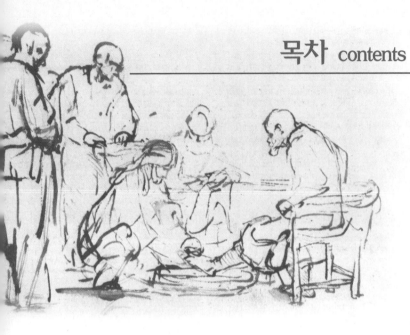

2부 BCM 코칭 실행하기

부록

BCM 코칭 설계하기

교회교육의
소그룹 사역 강화

기독교대한성결교회 총회본부 교육국

실행이 중요하다

'구슬이 서 말이라도 꿰어야 보배'이라는 말은 괜히 있는 말이 아닙니다. 사람들은 다음세대가 복음을 알지 못하는 세대로 전락하고 교회가 가르침의 사역에 소홀해지고 있다는 것에 안타까움을 갖습니다. 그래서 시대가 점점 악해져서 교회의 교육이 무언가 특단의 조치를 취해야 한다는 것, 무엇보다 교육지도자들이 각성하여 시스템을 잘 세워야 한다는 것, 교사들이 비전을 가지고 보다 더 열정적으로 사역해야 한다는 것 등의 대안이 개별적으로 많이 회자되고 있습니다. 중요한 것은 이 모든 안타까움에 대한 개별적인 대안들을 구슬을 꿰듯이 "실행"이라는 주제 아래 꿰어야 한다는 것입니다.

얼마나 많은 지도자들이 그리고 얼마나 많은 교사들과 부모들이 다음 세대에 대한 긍휼의 마음을 품고 회개하는 마음으로 기도하며 헌신을 결단했을까요? 얼마나 많은 교회가 다음세대를 바르게 세워야 한다는 모토를 세우고 교육에 집중하기 위한 다양한 시도들을 했을까요? 중요한 것은 이 모든 위기의식과 대안을 위한 모색들이 '실행'이라는 깃발 아래 종합되고 구체화되고 실제로 결실을 맺는 일로 연결되지 못했다는 것입니다. 실제로 많은 교회와 지도자들과 교사들이 깃발을 들고 일어서는 일까지는 시도하다가 주저앉기를 반복하고 있습니다.

실행이 먼저이어야 합니다. 오늘 우리 한국교회는 이미 많은 부분에서 생각이 정리되어 있습니다. 무엇이 위기인지, 무엇이 문제인지, 그래서 무엇을 해야 하는지, 그것을 왜 해야 하는지에 대한 생각들은 이미 다 정리가 끝났습니다. 이제 중요한 것은 그들을 구원과 생명의 자리로 인도하여 들이기 위하여 번화가로 나서는 것입니다. 학교 앞으로 나가는 것입니다. 주택가 골목길로 들어가는 것입니다. 우리 다음세대가 신음하는 삶의 자리로 들어가 그들을 어루만지고 그들에게 살 길이 있음을 외치고 인도하는 실제적인 실행이 필요합니다.

교사를 비롯한 교회의 소그룹 지도자들의 교육과 목회 실행력은 위기를 극복하고 부흥하는 관건입니다. 이제 교회는 더 이상 담임목회자 등으로 대표되는 한 명의 영웅적인 대처로 부흥을 이룰 수 없습니다. 이제 교회는 이론적인 몇 가지 논리들을 개별적으로 실험하는 수준의 대안 극복 과제로 부흥을 일으킬 수 없습니다. 이제 교회는 땜질을 위한 교육과 목회 프로그램을 구매하는 데서 부흥을 희망할 수 없습니다. 오늘 교회의 부흥은 평신도를 목회의 동역자로 세우고 그들을 교회의 복음적 시스템의 일원으로 사역하도록 하는 것에서 가능합니다.

BCM 교육목회는 지난 2007년 이래 현대교회 부흥의 지름길로서 '그리스도의 몸 된 교회'의 교육적 사역 패턴 형성과 그 신실한 실천을 제안해 왔습니다. 이제 BCM 교육목회는 시스템 개발에 이어 시스템 발전의 도약 시기에 들어서서 한국교회를 위한 보다 더 구체적인 제안을 하고자 합니다. 평신도를 목회의 동역자로 세워서 그들로 하여금 교육적 목회의 주체자로서 주님의 몸 된 교회의 소그룹을 은혜 가운데 돌보고 가르치는 사역에 헌신하도록 하는 것입니다. 이 일을 위해 교회는 먼저 주님의 몸 된 공동체 내에 복음을 전수하고 가르치며 복음의 은혜 아래 서로 돌보는 가운데 그 능력으로 선교적인 파송이 일어나도록 하는 소그룹 사역이 활성화 되도록 해야 합니다. 소그룹 사역을 활성화하고 소그룹 사역자들을 세우는 일이야말로 BCM 체제가 바라보는 부흥의 진정한 지름길인 것입니다.

특별히 이 책에서 BCM 교육목회는 교회의 교육사역을 중요한 소그룹 사역의 하나로 간주합니다. 그리고 그 이름을 '소그룹 반 목회' 사역이라고 명명하고자 합니다. 교회의 교육은 목자 된 심정으로 어린 영혼들에게 신앙을 전수하고 온전한 주님의 제자가 되게 하여 시대를 개혁하고 하나님 나라를 앞당기는 일꾼을 세우는 교사의 사역이 그 핵심입니다. 교사들의 사역은 주님의 제자를 부르고 세워서 그들을 온전한 주님의 제자로 보내는 일입니다. 따라서 이 사역은 더 이상 성경공부 중심의 주일교육으로 제한될 수 없습니다. 이 사역은 말 그대로 전형적인 주님의 제자훈련, 주님의 몸 된 교회가 소중하게 여겨야 하는 소그룹 사역의 중요한 한 부분입니다. 교사가 소그룹 목자로서 자신의 정체성을 바르게 인식하고, 이 사역의 주요 내용과 방식을 철저하게 훈련하여, 짜임새 있는 일정 가운데 성실하게 헌신하는 일은 주님의 제자훈련을 그대로 본받은 교회의 소그룹 사역의 핵심이라 할 수 있습니다.

이제 부흥을 열망하는 여러분의 교회는 다름 아닌 교사들을 교회의 중요한 소그룹 사역자로 세워야 합니다. 따라서 교회는 교사들의 온전한 소명과 교사들의 온전한 훈련, 교사들의 온전한 사역 실행을 위하여 체계적인 사역을 구성해야 합니다. 이제부터 함께 나눌 이 책의 내용은 바로 교회의 교사들을 소그룹 사역자로, 헌신하는 목자로 세우는 안내서 이며 지름길입니다. 다음에 제안하는 여섯 단계를 따라 여러분 교회의 교사들을 훌륭한 주님의 목자로 세워 교회의 큰 부흥을 이루시기를 바랍니다.

소그룹 반 목회 코칭 여섯 단계

많은 지도자들이 교사를 목회의 진정한 동역자로, 교회의 중추적인 소그룹 사역자로 세우는 일에 대해 동의합니다. 교사들이야말로 교회가 교회 되게 하는 일, 교회가 중장기적이고 지속적으로 온전한 교회로 부흥하게 되는 길의 핵심이라고 말합니다. 그런데 막상, 그들을 어떻게 부르고 세워서 사역자로 파송해야 할지에 대해 잘 알지 못합니다. 교회교육 교사론을 다루는 많은 책들이 이론에 머물거나 지나치게 테크닉에만 빠지거나, 혹은 소명의 자리로 나오도록 만드는 데에만 부분적으로 성공하고 있습니다. 이제 BCM 교육목회는 우리 교회 교사들을 온전한 소그룹 반 목회자로 세우기 위해 다음의 여섯 가지 단계를 밟을 것을 제안합니다.

1단계: 진단하기

교회의 교사들을 잘 훈련된 소그룹 사역자로, 반 목회자로 세우기 위해 교회가 먼저 해야 할 일은 다음의 두 가지를 진단하는 일에서 출발합니다. 첫째는 교회의 교육목회를 위한 현황을 파악하는 것입니다(부록의 '우리교회 교육목회 사역진단지'). 교회가 교사들을 소그룹 반 목회자로 바르게 세우기 위해서 먼저 해야 하는 것은 교회의 교육목회 실행을 위한 토양을 스스로 점검하는 것입니다. 따라서 교회는 이 진단지를 교회의 목회자, 평신도 지도자들, 교회의 부모 및 일반 신앙인들, 그리고 교사그룹을 대상으로 하여 조사하고 분석합니다. 두 번째, 교회는 교사들의 소그룹 반 목회 사역 현황을 파악해야 합니다(부록의 '소그룹 반 목회 사역 실행 진단지'). 교사들이 온전한 소그룹 반 목회자가 되기 위해서는 교사들이 무엇을 얼마만큼 실행하고 있는지 파악해야 합니다. 말하자면, 현실을 알아야 개선방안을 모색할 수 있다는 것입니다. 교회는 각 부서 교사들을 대상으로 하여 그들의 예배 사역, 성경공부 사역, 주간목회 사역 그리고 프로그램 사역 등에 대한 의식과 실천 정도를 조사하여 파악하고 분석합니다.

2단계: 집중하여 시작하기

교회의 교육목회 사역과 교사들의 소그룹 반 목회 사역에 대한 진단이 완료되고 관련된 자료를 얻었으면 이제는 무엇을 어디서부터 고치고 개선해야하는 지에 대해 집중력을 가져야 합니다. 이 단계를 진행하기 위해서 교회는 앞서 1단계의 결과를 분석하고 정리하여 문제점을 명확하게 하는 작업을 교회의 목회실에 위임해야 합니다. 목회실이야말로 현대 교회교육의 핵심이며, 그 실질적인 지도력의 중추이기 때문입니다. 목회실은 주어진 자료를 기반으로 교회의 교육목회가 어느 정도 시행되고 있으며, 어느 부분이 부족한지를 파악해야 합니다. 아울러 목회실은 주어진 자료를 기반으로 교사들의 소그룹 반 목회 사역 실행의 정도가 얼마 만큼인지를 파악하고 현재의 실행 정도를 보완하여 더 나은 소그룹 반 목회 실행을 위해 무엇을 어떻게 해야 하는지를 정리해야 합니다. 그리고 6개월에서 1년 내에 개선해야 하는 집중 과제와 개선하기 위해 1년 이상 꾸준한 노력이 필요한 과제를 구분하여 교회의 교육목회 발전과 소그룹 반 목회 발전을 위한 집중 과제를 보고서로 제출하고, 그것을 당회를 비롯한 교회의 지도자들과 공유하는 시간을 갖습니다.

보고서를 받은 교회는 한편으로 교육목회 발전을 위해 교회가 정책적으로 지원해야 하는 부분을 고민하여 교회 전체의 공동과제로 삼습니다. 아울러 교회는 소그룹 반 목회의 개선과 발전을 위한 집중과제들에

대해서 목회실과 교육부서의 지도자들에게 위임하여 실물적인 교사사
역의 개선이 이루어지도록 지도해야 합니다. 이를 위해 담임목사를 비
롯한 목회자들과 교회의 평신도 교육지도자들은 이 책의 'BCM 사역과
코칭 설계 2 : BCM 소그룹 반 목회 코칭 세우기' 부분을 집중적으로 읽
고 나누는 시간을 갖는 것이 필요합니다.

3단계: 코치 세우기

이제 교사들의 소그룹 반 목회 사역 코칭을 위한 본격적인 과제 수행
에 들어가도록 합니다. 이를 위해 목회실과 교육지도자들이 가장 먼저
해야 하는 일은 교육현장의 예배 사역, 성경공부 사역, 주간목회 사역,
그리고 프로그램 사역 분야에서 교사들을 선도하고 이끌어줄 코치들을
세우는 일입니다. 신앙교육의 대략이 그러하듯 교사들의 목자로서의 사
역에도 모델이 되는 사람이 필요합니다. 이렇게 세워진 코치들의 모범
된 소그룹 반 목회 사역은 각 부서의 교사사역의 중추요 귀감이 될 것입
니다. 한 가지 유념해야 할 것은 중심 역할을 하는 코치들의 사역이 결
국 각 부서 사역의 기준점이 될 수 있다는 것입니다. 교회의 소그룹 사
역에서 기준점으로 삼을 만한 사람들이 중심에 서는 일은 중요합니다.
그보다 부족한 사역자들은 보다 나아지도록 노력할 것이고 그보다 과한
사역자들은 스스로의 사역에 관한 균형과 통제력이 필요하다는 것을 느

끼게 되기 때문입니다. 중요한 것은 소그룹 반 목회 사역의 코치 세우기를 위한 보다 치밀한 준비일 것입니다. 교회는 기본적으로 교회의 소그룹 사역 자원을 확립한다는 차원에서 교회의 다양한 그룹들이나 개인들로부터 코치를 세우도록 해야 합니다. 그러나 각 부서의 오랜 경력을 가진 교사들의 풍부한 경험을 충분히 존중하고 고려하여 그들을 코치로 세움으로써 적절한 균형감도 가져야함을 잊지 말아야 합니다.

4단계: 실행 코칭하기

BCM 코칭을 통해 교사를 소그룹 반 목회자로 세우는 실제적인 프로그램은 다음의 7주 과정을 기본으로 합니다. 목회실과 평신도 지도자들은 우선 교사들을 소그룹 반 목회자로 부르는 일의 중요성을 알아야 합니다. 소명의 과정이 분명한 교사들일수록 목자로서의 사역에 대한 헌신도가 높습니다. 아울러 목회실과 평신도 지도자들은 교사들이 배우고 훈련하여 스스로 익혀야할 사역과제(mission statement)를 이 책과 병행하여 주어지는 「BCM 교사플래너」의 길라잡이가 제공하는 세 가지 수준 9가지 단계에 기준하여 분명하게 제시하고 각 단계가 지시하는 과제를 숙지하여 익숙해지도록 훈련해야 합니다. 마지막으로 목회실과 평신도 지도자들은 교사들이 훈련된 대로 각 반에서 소그룹 반 목회를 성실하게 수행하도록 안내해야 합니다. 이제 다음의 7주 과정을 주의 깊게 살펴 우리교회에 적합한 BCM 소그룹 반 목회 코칭 프로그램을 구성해 봅니다.

주	과정	자료	비고
준비과정1	교육목회와 소그룹 반 목회 진단하기	「BCM 코칭」	설문조사 및 분석
준비과정2	분석과 집중과제 선정하기	「BCM 코칭」	지도자 간담회
첫째 주	소그룹 반 목회 사역 결단의 교육부흥회 BCM 소그룹 반 목회 코칭 세우기	교회별 준비 「BCM 코칭」	주일 오후 부흥회 부흥회 후 강의
둘째 주	BCM 소그룹 반 목회 코칭 1 참된 목자 되기	「BCM 코칭」	강의 및 실습 진행
셋째 주	BCM 소그룹 반 목회 코칭 2 BCM 교사의 예배 사역	「BCM 코칭」	강의 및 실습 진행
넷째 주	BCM 소그룹 반 목회 코칭 3 BCM 교사의 성경공부 사역	「BCM 코칭」	강의 및 실습 진행
다섯째 주	BCM 소그룹 반 목회 코칭 4 BCM 교사의 주간목회 사역	「BCM 코칭」	강의 및 실습 진행
여섯째 주	BCM 소그룹 반 목회 코칭 5 BCM 교사의 프로그램 사역	「BCM 코칭」	강의 및 실습 진행
일곱째 주	소그룹 반 목회 사역 헌신의 교육부흥회 *소그룹 반 목회 실행을 위한 기도회	교회별 준비	주일오후 부흥회 주간의 별도 기도회

총 7주 동안의 코칭 프로그램 진행 일정이 완성되고 교회의 목회자들과 교사들이 모두 동참하기로 했다면 이제 각 주차마다의 프로그램 진행의 기본 일정을 정리해야 합니다. 우선 준비과정은 설문조사와 그 조사결과를 분석하여 이 책이 제안하는 BCM 사역과 코칭 설계 부분과 함께 소그룹 반 목회 사역을 세우기 위한 기초를 논의하는 과정입니다. 별도의 일정 제안보다는 교회별로 지도자들의 자율적이고 치밀한 분석 및 토의, 그리고 공부 시간이 필요할 것입니다.

먼저 첫째 주와 일곱 째 주의 교육부흥회는 적절한 강사를 세워 교사들을 결단하게 하는 시간입니다. 첫째 주 교사 부흥회는 모든 성도들, 특히 부모들이 함께 참여하여 교사들의 소그룹 반 목회 사역을 결단하는 시간을 축하하는 시간으로 진행합니다. 교사 부흥회 후에는 "BCM 소그룹 반 목회 코칭 세우기" 강의를 통해 BCM 소그룹 반 목회에 대한 전반적인 이해를 돕습니다. 그리고 마지막 주 부흥회에서 교회는 지난 기간 동안 훈련 받느라 수고한 교사들을 격려하고 그들의 삶과 사역을 축복하는 시간을 갖습니다. 이 마지막 주에 교사들은 별도의 시간을 마련하여 교사들끼리 중점적으로 기도하는 시간을 가집니다. 그래서 소그룹 반 목회 사역이 다른 무엇보다 기도로 준비되고 실행되도록 합니다. 이제 남은 다섯 주는 다음의 일정을 따라 매우 효율적이고 은혜 가득한 코칭을 진행합니다.

시간	코칭 내용	담당	비고
30분	찬양과 교제	찬양 담당 교사	
1시간	코칭 강의	목회자 혹은 지도자	이 책의 주 내용 강의
30분	코칭 실습	담당 코치교사	해당 사역의 지침 실습
30분	질문과 토론	각 부서별 교역자/지도자	각 부서별 사역 세팅을 위한 토론과 논의 그리고 기도

    소그룹 반 목회 코칭은 가능한 주말인 토요일과 주일에 진행합니다. 주요 진행은 목회실과 평신도 지도자들이 주도하여 실행하지만, 반드시 기억해야 할 것은 앞서 3단계에서 언급했듯 각 사역 담당별 코치들의 사역입니다. 교회의 목회실과 평신도 지도자들은 사전에 코치들과 더불어 해당 강의 내용에 대하여 깊이 있는 공부와 나눔의 시간을 가져야 합니다. 그리고 각 부서별로 해당 사역이 어떻게 세팅되어야 하는지에 대해 충분히 논의하고 준비해야 합니다. 특별히 지도자들은 각 주차별 코칭 진행시에 각 사역들이 실제로 교사들의 소그룹 반 목회 사역에서 안정적으로 세팅되도록 하는 것을 목표로 해야 합니다.

5단계: 실행 평가하기

코칭의 가장 중요한 대목은 바로 코칭한 내용을 교사들이 충분히 숙지하였는지를 평가하는 것입니다. 코칭은 지적인 학습을 넘어서는 것입니다. 코칭은 실질적인 실행 지침을 머리와 마음과 몸 그리고 무엇보다 영혼 깊숙이 체득하는 일입니다. 결국 목회실과 평신도 지도자들은 이 책이 제공하는 각 사역별 실행 지침들을 교사들이 잘 숙지하였는지, 그리고 그것을 몸과 마음, 영혼에 잘 체화하였는지를 살피고 평가하는 일에 게을러서는 안 됩니다. 잘 체득되었다면 다행이지만, 혹시 체득되지 않은 교사들이 있을 경우 지도자들은 놓치지 말고 그들을 재훈련 하기 위한 프로그램을 운영해야 할 것입니다. 아울러 목회실과 평신도 지도자들은 부록에 제공된 '소그룹 반 목회 사역 실행 진단지'를 정규적으로 재조사해야 합니다. 그리고 이전 조사와 달라진 것, 특별히 교사들의 소그룹 반 목회 4대 사역(예배, 성경공부, 주간목회, 프로그램)이 지속적으로 향상되고 있는지를 살펴야 합니다. 이러한 재조사와 평가를 통해 목회실과 평신도 지도자들은 교사들을 어떻게 지속적으로 훈련해야 할지에 대한 계획을 수립해야 합니다.

6단계: 정규적인 코칭체계 세우기

BCM 소그룹 반 목회 코칭은 정규적인 코스로 만들어져야 합니다. 교사들의 소그룹 반 목회 사역 코칭은 일회적이어서는 안 됩니다. 이 훈련 과정은 단번에 끝나는 일이 아닙니다. 이 훈련과정은 매년 연말이나 연초에 아직까지 훈련되지 않은 교사들과 신입 교사들을 대상으로 정규적으로 시행되어야 합니다. 앞서 언급한 바와 같이 평가와 조사의 과정을 정규적으로 시행하여 교사들이 보강해야 할 사역 부분이 있다면, 이 정규과정에서 재훈련을 받도록 하는 것이 필요합니다. 그래서 교사라면 누구든지 목자로서의 네 가지 사역이 전반적으로 숙지되고 숙달되도록 지속적으로 관리하고 교육해야 합니다. 한 가지 덧붙이자면, 이 코칭 과정은 기본적으로 교회의 교육을 담당하는 소그룹 사역자들을 위한 것입니다. 따라서 담임목사와 목회실, 그리고 평신도 지도자들은 이 「BCM 코칭」을 단지 교회교육 교사들만이 아닌 청장년 교육을 담당하는 소그룹 리더들이나 지도자들을 훈련하는 교재로 활용해도 좋습니다.

BCM 코치 의뢰하기

기독교대한성결교회 총회본부 교육국은 지난 수년 간의 BCM 교육목회 임상과 실행을 통하여 얻은 다양한 노하우를 한국교회의 일선 교육목회 지도자들과 교사들과 더불어 나눌 기회를 갖고자 합니다. 따라서 이

BCM 소그룹 반 목회 코칭 프로그램을 보다 더 전문적으로 시행하고 싶으시다면 어느 교회든 위 기독교대한성결교회 총회본부 교육국으로 문의하여 상의하실 수 있습니다. 교육국은 코칭을 의뢰하는 교회에 대하여 이 책을 기반으로 하는 코칭은 물론, 보다 더 심화된 전문적 진단을 시행하고 그 진단 결과를 보고서로 작성하여 해당교회가 보다 더 치밀하고 계획적으로 교육목회 및 소그룹 사역을 강화할 수 있도록 도울 것입니다.

BCM 소그룹 반 목회
코칭 세우기

유윤종 목사
기독교대한성결교회 총회본부 교육국장

교육목회의 핵심: 소그룹 반 목회

'BCM 교육목회(The Body Of Christ Model : An Educational Ministry System)'는 '개인의 성숙', '공동체의 성장', 그리고 '사회의 변화'를 추구합니다. 그 중심에 BCM 교사의 소그룹 반 목회가 있습니다. 교회에서 거룩한 직분을 맡은 교사는 소그룹 반(Small Group Class Meeting)을 맡아 교육하고 목회하는 사람입니다. BCM 교사는 제자들의 개인적인 성숙뿐만 아니라 동시에 소그룹 공동체의 성장을 추구합니다. 그리고 그들과 함께 주님의 몸 된 교회를 세우고, 세상을 변화시키며 하나님의 나라를 이루어 가는 사람입니다.

BCM 교사는 "소그룹 반 목회자"입니다. BCM 교사는 주일 하루 2시간도 안 되는 시간에 수동적으로 예배에 참석하고, 지식적으로 성경을 전달한 후에 제자들을 무책임하게 세상에 버려두는 사람이 아닙니다. BCM 교사는 주일날 제자들과 함께 감동적인 예배를 드리고, 잘 준비된 성경학습이 이루어지도록 하며, 주간에는 사랑으로 제자들을 돌보고 섬기는 사람입니다. BCM 교사는 분명한 구원의 확신을 가지고 하나님의 말씀을 책임 있게 가르쳐서 제자들의 변화를 돕고 성숙한 그리스도인으로 살아갈 수 있도록 인도하는 사람입니다. BCM 교사는 예수님이 우리를 사랑하신 그 사랑으로 제자들을 돌보고 섬겨서 우리의 어린이와 청소년들이 역사의 책임적 존재로 살아갈 수 있도록 이끄는 사람입니다.

그래서 BCM 교육목회의 핵심은 'BCM 소그룹 반 목회'에 있습니다. 교사는 소그룹 반 목회를 통해 "양육과 돌봄"이 동시에 이루어져서 제자들의 변화와 성숙을 이끌어야 합니다. BCM 교사는 탁월한 성경교사인 동시에 신실한 반 목회자가 되어야 합니다. 깊은 영성을 가지고 탁월하게 학생들을 이끌며 자신이 맡은 소그룹 반(Small Group Class Meeting)을 사역공동체로 세워서 하나님 나라의 가치를 이 땅에 실현해야 하는 것입니다. 이를 위해 교회와 가정이 지속적이고 체계적으로 BCM 교사의 반 목회를 도와야 합니다.

BCM 소그룹 반 목회, 교회학교의 혁명

교사가 "소그룹 반 목회자"가 되는 것, 그것은 이 땅에 교회 사역의 사명이 세워진 이래 그 사명을 감당해 온 교회학교의 혁명입니다. 풀러 신학교의 칼 조지(Carl George) 박사는 『소그룹 사역의 새로운 방향』이라는 책에 기고한 글에서 "교회학교 학급은 진정한 소그룹"이라고 주장했습니다. 그 이유는 교회학교는 본질상 관계가 중요하고, 양육과 돌봄을 통하여 다음세대를 주님의 제자로 세워가는 특성을 가지고 있기 때문이라는 것입니다.

그러므로 교회학교에서 성경을 지식적으로 전달해서는 삶의 변화를 이끌어 낼 수 없습니다. 이제는 예수님이 우리를 만나 주시고 그로 인해 우리의 삶이 변화된 것처럼, 학생들을 예수님의 사랑으로 만나야 합니다. 예수님처럼 사랑하고 돌보아야 합니다. 교사가 소그룹 반의 목회자가 되어서 체계적인 양육과 사랑의 돌봄을 통해 맡겨진 어린이와 청소년들을 주님의 제자로 양성해야 하는 것입니다. 따라서 BCM 소그룹 반목회를 이해하려면, 다음의 세 가지 개념을 이해해야 합니다. 그것은 "BCM 교육목회와 소그룹 목회, 그리고 반 목회"에 대한 개념입니다.

BCM 교육목회

BCM 교육목회는 '그리스도의 몸'을 교회의 모델로 보고 교육목회를 통해 개인의 변화와 공동체의 성숙, 그리고 하나님 나라를 이루어가는 교육목회 시스템입니다. 교육은 가르침과 배움의 상호 작용을 통해 바람직한 변화를 일으키는 모든 활동입니다. 목회는 성령의 능력으로 예수님이 우리를 사랑하신 것처럼, 사랑하고 돌봄으로 바람직한 변화를 일으키는 모든 활동입니다. 따라서 교육과 목회를 통해 주님의 몸 된 교회를 세우는 것은 가장 균형 잡힌, 그리고 가장 효과적인 사역이 될 것입니다.

이렇게 볼 때, BCM은 우리 시대 신앙교육의 가장 혁신적인 형태가 될 것입니다. 기독교 신앙교육이 교회학교라는 틀에 묻혀 "주일에만 주로 시행하는 신앙교육, 교재 중심의 신앙교육"이라는 한계를 극복하지 못하여 "성숙하지 못한 그리스도인"을 양산하고 있는 이때에, BCM은 주일뿐만 아니라 주간에도 양육과 돌봄을 통해 성숙한 그리스도인을 양성한다는 점에서 현대 기독교교육의 새로운 출발이 될 것입니다. 소그룹 반 목회의 입장에서 볼 때, BCM 교육목회는 다음 세 가지로 정리할 수 있습니다.

첫째, BCM은 그리스도의 몸 된 교회를 세우는 시스템입니다. 많은 사람들은 현대 사회를 포스트모던(postmodern)의 시대라고 말합니다.

포스트모던 시대의 가장 큰 특징은 극단적인 개인주의와 상대주의입니다. 이 시대의 사람들에게 가장 큰 적은 '소외감'입니다. 서로에게 무관심하고 자기중심주의적인 성향을 드러내기 때문에 서로에게 관심을 받지 못하여 결국 모두가 모두를 향하여 소외될 수밖에 없는 현상이 나타나는 것입니다. 그래서 현대인들이 가장 원하는 것이 바로 '소속감'입니다. 공동체에서는 개개인이 쓸모 있는 사람으로 인정받는 것을 가장 원하고 있습니다. BCM은 모든 어린이와 청소년들이 주님의 몸 된 교회의 일원으로서 분명한 소속감을 가지고 살아가도록 돕는 교육목회 시스템입니다.

둘째, BCM은 삶을 변화시키는 교육입니다. 학생들이 온전한 신앙인으로 자라지 않는다면, 그 교육은 헛된 것이 될 것입니다. BCM이 가장 강조하는 것은 준비된 성경학습과 사랑의 돌봄입니다. 우리의 어린이와 청소년들이 하나님의 말씀을 제대로 배움으로 삶이 변화되는 것과 배운 말씀대로 살아가도록 돌봄으로써 진정한 변화를 추구하는 것이 BCM의 핵심 사역입니다. 교사는 소그룹 반 목회자가 되어 탁월한 성경학습과 신실한 돌봄으로 맡겨진 학생들을 주님의 제자로 세우는 귀한 사역을 감당하게 될 것입니다.

셋째, BCM은 주님의 사랑으로 돌보는 목회입니다. 모두가 주님의 몸 된 교회의 일원임을 깨닫게 하는 것이 BCM의 가장 중요한 목적입니다.

그래서 목회자와 교사는 참된 목자가 되어 맡겨진 어린이와 청소년들을 주님의 양으로 돌보고 양육하여 주님의 제자로 세워야 합니다. 이 과정에서 모든 사람들이 성숙한 그리스도인으로 세워지게 되고, 그들이 연합한 공동체는 건강한 교회로 세워지는 것입니다.

소그룹 목회

BCM 교육목회는 교회의 교육을 소그룹 목회의 형태로 시행하는 특징을 갖습니다. 교사가 단지 성경 교사로 머물지 않고 학생들을 주님의 제자로 세우는 목자의 사명을 감당하는 것이 소그룹 목회입니다. 소그룹 환경에서 제대로 된 양육과 돌봄을 받은 어린이와 청소년들은 반드시 시대적 사명을 감당하는 주님의 제자로 성장할 수 있습니다. 따라서 BCM을 통해 교회에서 소그룹 목회가 온전히 이루어질 때 다음과 같은 일들이 일어나게 됩니다.

첫째, 평신도인 교사들이 목회의 동역자로 세워집니다. 소그룹 목회의 비전은 평신도들이 목자의 심장을 가진 목회의 동역자로 세워지는 것입니다. 이것은 예수님의 위대한 명령(마 28:19~20)이 사역의 현장에서 구현되는 것입니다. 우리 주님은 목회자만 목회하기를 원하시지 않습니다. 평신도들도 목회자로서의 사명을 감당하길 원하십니다. 이때 중요한 특징은 목회의 영역이 소그룹으로 한정되는 것입니다. 평신도들이 소그룹 신앙공동체를 맡아서 개인의 구원과 성숙, 그리고 공동체의 성장과 하나님 나라의 확장을 위해 사역하는 것은 주님이 꿈꾸시던 비전입니다. 따라서 목회의 동역자인 교사들이 소그룹 목회를 통해 우리의 어린이와 청소년들을 주님의 제자로 세워나가는 것은 이 시대의 위기를 극복하고 새로운 비전을 이루어가는 밑거름이 될 것입니다.

둘째, 교회 교육 현장이 소그룹 목회의 가장 좋은 환경으로 바뀌게 됩니다. 교회 교육의 핵심은 성경교육입니다. 잘 준비된 교사가 잘 준비된 성경교육을 통하여 학생들의 삶을 변화시키는 것입니다. 교회 교육 학습의 특징은 이러한 삶의 변화가 '소그룹'이라고 하는 가장 좋은 환경에서 이루어진다는 사실입니다. 원래 교회 교육은 학교교육처럼 대그룹의 획일화된 집단교육이 아니었습니다. 그래서 개개인의 성품과 자질이 함께 자라날 수 있도록 도울 수 있었습니다. 교회 교육이 원래 가지고 있던 이러한 소그룹 목회의 특성이 회복된다면, 현대 기독교교육의 혁신이 이루어지게 될 것입니다.

셋째, 교사와 학생들이 상호 소통하여 영적 가족공동체를 이룹니다. 소그룹이기 때문에 소통이 원활하게 이루어질 수 있습니다. 물론 교사들이 전문적으로 훈련받은 교사들은 아닙니다. 그러나 신앙교육의 차원에서 접근하면, 교사와 학생의 관계는 영적 가족공동체의 구성원입니다. 그래서 교사는 영적 부모로서 자신이 받은 사랑으로 맡겨진 어린이와 청소년들을 돌보는 것입니다. 이때 중요한 것이 전적인 사랑을 통한 이해와 소통입니다. 이것이 바로 신앙교육의 전문성입니다. 교회 교육 교사의 전문성은 헌신적인 사랑의 돌봄에서 나타나는 것입니다.

넷째, 소그룹의 만남과 나눔을 통해 성숙이 이루어지고 사명자로 세워집니다. 소그룹의 가장 큰 장점은 작은 모임을 통해 상호간 진정한 만남이 이루어진다는 것입니다. 예수님과 만나고, 공동체의 구성원과 진정으로 만날 수 있습니다. 이 과정에서 자신을 새롭게 발견하고, 한계를 극복하며 내재된 가능성을 개발할 수 있습니다. 신앙적인 성품이 형성되고 더 큰 꿈과 비전을 가지고 자라날 수 있는 것입니다. 소그룹 목회는 이처럼 진정한 만남과 나눔을 통해 개개인의 성숙을 이룰 수 있고, 공동체에서 헌신된 사명자를 세울 수 있습니다.

반 목회

우리의 교회 교육은 각 반으로 구성되어 있습니다. 각 반은 소그룹 목회의 형태를 가지고 있습니다. 여기서 가장 중요한 사람은 반을 맡은 교사입니다. 그래서 BCM 교육목회에서는 교사를 "소그룹 반 목회자"라고 부릅니다. 그 교사가 반 목회를 하는 것입니다. 잘 준비되고 역량 있는 교사에 의해 시행되는 반 목회는 다음과 같은 특징을 가지고 있습니다.

첫째, 역량 있는 교사가 제자들을 하나님 나라의 일꾼으로 양성합니

다. 단지 성경을 가르치는 것이 아닙니다. 물론 성경을 제대로 가르치는 것이 가장 중요한 기초입니다. 그러나 그것이 전부여서는 안 됩니다. 주님이 사랑하신 것처럼 제자들을 돌보고 양육하여 주님의 제자로 세우는 것이 필요합니다. 반 목회는 양육과 돌봄으로 학생들의 전인적인 성장을 돕는 사역입니다. 그 학생들이 주님의 몸 된 교회의 기둥이요, 하나님 나라의 일꾼이 되는 것입니다.

둘째, 반 목회는 12명의 제자를 세워 그들과 함께 주님의 몸 된 교회를 세웁니다. BCM이 추구하는 반 목회의 인원 목표는 12명의 제자를 세우는 것입니다. 반 목회자는 단순히 학생들이 교회에 잘 다니도록 관리하는 데 그쳐서는 안 됩니다. 교사는 반 목회의 사명을 잘 감당하여야 합니다. 그들의 삶에 깊이 관여하여서 그들이 예수 그리스도를 믿음으로 하나님의 자녀가 되고, 신앙 안에서 잘 자라나서 신앙적인 가치관을 형성하며, 주님 나라를 위해 살아가는 제자가 되도록 힘써야 합니다. 반 목회는 12명의 제자들로 구성된 주님의 몸 된 교회를 목표로 사역합니다.

셋째, 반 목회는 양적 성장과 함께 질적 성장을 동시에 추구합니다. 오늘날 한국교회의 교육현장은 출산율의 저하와 심각한 입시경쟁 등의 사회적 문제로 인해 엄청난 위기를 겪고 있습니다. 그러나 더 큰 문제는 교사의 헌신도가 나날이 약해지고 있다는 사실입니다. 우리는 이것을 간과해서는 안 됩니다. 반 목회는 교회 교사의 사역 역량을 최대로 강화시켜서 철저한 헌신에 입각하여 어린이와 청소년들을 주님의 제자로 양성하자는 것입니다. 이것이 다음세대의 양적 성장과 질적 성장을 동시에 가져오는 길이 될 것입니다. 이를 위해 담임목사를 비롯한 모든 목회자들이 교사를 소그룹 반 목회자로 키우는 일에 온 힘을 기울이는 것이 필요합니다.

넷째, 반 목회를 통해 다음세대가 하나님 나라를 이루는 미래 인재로 성장합니다. 학생들의 믿음이 성장하고, 그 믿음 안에서 다음세대의 인재로 자라나는 것은 인격적인 감화와 도전이 반복적으로 이루어질 때 가능합니다. 반 목회는 교사와 학생 간의 인격적인 관계와 소통을 통해서 신앙의 모범을 보이면서 신앙적 비전을 향해 나아가도록 하는 힘이 있습니다. 소그룹 반 목회는 단지 성경을 가르치는 것이 아니라 성경이 학생들의 삶에 적용될 수 있도록 끊임없이 도전하는 교육이며, 동시에 그것이 실현될 수 있도록 지속적으로 돌보고 섬기는 목회이기 때문입니다.

BCM 소그룹 반 목회의 네 기둥

이 시대 교회 교육의 혁명적인 형태인 'BCM 소그룹 반 목회'는 교사의 직접적인 사역인 성경공부와 주간목회, 그리고 목회자와 교사가 연합하여 시행하는 공동체 활동인 예배와 프로그램의 네 기둥으로 이루어집니다. 양육으로서의 성경공부와 돌봄으로서의 주간목회가 소그룹 반목회를 결정짓는 핵심적인 두 기둥입니다. 그리고 이를 완성 짓는 것이 주님의 몸 된 교회를 세우는 예배와 전인격적인 신앙을 형성하게 하는 프로그램입니다. 이 네 가지 요소가 잘 어우러질 때, 개인적으로는 신앙의 성숙이 이루어지고 공동체적으로는 건강한 교회와 하나님 나라가 이루어지는 것입니다.

탁월한 성경공부

오늘 한국교회 교육현장의 주일 성경공부 평균 진행 시간은 20분 정도입니다. 그야말로 성경을 구경만 하고 있는 실정입니다. 그러니 교사들이 성경공부 준비를 소홀히 할 수밖에 없습니다. 이것은 앞으로 한국교회의 미래를 더욱 어둡게 만드는 중요한 요인이 될 것입니다. 왜냐하면, 우리는 하나님의 말씀을 통해서 온전히 자라날 수 있는데(딤후 3:15~17), 한국교회의 어린이와 청소년들은 성경을 배우는 시간을 점점 잃어가고 있기 때문입니다. 성경공부가 탁월하게 진행되고, 교사들이 탁월한 성경 교사의 역할을 감당하는 것이 BCM 소그룹 반 목회의 가장 중요한 핵심 사역입니다. 어떻게 이 사역이 진행될 수 있을까요?

첫째, 성경공부의 중요성을 지속적으로 강조해야 합니다. 학생들은 성경공부를 통해서 "그리스도 안에서 완전한 자"로 세워질 수 있습니다 (골 1:28~29). 성경적 가치관을 가지고 살아가는 것이 세상을 이기고 승리하는 삶을 살아가는 길입니다(수 1:8, 시편 1편). 주일 정해진 시간에 진행되는 성경공부뿐만 아니라 다양한 양육과 제자훈련이 이루어져야 합니다. 이를 위해, 도서출판 사랑마루에서는 "섬김"과 "복음" 등을 주제로 한 제자훈련 교재(어린이 제자훈련 새김북스)를 개발하여 보급하였습니다. 앞으로도 매년 새로운 주제로 제자훈련 교재들이 개발되어 전국에 BCM을 실행하는 교회에 보급될 것입니다. 따라서 담임목사를 비롯한 교육담당 목회자들과 교사들은 성경공부의 중요성을 깊이 인식하고 이를 지속적으로 강조해야 합니다. 교회의 지도자들은 공적인 시간을 통해 성경공부의 중요성을 강조하고, 교사들은 잘 준비된 성경공부를 시행함으로 학생들에게 감동을 주어야 합니다.

둘째, 한 달 분량 성경공부를 미리 준비하는 것이 필요합니다. 오늘 대부분 교회교육 교재는 하나의 주제를 한 달 동안 집중적으로 가르칠 수 있도록 구성되어 있습니다. 따라서 교사들이 성경공부를 준비할 때, 한 주에 한 과씩만 준비하여 가르치는 것 보다는 한 달(혹은 한 단원)의 주제를 전체적으로 파악한 후에 한 주씩 성경공부를 잘 준비하여 시행하고, 그 다음 주에 가르칠 때는 전 주의 내용과 다음 주 내용과의 연계성을 고려하여 통합적으로 가르치는 것이 필요합니다.

셋째, 학생용을 먼저 살펴본 후, 교사용으로 2시간 이상 준비해야 합니다. 성경공부의 가치는 "변화와 성숙, 그리고 사역실천"에 있습니다. 하나님의 말씀을 통해 현재의 자기의 모습을 돌아보고 잘못된 것에서 돌아서는 변화, 새로운 모습으로의 성숙, 그리고 주님이 원하시는 사역자로 세워지는 것이 성경공부의 핵심 가치입니다. 이를 위해 교사들은 최소한 일주일에 2시간 이상 성경공부를 철저히 준비해야 합니다.

넷째, 신학적 성찰을 통해 적절한 적용이 가능하도록 준비해야 합니다. 성경공부의 가치를 실현하는 핵심은 학습자로 하여금 깊은 성찰을 통해 삶의 변화에 대한 도전을 받을 수 있는 계기를 만드는 데 있습니다. 성경공부에서 이 과정은 성경의 내용을 이해하는 과정과 삶에 적용하는 과정의 중간에 위치해 있습니다. 즉, 성경(text)과 삶(context)의 긴장 관계를 바르게 해석하여 삶의 변화가 반드시 일어나도록 설득하는 과정이 필요한 것입니다. 잘 만들어진 성경공부 교재는 이러한 과정을 내재하고 있습니다. 그런데 현재 한국교회 신앙교육의 심각한 문제는 이러한 성경공부 교재를 '어렵다'는 말로 치부하고 있다는 사실입니다. 탁월한 성경 교사가 되기를 원한다면, 이 부분을 잘 준비하고 잘 가르칠 수 있는 실력을 키워야 합니다.

다섯째, 하나님의 말씀으로 삶이 변화된다는 확신을 가지고 준비해야 합니다. 하나님의 말씀의 핵심은 예수 그리스도의 복음에 있습니다. 복음을 들은 사람들은 새사람으로 거듭납니다. 복음을 체험한 사람들은 주님이 가신 십자가의 길을 따라가는 주님의 제자로 세워지게 됩니다. 따라서 하나님의 말씀이 온전한 사람을 세운다는 확신을 가지고 하나님의 말씀을 철저히 준비하여 가르쳐야 합니다. 이러한 가르침을 받은 학생들은 하나님의 말씀에 응답할 것이고, 주님이 원하시는 길을 담대히 따라가는 주님의 제자로 세워질 것입니다.

신실한 주간목회

BCM 소그룹 반 목회의 또 다른 핵심 사역은 바로 '신실한 주간목회'입니다. 아무리 위대한 스승이나 멘토가 있다고 하여도 그들을 직접 만날 수 없다면 그들에게서 아무것도 배울 수 없습니다. 교회의 교사들이 소그룹 반 목회자가 되어 마치 영적 부모와 같이 맡겨진 어린이와 청소년들을 신실하게 돌본다면, 그들은 주님의 제자로 세워지게 될 것입니다. 중요한 것은 구체적인 관계를 맺고 한 명 한 명을 신실하게 돌보는 것입니다. 오병이어의 기적을 보고 예수님을 따라온 사람들이 수없이 많았지만, 그들이 모두 예수님의 제자가 된 것은 아니었습니다. 예수님과 구체적인 관계를 맺고 그분을 따라간 사람들만이 바로 주님의 제자가 되었습니다. 그러면, 학생들과 구체적인 관계를 맺으면서 그들을 잘 돌보고 섬길 수 있는 방법은 무엇인가요?

첫째, 문자, 전화, 엽서 등 시대감각을 가지고 찾아가야 합니다. 교사의 돌봄은 주일의 만남과 신앙교육으로 끝나서는 안 됩니다. 주일 저녁부터 문자와 전화, 혹은 엽서로 찾아가야 합니다. 처음에는 학생들이 아주 어색해 합니다. 대부분의 어린이와 청소년들은 교회의 선생님들에게 그런 관심을 받아보지 못했기 때문입니다. 선생님들도 자신이 보낸 문자에 반응을 보이지 않는 제자들의 모습에 적잖이 당황하게 됩니다. 그러나 2~3개월 꾸준히 이 일을 지속하면, 제자들이 선생님의 진심을 알아보기 시작합니다. 그리고 아주 좋은 관계를 형성하게 되는 것입니다. 이것이 바로 반 목회의 시작이라고 할 수 있는 방법입니다.

둘째, 삶의 현장으로 직접 심방하는 것이 필요합니다. 포스트모던 시대를 살아가는 현대인들이 가장 무서워하는 것 중의 하나가 바로 "소외감"입니다. 극단적인 개인주의 성향의 문화가 서로에게 독이 되어 자기자신이 고립되는 현상을 보이고 있습니다. 그래서 진정한 친구 관계를 잘 맺지 못하고 있는 것입니다. 이때 교사들이 제자들에게 찾아가 그들이 일상 속에서 자신의 자아를 발견할 수 있도록 돕는 것이 필요합니다. 주님이 우리를 찾아오신 것처럼 제자들을 찾아가서 친밀한 관계를 형성해야 합니다. 자신이 소중한 존재임을 깨달을 수 있도록 일깨워야 합니다. 때로는 꿈을 향해 달려가도록 격려하는 것도 필요합니다. 아무 대가 없이 찾아오는 선생님들을 보면서 학생들은 깊은 사랑을 느끼며 자신이 중요한 존재임을 깨닫게 될 것입니다.

셋째, 심방을 통해 새 친구를 전도하는 기회를 만들어야 합니다. 어린이들도, 청소년들도 교회의 교사들이 심방하는 것에 대해 감동을 받고 감사하게 됩니다. 그때 나타나는 현상 중의 하나가 자신의 친구들과 함께 교사의 심방을 받고 싶어 한다는 것입니다. 대부분의 교사들은 제자들을 만날 때 간식을 준비해 갑니다. 때때로 식사를 함께할 때도 있습니다. 학생들의 이야기를 들어주고, 진심으로 격려하며 기도해 줍니다. 그래서 자신의 친구들도 이러한 사랑을 받았으면 좋겠다는 마음으로 함께 나오고 싶어 하는 것입니다. 이렇게 해서 전도되는 경우가 참으로 많습니다. 교사가 신실하게 주간목회를 실천하는 교회는 보통 매년 30% 이상 성장합니다. 어떤 교회는 50%, 100% 이상 성장하는 교회들도 있습니다. 목자의 마음으로 제자들을 찾아가는 것은 그들의 영혼을 구원하고, 주님의 제자로 세우는 길입니다.

넷째, 주님의 제자로 세우는 것이 반 목회의 핵심입니다. 제자들과 친밀한 관계를 형성한 교사는 그들을 주님의 제자로 세우는 일에 집중해야 합니다. 학생들은 공허한 세상에서 선생님의 관심과 사랑을 통해 자신의 존재를 발견하게 됩니다. 말씀과 기도 생활에 관심을 보이게 되고, 실제적인 지도를 받게 되는 것이 바로 이때입니다. 이때 교사는 자신에게 맡겨진 주님의 양을 잘 목양해야 합니다. 좋은 꼴을 먹여야 합니다.

기독교적인 가치관을 형성할 수 있도록 도와야 합니다. 주님의 제자로 설 수 있도록 도전해야 하는 것입니다. 그리고 삶을 나누면서 참된 기독교인으로서 하나님의 나라와 그의 의를 먼저 구하는 사람이 될 수 있도록 돌봐야 합니다.

다섯째, 제자를 진심으로 사랑해야 합니다. 예수님이 우리를 사랑하신 것처럼, 제자들을 사랑해야 합니다. 문제는 현재의 교회학교 교육시스템에서는 학생들이 교사의 사랑을 거의 느끼지 못하고 있다는 사실입니다. 일주일에 단지 2시간 정도의 시간을 함께하면서 20분 정도의 성경공부를 하고 헤어지는 교사에게 학생들이 느끼는 감정은 무엇일까요? 진심으로 사랑한다는 것은 생명만큼 소중한 시간과 물질을 가지고 사랑하는 것을 말합니다. 시간을 내서 만나고 양육하고 돌보는 것은 생명처럼 귀중한 일입니다. 음식을 함께 먹고, 놀이를 함께하면서 더 좋은 경험으로 이끄는 것은 학생들로 하여금 바른 신앙을 정립하게 하는 귀한 시간이 될 것입니다. 이것은 한 사람의 탁월한 지도자가 할 수 있는 일이 아닙니다. 예수님은 탁월한 지도자이셨지만, 다수의 무리를 지도하신 것이 아니라 소그룹의 일원들을 제자로 세우셨습니다. 우리도 예수님을 따라 이 사역을 감당해야 합니다. 나에게 맡겨진 어린이와 청소년들을 주님의 제자로 세우는 것, 이것이 소그룹 반 목회자로서의 교사의 가장 중요한 사명입니다. 이를 위해서 매년 발행되는 「BCM 교사플래너」(도서출판 사랑마루 간행)에서 주간목회를 위한 구체적인 방안과 반목회 팁을 매달 제공하고 있습니다.

성령 충만한 예배

BCM 소그룹 반 목회의 두 기둥은 성경공부와 주간목회입니다. 그리고 이를 완성 짓는 것이 예배와 프로그램입니다. 예배의 기획과 실행은 교육담당 목회자가 합니다. 그러면, 예배에 있어서 교사의 역할은 무엇입니까? 그것은 성령 충만한 예배가 드려질 수 있도록 준비하고 참여하는 것입니다. 예배를 위한 목회자의 가장 중요한 역할은 설교를 준비하고 영감 있는 설교를 하는 것입니다. 그리고 교사는 예배의 시작 전부터 끝날 때까지 전반적인 준비와 진행을 담당해야 합니다. 교사가 먼저 예배에 적극적으로 참여하는 것이 필요합니다. 그것이 감동적인 예배의 시작이 될 것입니다.

첫째, 하나님과의 만남을 깊이 체험하는 성령 충만한 예배를 준비해야 합니다. 일주일 168 시간 중에서 가장 기대하며 기다리는 시간이 예배 시간이 되도록 힘써야 합니다. 예배는 하나님과 만나는 시간입니다. 자신을 비우고 주님으로 채우는 시간입니다. 영혼이 살아나는 시간입니다. 비록 어린 아이일지라도 하나님의 말씀을 듣고, 죄를 회개하며, 주님과 하나 되는 기쁨을 맛볼 수 있는 시간입니다. 따라서 교사들은 한마음으로 성령이 역사하시는 예배가 될 수 있도록 영적 분위기를 만드는 데 최선을 다해야 합니다.

둘째, 세상에 파송되었다가 돌아오는 제자들을 따뜻하게 맞아주어야 합니다. 예배의 시작은 예배에 참석하는 제자들을 환영하는 시간부터 시작됩니다. 세상에 파송되어 살다가 제자들이 하나님과의 만남을 고대하며 예배에 참석할 때, 이들을 대대적으로 환영해 주는 것입니다. BCM 교사플래너에서는 이를 "환영 퍼포먼스"라고 명명했습니다. 특별한 날의 행사가 아니라 매 주일마다 제자들을 최대로 환영하는 것입니다. 환영 방법은 매년 발행되는 BCM 교사플래너에서 매달 제공하고 있습니다.

셋째, 공동체가 함께 기뻐하며 찬양하는 교제의 시간을 마련해야 합니다. 우리는 모두 하나님의 자녀입니다. 하나님 안에서 한 형제요 자매입니다. 하나님의 자녀가 하나님께 찬양을 드리고 구원과 감사의 기쁨을 함께 나누는 것은 하나의 특권입니다. 따라서 주일 아침 함께 모여서 기쁨으로 찬양하고 공동체 놀이를 통해서 기쁨의 교제를 나누는 것은 당연한 것입니다. 이것도 BCM 교사플래너에서 매달 제공하고 있습니다. 교사들은 이러한 시간이 될 수 있도록 잘 준비해야 합니다.

넷째, 잘 준비된 하나님의 말씀이 선포되어야 합니다. 감동적인 예배에는 하나님의 말씀이 회중에게 강력하게 선포되는 시간이 포함되어 있습니다. 하나님의 말씀은 교사와 제자들에게 공히 감동으로 전달되어야 합니다. 그 말씀을 듣고 회개하고, 하나님의 자녀로 살기를 결단하는 것은 학생뿐만 아니라 교사들에게도 동일하게 일어나야 합니다. 따라서 교육담당 교역자나 혹은 설교를 맡은 교사는 잘 준비된 하나님의 말씀을 선포해야 합니다. 그리고 교사와 학생들이 이를 위해 간절히 중보하며 기도하는 것이 필요합니다.

다섯째, 제자들과 함께 가족과 교회, 그리고 민족과 세계를 위해 기도해야 합니다. 예배의 핵심은 하나님을 만나는 것입니다. 하나님의 말씀을 듣는 것입니다. 그리고 그 말씀에 순종하는 것입니다. 그 순종은 하나님의 말씀을 따라 사는 것으로 나타날 것입니다. 교사들은 사랑하는 제자들이 하나님의 말씀에 순종하여 살아가도록 끊임없이 격려해야 합니다. 그리고 가족과 교회, 그리고 민족과 세계를 위한 비전을 이루어나갈 수 있도록 지도해야 합니다.

여섯째, 제자들을 하나님 나라의 사역자로 파송해야 합니다. 하나님을 만나 그분의 말씀을 들은 사람을 세상에 파송하는 것이 예배의 끝이자 사실은 새로운 시작입니다. "험한 세상에서 어떻게 참된 그리스도인으로 살아갈까?"를 걱정하는 것을 넘어서 "세상이 감당치 못하는 그리스도인(히 13장)"으로 살아가도록 파송하는 것이 예배의 꽃입니다. 성령이 함께하실 것입니다. 성령님이 늘 동행하시면서 도우실 것입니다.

BCM 교사는 제자들이 성령의 능력으로 능히 세상을 이기며 살아갈 수 있도록 예배를 잘 준비하고, 함께 감동적으로 예배를 드리며, 학생들의 일상의 삶이 예배의 삶이 될 수 있도록 도와야 합니다.

재미있고 의미 있는 통합적 프로그램

프로그램의 가치는 전인격적인 신앙 형성에 있습니다. 예배는 영적이고 신비적인 체험을 통해서 하나님을 만나는 데 그 가치가 있습니다. 성경공부는 하나님의 말씀을 배움으로 기독교적인 가치관을 형성하고 변화된 삶을 살아가게 합니다. 주간목회는 예수님의 사랑을 아주 구체적으로 표현하여 학생들이 주님의 제자로 살아가도록 돕는 데 그 의미가 있습니다. 프로그램은 신앙과 삶에 관하여 직접 혹은 간접적인 체험을 통해 온전한 신앙 인격을 형성하는 데 그 가치가 있습니다. 그래서 하나의 형태가 아니라 다음 다섯 가지의 형태로 프로그램이 기획되고 실행됩니다. 교사들은 전문적으로 준비된 프로그램을 실행할 수 있는 신앙교육 전문가로 거듭날 수 있도록 힘써야 합니다.

첫째, 예배와 기도, 그리고 수련회 등을 통한 영성 프로그램을 시행해야 합니다. 이는 BCM 교육목회의 믿음마루 영역에서 이루어지는 프로그램입니다. 신앙교육 프로그램의 기본은 영성 프로그램입니다. 신앙의 정적인 영역, 즉 신비적인 영역을 다루는 부분입니다. 이것이 신앙교육의 전부가 되어서는 안 되지만, 결코 소홀히 다루어져서도 안 될 아주 중요한 파트입니다. 오늘날 주일 오전에 한 번 드리는 예배를 신앙생활의 전부인 것처럼 여기는 시대에 다양하고 적절한 예배와 기도, 그리고 영성 수련회 등의 프로그램은 하나님께 더욱 가까이 나아가서 그분을 만나고 그분의 말씀을 실행할 수 있는 든든한 기초가 된다고 할 수 있습니다.

둘째, 성경공부와 제자훈련 등의 학습 프로그램을 시행해야 합니다. 이는 BCM 교육목회의 새김마루 영역에서 이루어지는 프로그램으로, 신앙의 지적인 영역, 즉 신앙의 뼈대를 바로 세우기 위한 과정입니다. 매주 공과공부를 통해 기본적인 성경공부가 이루어지고 있지만, 신앙의 성숙과 원대한 비전을 추구하기 위한 다양한 성경공부와 주님의 몸 된 교회를 세우기 위한 제자훈련이 시행되어야 합니다. 오늘날 주일 성경공부가 채 20분 정도의 시간으로 이루어지는 현실에서 꿈 같은 이야기로 들릴지 모르지만, 이 부분이 철저히 시행되어야만 교회가 더 견고하게 세워질 수 있습니다.

셋째, 교제와 만남, 그리고 심방과 돌봄 등의 공동체 프로그램을 시행해야 합니다. 이는 BCM 교육목회의 사랑마루 영역에서 이루어지는 프로그램입니다. 특히 이 부분은 교회 공동체 안에서 주님의 사랑을 실천하는 영역을 다루고 있습니다. 이 영역에서 교사들과 학생들 중에서 핵심 멤버들은 점점 극단적으로 개인주의적인 성향을 보이는 구성원들과 더 친밀한 관계를 형성하고, 그들을 사랑으로 돌보아서 주님의 몸 된 교회를 세웁니다. BCM 교사플래너에서는 대부분 반 목회를 위한 프로그램으로 제시하고 있습니다.

넷째, 사회 봉사와 사랑 나눔 등의 대 사회적 봉사 프로그램을 시행해야 합니다. 이는 BCM 교육목회의 섬김마루 영역에서 이루어지는 프로그램으로, 신앙의 행동적인 영역 중에서 믿지 않는 사람들의 육체적·정신적·사회적 필요를 채워주는 부분이라고 할 수 있습니다. 전 세계의 20%가 육체적 궁핍을 호소하고 있습니다. 그리고 이 중 1%가 절대 기아에 시달리고 있고, 약 천만 명의 어린이가 그 속에 포함되어 있습니다. 우리의 어린이와 청소년들이 사회적 약자와 소외자들에게 사랑을 베푸는 온전한 그리스도인으로 성장할 수 있도록 교육해야 합니다. 대 사회적 봉사 프로그램을 통해서 우리 주님이 육체적·정신적·사회적으로 약한 사람들을 돌보신 것처럼, 그들을 돌보고 사랑할 수 있도록 키워야 하는 것입니다.

다섯째, 선교적 비전 고취와 전도 행사 등의 전도와 선교 프로그램을 시행해야 합니다. 이는 BCM 교육목회의 소망마루 영역에서 이루어지는 프로그램으로, 신앙의 행동적인 영역 중에서 믿지 않는 사람들의 영적 필요를 채워주는 부분이라고 할 수 있습니다. 전 세계적으로 약 30%

의 사람들이 예수님을 믿습니다. 우리나라는 약 20% 정도의 사람들이 예수님을 믿습니다. 그러나 다음세대의 복음화율은 이것을 훨씬 밑돌고 있는 것으로 파악되고 있습니다. 청소년 복음화율이 5%밖에 되지 않는다는 말이 공공연하게 이야기되고 있습니다. 여기에 복음전도의 시급성이 있습니다. 앞으로 2050년이 되면 한국의 기독교 인구가 500만 명에 머물 것이라는 미래학자들과 목회사회학자의 예측 앞에 겸허한 마음으로 응답하는 것이 필요합니다. 모든 어린이와 청소년들이 철저히 주님의 제자로 세워져서 주님의 복음을 기쁨으로 전할 수 있도록 훈련해야 합니다.

BCM 소그룹 반 목회 교사론

BCM 소그룹 반 목회는 교회학교의 혁명입니다. 이제 모든 교사는 소그룹 반 목회자의 사명을 감당해야 합니다. 주님의 위대한 명령을 받아 맡겨진 어린이와 청소년들을 주님의 제자로 세우고, 그들과 함께 주님의 몸 된 교회를 세우며 하나님 나라를 이루어가는 사명을 감당해야 합니다. 이를 위해 소그룹 반 목회자로서의 교사는 탁월한 성경공부와 신실한 반 목회, 그리고 성령 충만한 예배와 재미있고 의미 있는 프로그램을 시행할 수 있어야 합니다. 과연 누가 이 사명을 완수하여 다음세대의 새로운 비전을 성취할 수 있을까요?

깊은 영성을 가진 교사

교회의 모든 직분을 맡은 분들에게 적용되는 말이지만, 소그룹 반 목회자로서의 교사는 깊은 영성의 소유자여야 합니다. 깊은 신앙의 체험과 말씀에 대한 확신이 없는 사람이 제자를 양성한다는 것은 있을 수 없는 일입니다. 구원에 대한 확신과 죄의 고백, 그리고 용서의 체험과 성령 체험이 교사의 가장 기본적인 자격이라고 할 수 있습니다. 이제 신앙 연수를 기준으로 교사로 임명하는 잘못을 되풀이해서는 안 됩니다. 분명한 영적 체험이 있는 사람을 소그룹 반 목회자로 임명해야 합니다. 그들이 참된 목자의 사명을 감당할 수 있을 것입니다. 어떻게 이러한 교사를 만들어갈 수 있을까요?

첫째, 성경을 함께 읽고 묵상하며 성경을 공부해야 합니다. 사실 교사는 교회의 체계화된 양육과 제자훈련을 받은 사람이 해야 합니다. 그것도 부족하게 느껴서 지속적으로 담당교역자의 지도에 따라 성경을 함께 읽고 묵상하면서 공부하는 것이 필요합니다. 하나님의 말씀에 대한 분명한 확신과 체험이 있는 사람이 제자들을 생명과 진리의 길로 인도할 수 있습니다. 이것이 소그룹 반 목회를 담당하는 BCM 교사의 기본입니다.

둘째, 깊은 기도의 사람이 되어야 합니다. 소그룹 반 목회의 사명을 감당하기 위해서는 성령의 능력을 받아야 합니다. 주님이 주시는 은혜와 사랑, 그리고 능력을 소망하면서 지속적으로 기도하는 것이 필요합니다. 이를 위해 정기적인 교사기도회와 교사 영성수련회에 꼭 참석해야 합니다. 교사들의 희생적인 사랑의 원천은 깊은 기도에서 우러나오는 것입니다. 바빠서 기도하지 못하는 사람이 과연 희생적으로 제자들을 돌볼 수 있을까요? 진정한 반 목회자는 바쁜 가운데에서도 시간을 내서 기도로 무장하는 사람입니다.

셋째, 새벽과 수요일 그리고 금요일 등 날짜를 정하여 교사들이 함께 기도해야 합니다. 그리고 다음세대의 비전을 공유하며 힘써 기도해야 합니다. 교회에서 정한 기도회에 항상 나올 수는 없다 하여도, 한 달에 몇 번씩 일정 시간을 정해서 함께 기도하는 것이 필요합니다. 교사들이 정한 시간에 함께 드리는 새벽기도회는 교회의 다른 직분자와 성도들에게도 큰 도전이 될 것입니다. 수요기도회와 금요기도회 시간을 적절히 활용하는 것도 아주 좋은 방법입니다. 기도 시간이 점점 줄어들고 있는 이 시대에 주님의 명령을 받은 교사들이 기도로 사명을 감당하기 위해 준비하는 모습은 그 자체로서 제자들을 감동시키기에 충분하다고 여겨집니다. 따라서 청소년의 경우, 이 기도회에 초청하여 함께 기도의 시간을 갖는 것이 필요하고, 초등부 고학년의 경우에도 부모님과 함께 기도회에 참석하도록 권면하는 것도 좋은 방법이 될 수 있습니다.

탁월한 전문성을 가진 교사

교회교육의 가장 큰 문제점 중의 하나는 교사가 비전문가라는 사실입니다. 사실 영성 깊은 교사로 준비되면 거의 모든 것이 준비되었다고 생각하지만, 신앙교육에 있어서의 전문성 또한 무시하지 못하는 영역입니다. 왜냐하면 영성이 수직적인 차원에서의 준비라면, 전문성은 수평적인 차원에서 학생들을 잘 이해하고 보다 친밀한 관계를 형성하여 의도한 목적을 이루는 준비이기 때문입니다. 따라서 반 목회자로서의 교사는 적어도 세 가지 영역에서의 전문성을 갖추도록 힘써야 합니다.

첫째, 성경교육의 탁월성입니다. 하나님의 말씀을 제대로 배우면 반드시 삶의 변화가 일어납니다. 성경은 하나님의 감동으로 기록된 것으로서, 온전한 하나님의 사람을 세우는 힘입니다(딤후 3:16~17). 따라서 교사는 제자들이 하나님의 말씀 안에서 위대한 비전을 품고 살아갈 수 있도록 지도해야 합니다. 기독교적 가치관과 세계관을 정립하여 하나님 나라와 그의 의를 먼저 구하는 하나님의 사람으로 양성해야 합니다. 이를 위해 BCM 교사들은 최소한 주일 공과공부를 2시간 이상 준비하고, 30분 이상 가르치는 것부터 시작해야 합니다. 오늘날 교사의 비전문성은 성경에 대한 무지에서부터 시작됩니다. 성경을 깊이 읽고 묵상하며 연구하는 시간을 가져야 합니다. 그리고 그 성경이 제자들에게 어떻게 구체적으로 적용될 수 있을지를 연구하여 가르쳐야 합니다. 그러면, 그들의 삶이 변화될 것입니다.

둘째, 신실한 반 목회자가 되어야 합니다. 주일날 가르친 말씀이 학생들의 삶에 실현될 수 있도록 돕는 것이 반 목회입니다. 교사는 신실한 반 목회자가 되어서 제자들을 찾아가야 합니다. 계획적이고 지속적으로 문자와 전화, 그리고 SNS 등을 활용할 수 있습니다. 직접적인 심방은 제자들과의 친밀도를 급격히 높여줍니다. 교사는 제자들과의 소통이 원활하게 이루어질 수 있도록 힘써야 합니다. 그들의 생각과 행동, 그리고 미래의 비전까지 공유하며 서로를 위해 기도하는 관계를 형성해야 하는 것입니다. 이를 위해 함께 시간을 갖고, 놀이와 여행을 함께하며, 함께 잠을 자면서 꿈과 비전을 나누는 시간 등을 실천하는 것이 반드시 필요합니다.

셋째, 학생들이 자신의 은사와 달란트를 개발할 수 있도록 도와야 합니다. 신앙교육에서 가장 중요한 것은 학생들 자신이 "하나님의 자녀"라는 신앙적 정체성을 형성하는 것입니다. 하나님의 자녀는 죄에 대해 민감합니다. 그래서 죄를 회개하면 거룩한 삶을 살아갈 수 있습니다. 이것이 성숙한 그리스도인의 모습입니다. 그 다음으로 중요한 것이 무엇입니까? 성숙한 그리스도인이 추구하고 이루어가는 비전입니다. 하나님 나라를 이루기 위해 주님의 길을 따라가면서 희생과 사랑으로 이루어가는 하나님 나라의 비전은 아름다운 것입니다. 이를 이루기 위해 교사들에게 꼭 필요한 것이 바로 제자들에 대한 영적·심리적·사회문화적인 이해입니다. 교사는 제자들을 잘 이해하고, 제자들이 자신의 은사를 발견하고 달란트를 개발할 수 있도록 돕고, 칭찬하며 격려해야 합니다.

사역공동체를 세우는 교사

소그룹 반 목회를 실천하는 교사는 교회의 중요한 사역자입니다. 주님의 위대한 명령(마 28:19~20)을 수행하는 주님의 제자입니다. 그러나 문제는 이처럼 중요한 사명을 모든 교사가 깨닫고 헌신의 자리로 나아오는 것이 아니라는 사실입니다. 10~20% 정도의 교사만 헌신하고 있는 것이 한국교회의 현실입니다. BCM 소그룹 반 목회의 사명을 깨닫고 실천하는 교사가 30% 이상 일 때, 교회는 매년 10% 이상 건강하게 성장할 수 있습니다. 교사들이 사역공동체를 세워야 합니다. 50% 이상의 교사들이 전적으로 헌신하는 공동체를 이루어야 합니다. 그러면, 교회마다 매년 30% 이상 가시적인 성장을 이루는 혁명적인 사역의 역사가 시작될 것입니다. 이제부터 포기하지 말고 한 걸음씩 나아가시기 바랍니다. 그러면, 어떻게 교사들이 사역공동체를 세울 수 있을까요?

첫째, 매주 교사모임으로 다음 주 사역을 철저히 준비해야 합니다. 교사는 매주 모임이 성령이 뜨겁게 역사하시는 모임이 될 수 있도록 준비해야 합니다. 모든 교사들은 무엇보다 먼저 성경공부와 주간목회를 잘 준비하고 실행해야 합니다. 그리고 전문적으로 준비된 핵심 교사들은 교역자와 더불어 예배와 프로그램을 잘 기획하고 철저히 그것을 준비해야 합니다. 매주 일정한 시간을 정해서 다음 주에 진행될 것들을 잘 준비하는 것이 관건입니다. 열매 맺는 사역은 준비하고 기도한 만큼 이루어집니다.

둘째, 토요일 오후에 함께 모여 주일을 준비하는 것이 필요합니다. 교사들이 사역공동체를 이루어야 합니다. 그러기 위해 반드시 필요한 것 중의 하나가 매주 정기적인 모임을 통해 주일 사역을 준비하는 것입니다. 예배와 성경공부, 그리고 프로그램이 주일에 행해집니다. 주간목회는 주일사역을 마치면서부터 시작됩니다. 교사들의 이러한 사역을 통해 제자들은 성장해갑니다. 따라서 가능하면, 토요일 오후에 교사들이 함께 모여 주일을 준비해야 합니다. 대부분의 교사들이 바쁘지만 3시간 정도의 시간을 들여서 주일을 준비한다면, 학생들이 정말 감동적인 주일을 맞이할 수 있을 것입니다.

셋째, 토요일 오후에 제자들을 특별히 훈련하는 시간을 가져야 합니다. 이 부분은 담당목회자와 핵심적인 역할을 감당하는 교사들이 감당해야 할 사명 중의 하나입니다. 자원하는 학생들을 대상으로 제자훈련과 말씀훈련을 실시해야 합니다. BCM 프로그램을 토요일을 이용해서 실시할 수도 있습니다. 다양한 동아리 활동을 통해 학생들의 잠재력과 가능성을 개발시켜 줄 수도 있습니다. 그러나 담임교사가 자신의 학생들과 함께 말씀을 배우고 기도하며 비전을 나누는 시간을 가진다면, 더 좋은 결과를 가져올 것입니다. 그 학생들이 주님의 제자로 세워져서 다른 학생들을 심방하고 전도하며 보다 역동적인 신앙공동체를 형성하는 일이 벌어지게 될 것입니다.

넷째, 제자들과 함께 전도하며, 세상을 섬기는 사역을 감당해야 합니다. 신앙교육이 단지 신앙을 유지하는 것을 목적으로 해서는 안 됩니다. 신앙교육을 통해 신앙이 삶의 중심이 되고, 신앙적인 가치관과 세계관을 가지고 살아가도록 도와야 합니다. 신앙의 꽃은 전도와 봉사입니다. 진정한 그리스도인은 예수님이 우리를 사랑하신 것처럼 영혼을 구원하는 전도와 빈곤한 삶에서 벗어나게 하는 봉사를 실천해야 합니다. 교사가 반드시 깨닫고 실천해야 할 것은 학생들을 주일신자로 머물게 해서는 안 된다는 것입니다. 학생들을 잘 훈련시켜서 그들과 함께 전도해야 합니다. 그리고 세상을 섬기는 사역을 함께 감당해야 합니다.

교회와 가정이 협력하는 BCM 소그룹 반 목회

교사가 소그룹 반 목회자의 사명을 감당한다는 것은 교사직을 새롭게 규정짓는 일입니다. 그리고 학생들도 단지 교육의 대상이 아니라 목회의 대상임을 천명하는 것입니다. 우리의 어린이와 청소년들은 주님의 몸 된 교회의 일원입니다. 그래서 교사들은 소그룹 반 목회의 사명을 잘 감당하여 맡겨진 학생들을 주님의 몸 된 교회의 일원이요, 주님의 제자로 세워야 합니다.

이러한 사명을 온전히 수행하기 위해서는 교회와 가정의 협력이 절대적으로 필요합니다. 교회는 다음세대를 교회의 일원으로 인정하고 그들이 잘 자라날 수 있도록 지원을 아끼지 말아야 합니다. 가정은 신앙교육의 주체가 부모임을 자각하고 교회의 신앙교육에 적극 협력해야 합니다. 나아가서 자신들이 가정목회자임을 깨닫고 지속적으로 훈련을 받아서 자녀들을 하나님 나라의 사명자로 키워야 합니다. 다음 세 가지로 이 일을 이루기 위한 방안을 제시해 보고자 합니다.

다음세대를 교회의 일원으로 여기는 지원

교회는 다음세대의 교육을 맡은 교사들을 교회의 중요한 사역자로 인정해야 합니다. 특히 담임목사는 구역 소그룹이나 전도팀의 리더를 철저히 훈련시키는 것처럼, 교사들을 철저히 훈련시켜서 그들이 자신을 "소그룹 반 목회자"로 인식하게 해야 합니다. 그리고 우리의 어린이와 청소년들을 교회의 중요한 일원으로 인정하고 성숙한 그리스도인으로 자라날 수 있도록 지원을 아끼지 말아야 합니다. 더 이상 아무것도 준비되지 않은 성도를 교사로 임명하는 잘못을 범해서는 안 됩니다. 우리의 어린이와 청소년들이 최고의 양육과 돌봄을 받을 수 있는 환경을 조성해야 하는 것입니다. 이를 위해 다음 몇 가지를 실행해야 합니다.

첫째, 교사들이 주일 사역에 온전히 임할 수 있도록 시간을 조정하는 것이 필요합니다. 물론 장소가 허락되지 않는 교회도 있겠지만, 주일 오전 9시에 교사들을 위한 예배를 신설하여 그들이 은혜 받고 교사의 직분을 감당할 수 있는 분위기를 만드는 것이 중요합니다. 그리고 유아와 어린이, 그리고 청소년을 위한 예배와 교육은 주일 오전 10시 30분부터 시작하는 것이 좋습니다. 학생들이 주일날 최소한 2시간 정도의 신앙교육을 받을 수 있는 여건을 마련해야 합니다. 작은 교회인 경우에는 담임목사가 직접 어린이와 청소년들을 대상으로 목회하면 됩니다. 예배는 전 가족이 함께 모여 드리고, 사모를 비롯한 교회의 사역자들이 성경공부와 주간목회를 시행하면 됩니다.

BCM 교사들은 10시 30분부터 2시간 정도 예배와 성경공부, 그리고 프로그램을 진행한 후에, 12시 30분부터 자신의 반 학생들과 함께 점심식사를 통한 식탁의 교제를 갖는 것도 중요합니다. 자연스럽게 삶에 대한 나눔의 시간을 갖는 것입니다. 그리고 오후예배 전까지는 자원하는 학생들을 대상으로 한 말씀훈련이나 특별 교육 프로그램을 시행할 수 있는 여건을 만들어서 좀 더 성숙한 그리스도인을 양성해야 합니다. 담당교역자와 담임교사는 학생들이 어릴 때부터 철저한 신앙훈련을 통해 주님의 제자로 세워질 수 있도록 힘써야 합니다. 그리고 오후 예배는 전 가족이 함께 드릴 수 있는 분위기를 만들어야 합니다. 신앙은 전수되는 것입니다. 교회와 가정의 영적 분위기가 중요합니다. 우리의 어린이와 청소년들이 자연스럽게 그 분위기에 젖어들 수 있도록 환경을 조성해야 합니다.

둘째, 더 좋은 교육 장소를 확보하고 교육목회를 위한 환경을 개선해야 합니다. 우리의 어린이와 청소년들이 좋은 환경에서 교육받는 것이 필요합니다. 더 좋은 교육 장소를 확보해서 제공해 주어야 합니다. 다음 세대를 위한 투자를 아끼지 말아야 합니다. 어른들보다 더 좋은 시설과 환경에서 양육과 돌봄을 받을 수 있도록 배려해야 합니다. 만약, 교회의 여건이 허락지 않는다면, 현재 있는 시설의 목회 환경을 개선해 주어야합니다. 리모델링까지는 하지 못하더라도 따스하면서도 신비적인 분위기에서 교육받을 수 있도록 환경을 조성해야 합니다. 매달 계획적으로 환경을 꾸미는 것도 한 방법입니다. 학생들이 영적인 감화를 받을 수 있는 신앙적 분위기를 형성해 주는 것이 교회의 가장 기본적인 의무입니다.

셋째, 교육헌금과 교육후원으로 미래 인재를 양성해야 합니다. 선교헌금, 장학헌금 등과 같이 교육헌금을 매월 드릴 수 있도록 제도화하는 것이 필요합니다. 교육헌금은 다음세대를 주님의 제자로 세우기 위한 목적 헌금입니다. 교육헌금은 유아교회, 어린이교회, 청소년교회의 교육목회를 지원하는 데 사용되는 헌금입니다. 교사들이 소그룹 반 목회의 사명을 감당할 수 있도록 지원하는 데 사용될 수 있을 것입니다. 여름과 겨울 신앙수련회와 단기 선교, 봉사수련회 등을 규모 있고 체계적으로 시행하는 데 사용될 수도 있을 것입니다. 교육헌금 외에도 교회와 기관에서 정기적으로 다음세대를 위한 교육후원을 강화해야 합니다. 우리의 어린이와 청소년들이 강력한 신앙의 체험과 새로운 비전을 향해 나아가는 시간을 갖도록 후원하는 것은 교회와 성도들의 당연한 의무입니다.

한편, 부모들이 교회의 교사로 봉사하는 것도 우리의 어린이와 청소년들을 미래 인재로 양성하는 아주 중요한 방법입니다. 대부분의 부모들은 직장과 육아 문제로 지쳐 있습니다. 그래서 부모들이 교사로 봉사한다는 것이 쉬운 일은 아닙니다. 특히 30대 부모들에게는 직업도, 육아도 쉽지 않은 일입니다. 그래서 그들이 청년시절 치열하게 훈련 받은 것이 거의 사용되지 못하는 경우가 많습니다. 교회가 이들을 깨워야 합니다. 먼저 유아부를 최대로 강화하는 것이 필요합니다. 부모들이 유아와 함께 예배드리고 성경을 배우며 특별활동 프로그램에 참여하면서 만족을 느낄 수 있도록 최대한으로 배려해야 합니다. 그러면, 아이들이 유치부로 올라갈 때, 자연스럽게 부모와 떨어질 수 있을 것이고, 부모는 유치부의 교사 혹은 다른 부서의 교사로 봉사할 수 있을 것입니다. 이것이 교회의 자연스러운 전통이 될 수 있도록 힘써야 합니다. 이러한 환경 속에서 부모는 자신의 신앙이 더 강화될 뿐만 아니라 자녀들을 미래 인재로 양성하는 일에 더욱 관심을 가지고 참여하게 될 것입니다.

역량 있는 교사를 세우는 BCM 교사교육

교회가 신앙교육을 지원하는 것 중에서 가장 큰 것은 물적 자원의 투자가 아닙니다. 인적 자원의 투자입니다. 교회는 탁월하고 신실한 교사를 양성해야 합니다. 그것이 가장 큰 지원입니다. 준비된 교사가 역동적으로 "소그룹 반 목회"를 실행할 때, 교회가 건강하게 부흥할 것입니다. 이를 위해 가장 절실한 것이 바로 "BCM 교사교육"입니다. BCM 교사교육은 BCM 소그룹 반 목회를 시행할 수 있도록 영성과 전문성을 준비하는 과정입니다. 어떻게 이 과정을 통해 제대로 된 소그룹 반 목회자로 세울 수 있을까요?

첫째, 부서 단위에서는 매주 교사모임에서 교사교육을 하는 것이 제일 좋습니다. 반 목회를 바르게 실행한다면, 교사들은 매주 교사모임을 통해 예배와 성경공부, 그리고 프로그램과 주간목회를 준비합니다. 그런데 이 모임이 지속적으로 시행되면, 교사교육을 할 수 있는 시간이 자연스럽게 확보됩니다. 그만큼 교사들이 익숙해지고 전문화되기 때문입니다. 각 부서의 지도자들은 이 시간의 교사교육을 위해「BCM 교사플래너」가 매달 제공하는 도서를 활용할 필요가 있습니다. 처음에는 담당 목회자가 강의한 후 교사들과 토론하는 방식으로 진행하다가, 나중에는 교사들이 발제하고 서로 토론하는 과정을 밟으면 교사들의 수준이 몰라보게 높아질 것입니다. 이를 위해 매주 교사모임 시간에 최소한 1시간 정도의 교육시간을 확보해야 합니다.

둘째, 교회 차원에서 교사 전체를 대상으로 'BCM 교사교육'을 실시하는 것도 좋은 방법입니다. 월 1회 토요일 오후나 주일 오후예배 후에 2시간 정도의 교사교육을 실시합니다. 분기별로 토요일과 주일 오후에 집중교육을 실시하는 것도 좋습니다. 좀 더 집중적으로 교사교육을 하고자 할 때에는 매주 1회 정기모임을 통해 BCM 교사교육을 실시합니다. 이때 교회는 교사들이 충분히 대접받는다고 생각할 정도로 배려해 주어야 합니다. 교사들은 바쁘지만 "소그룹 반 목회" 사역을 위해서 준비해야 한다는 것을 공히 느끼고 있습니다. 그리고 힘들지만 이러한 사역이 얼마나 중요한지도 잘 알고 있습니다. 교회차원의 교사교육을 위해 제안할 만한 교사교육 방법은 역시 도서출판 사랑마루가 제공하는 「BCM 교사에센스 1~3권」의 각 마루별 과목들과 「BCM 소그룹 반 목회 코칭」의 각 과목들을 차례대로 읽고 토론하는 것입니다. 따라서 담임목사를 비롯한 교회의 지도자들은 교사들을 좀 더 충분히 이해하고 배려하는 노력이 절실히 필요합니다. 교사들이 성숙한 자세로 헌신적으로 충성할 수 있도록 교사교육을 통해 준비시키고, 교회가 그들을 가장 중요한 사역자들로 인정하고 지원하는 분위기를 형성해야 합니다.

셋째, 'BCM 소그룹 반 목회 코칭'을 받는 것이 가장 **빠르게** BCM 사역을 교회에 적용하는 방법입니다. BCM 코칭은 기독교대한성결교회 총회본부 교육국이 제공하는 전문 강사를 통하여 현재 교회의 교육사역을 평가하고, BCM 사역의 전반을 코칭하여 BCM 소그룹 반 목회가 실행되도록 하는 것입니다. 내용은 바로 이 책 "BCM 소그룹 반 목회 코칭"을 7주 정도 집중적으로 진행하는 것입니다. 토요일에는 강의를 하고, 주일에는 강의한 내용을 현장에 접목할 수 있도록 돕습니다. 강의는 BCM 소그룹 반 목회론을 시작으로, 소그룹 반 목회의 기초가 되는 과목과 소그룹 반 목회의 실제에 대한 과목을 집중적으로 다룹니다. BCM 교사들이 반 목회를 이해하고, 참 목자로 바로 서서 깊은 영성으로 실천할 수 있도록 하는 과정과 실제적으로 BCM 교사의 예배 사역, 성경공부 사역, 프로그램 사역, 주간목회 사역을 배웁니다. 이 과정을 통해 교사들이 소그룹 반 목회자로 세워지게 되는 것입니다.

부모가 협력하는 소그룹 반 목회

교회는 모든 부모를 신앙교육의 협력자로 세워야 합니다. 아니 부모들에 대한 지속적인 훈련과 모임을 통해 부모를 신앙교육의 주체자로 세워야 합니다. 사실 신앙교육의 주체는 부모입니다(신 6:4~9). 교회학교가 위대한 신앙교육기관인 것은 부인할 수 없는 사실이지만, 그것은 역사의 한 축을 담당한 것이지 오늘도 여전히 유효한 것은 아닙니다. 이제 신앙교육의 패러다임이 완전히 바뀌어야 합니다. 성경으로 돌아가야 합니다. 부모가 그 책임을 맡아야 합니다. 그러나 오늘날 가정의 의미가 약화되고 부모들의 역할이 점점 더 축소되고 있는 현실에서 당위성만을 주장할 수는 없습니다. 따라서 잘 준비된 교회의 신앙교육에 부모가 적극적으로 협력하도록 만드는 것이 우선적으로 필요합니다. 아마도 그렇게 훈련받고 자녀들을 신앙으로 지속적으로 양육하는 부모는 궁극적으로 "가정목회자"로 서게 될 것입니다. 그러면 어떻게 부모를 신앙교육의 협력자로 세울 수 있을까요?

첫째, BCM 부모교실을 개설하여 매년 지속적으로 부모를 교육해야 합니다. 두 권으로 발행된 「BCM 부모에센스」는 기독 부모의 정체성과 사명, 그리고 그 역할에 대한 교육서로, 부모교육의 기본 정신을 충실하게 담고 있습니다. 따라서 담임목사와 교육담당 목회자, 그리고 교회의 평신도 지도자들은 정기적으로 이 교육을 개설하여 자녀들을 하나님 나라의 사명자로 키울 수 있는 부모교육에 집중해야 합니다. 20주 동안 매주 토요일 오후 3~6시에 개설하는 것이 좋습니다. 매주가 어려우면, 1년에 20주를 나누어서 교육하면 좋겠습니다. 강사는 기독교대한성결교회 총회교육위원회에서 진행되는 지도자 세미나를 수료한 담임목사와 사모, 그리고 부모교육에 관심을 가지고 있는 교회의 평신도 지도자와 교육담당 목회자들이 담당할 수 있습니다. 부모교육을 진행하는 동안에 부모와 함께 온 자녀들을 위해서 「BCM 교사플래너」에서 매달 2개씩 제공하는 BCM 프로그램을 진행하면, 아이들을 대상으로도 좋은 교육을 시행할 수 있는 기회가 될 것입니다. BCM 교육목회는 교회의 부모교육을 효율적으로 진행할 수 있도록 하기 위해 「BCM 부모에센스: 만나모임 워크북」도 제작하여 제공하고 있습니다.

둘째, 부모를 신앙교육의 협력자로 세우기 위한 지속적인 활동이 필요합니다. 먼저는 교육담당부서인 유아교회, 어린이교회, 청소년교회에서 매월 가정 통신문을 발송하여 신앙교육에 대한 협력을 요청해야 합니다. 한 달 동안 진행되는 신앙교육에 대한 자세한 안내와 이를 위한 부모의 협력 사항을 기재하여 매월 발송하는 것입니다. 이때 일주일에

1~2번 가정예배를 드릴 수 있도록 자료를 제공하면 좋습니다. 가정예배는 가장의 권위를 세우고 가정 구성원 모두가 하나님께 집중하며 가정이 소통할 수 있는 장을 마련해주는 특징이 있습니다. 중요한 것은 지속적으로 가정예배가 시행될 수 있도록 돕는 것입니다.

조금 더 분위기가 성숙되면, 부서별 혹은 교회 차원에서 정기적인 부모기도회와 부모교육을 실시하는 것이 중요합니다. 우선은 부모기도회를 정례화 하는 것을 시도해 보는 것이 필요합니다. 요즘 자녀교육을 병행하여 진행하면서 어머니 기도회를 하는 교회가 있습니다. 이것도 좋은 시도라고 생각합니다. 그러나 부모가 함께 모여서 기도할 수 있는 장을 마련해야 합니다. 특히 아버지들이 자녀를 신앙적으로 양육하는 데 더 깊은 관심을 가지고 참여할 수 있도록 격려하고 그들을 위해 시간을 마련해야 합니다. 어느 정도 분위기가 무르익으면 'BCM 부모교실'을 개설하여 앞에 제시한 대로 진행하면 매우 좋은 결과를 얻을 수 있을 것입니다. 이 과정에서 가장 중요한 것은 부모가 '가정목회자'라는 인식을 가질 수 있도록 지속적으로 강조하는 것입니다.

셋째, 주일의 신앙교육에 적극적으로 협력하는 부모를 만들어야 합니다. 교회는 부모를 교육하고 신앙교육의 협력자로 세우는 활동을 지속적으로 전개해야 합니다. 그러면서 우선적으로 협력을 구해야 하는 것은 모든 부모들이 자신의 자녀들을 유아교회와 어린이교회, 그리고 청소년

교회에 참석할 수 있도록 하는 것입니다. 좋은 대학을 가는 것도 중요합니다. 그러나 온전한 신앙 인격을 가지고 하나님 나라의 비전을 품고 살아가는 것이 우선입니다. 교회의 중요한 직분을 맡은 사람들 중에서도 주일날 학업에 우선순위를 두고 있는 분들이 있습니다. 우리의 어린이와 청소년들이 우선적으로 신앙에 집중할 수 있도록 힘쓰는 부모들이 되어야 합니다.

부모교육을 잘 받고 이를 실천하는 부모들이 우선적으로 실천하는 것이 자기 자녀의 친구들이 교회에 참석할 수 있도록 자신의 차량을 운행해 주는 것입니다. 특히 아버지들이 이 사역을 감당하는 분들이 많이 있습니다. 어머니들은 주일 신앙교육을 위해서 간식을 제공하고 교육을 지원하며 다양한 관심을 보입니다. 더 적극적인 부모는 주간 중에 자녀들을 위한 신앙교육을 실천하는 분들도 있습니다. 중요한 것은 가정과 교회가 협력하여 우리의 자녀들을 위대한 그리스도인, 주님의 제자로 세워서 세상을 변화시키는 하나님 나라의 사역자로 파송해야 한다는 것입니다. 이 일은 우리 주님이 우리에게 위임하신 사명입니다. 우리의 자녀들이 온전한 신앙인, 성령 충만한 주의 사역자가 될 수 있도록 최선을 다해 교육해야 할 것입니다.

주님의 대 위임명령으로서 소그룹 반 목회

BCM 소그룹 반 목회는 다음세대 교육의 혁명입니다. 주님의 명령을 위임받은 평신도 교사가 참된 목자의 사명을 감당하여 맡겨진 주님의 양들을 주님의 제자로 세운다는 것은 가히 혁명적인 일이 될 것입니다. 현재 많은 교사들이 거의 아무 준비 없이 교사의 직분을 감당하다가, 그래서 20분도 벅찬 성경공부를 진행하면서 3년 정도를 버티다가 교사직을 내려놓습니다. 교회학교를 통해 이 세상을 변화시킬 수 있는 온전한 그리스도인이 양성된다는 것은 꿈 같은 이야기가 되어 버리고 말았습니다. BCM 소그룹 반 목회자로서의 교사는 주일뿐만 아니라 주간 중에도 예수의 심장을 가지고 맡겨진 어린이와 청소년을 양육하고 돌봅니다. 그들과 소통하고, 그들과 함께하면서 그들을 주님의 제자로 세웁니다. 주님께 사명을 위임받은 교사들이 온전한 신앙공동체를 세우면서 함께 주님의 사명을 감당해 가는 것입니다. 이러한 사역을 통해 다음세대가 아름답게 세워질 것이고, 교회가 건강하게 성장할 것이며, 이 땅에서 하나님 나라의 가치가 실현될 것입니다.

BCM 소그룹 반 목회는 건강한 교회를 목표로 교사의 소그룹 반 목회를 통해서 어린이와 청소년들을 건강한 교회의 일원으로 세우고 나아가 주님의 제자로 양성하는 사역입니다. BCM 소그룹 반 목회는 교사가 단지 성경교사가 아니라 성경을 탁월하게 가르칠 뿐만 아니라 사랑으로 돌보는 것을 중시합니다. 예배와 프로그램 등의 공동체 사역에서도 전문성을 발휘하는 교사가 되길 원합니다. 이를 위해 깊은 영성과 탁월한 전문성을 소유하도록 지속적인 훈련을 실시하는 것이 원칙입니다. 따라서 담임목사와 교육담당교역자, 그리고 평신도 지도자들은 다음세대를 세우고자 하는 원대한 비전을 선포하고, 이 일을 감당할 교사들을 잘 선발하고 훈련하여 이 사명을 감당하게 해야 합니다. 교사들이 헌신을 안 하는 것이 아니라, 헌신할 수 있도록 동기를 유발하고 잠재력을 개발해주며 끊임없이 주님의 사명 앞에 나아오도록 도전하지 않는 교회와 지도자들의 책임이 더 큰 것입니다.

이제 성경의 본질로 돌아가서 주님의 대 위임명령 앞에 모두가 바로서야 합니다. 평신도 교사는 사명자입니다. 생명을 맡은 자들입니다. BCM 교사가 주님의 명령을 맡은 소그룹 반 목회자로서의 사명을 감당해야 합니다. 교사는 성령의 능력 안에서 그 사명을 감당할 수 있습니다. 교회는 교사들이 이 사명을 잘 감당할 수 있도록 최대의 지원을 아끼지 말아야 합니다.

그리고 부모도 신앙교육의 적극적인 협력자가 되어야 합니다. 그래야 다음세대를 살릴 수 있습니다. 그리고 다음세대가 살아야 한국교회가 희망이 있습니다. 한국교회가 우리의 어린이와 청소년들을 주일 신자로 만들고 있는 것이 가장 큰 문제입니다. 이제 그들에게 신앙적 각성이 있도록 끊임없이 도전해야 합니다. 주님이 주신 꿈과 비전을 가지고 세상을 향하여 담대히 나아가도록 힘써 양육해야 합니다. 성령이 충만한 교사들과 학생들이 함께 모여 가정과 교회, 그리고 민족과 세계를 위해 기도하며 세상을 향하여 담대히 나아가야 합니다. BCM 소그룹 반 목회는 그 사명을 가능하게 하는 전인적인 교육목회 시스템입니다. 모두 이 사명에 올곧게 순종하는 교사들이 되시기를 간절히 기도합니다.

2부

BCM 코칭 실행하기

BCM 소그룹 반 목회 코칭 1

참된 목자 되기

강신덕 목사
기독교대한성결교회 총회본부 교육국
교재개발팀장

헌신하는 목자

사람들은 '목자' 하면 일단의 전원풍경을 연상합니다. 맑은 시내가 흐르고 그 옆으로 흐드러지게 푸르른 나무들이 늘어서 있고 다시 그 옆으로 역시 푸른 잔디가 깔려 있는 아름다운 광경입니다. 거기 시냇가 큰 나무 그늘 아래 밀짚모자를 눌러쓴 한 소년이 수십 마리의 예쁜 양들이 풀을 뜯는 모습을 배경으로 하여 풀피리를 입에 문 채 누워 있습니다. '목자'의 모습입니다. 어디선가 본 '예수님'의 그림 역시 이와 유사합니다. 소년에서 예수님으로 주인공만 바꾸면 영락없는 '목자 예수님'의 모습입니다.

그런데 현실은 꼭 이상적인 풍경과 일치하지 않습니다. 현실의 목동은 대부분 척박한 광야 한복판에 서 있습니다. 푸른 초장과 맑은 시내는 없습니다. 눈앞에 펼쳐진 것은 한없이 광활한 메마른 대지뿐입니다. 쉴 만한 나무 그늘도 없습니다. 온통 강렬한 뙤약볕뿐인 들판입니다. 목자는 그렇게 척박한 곳에서 사나운 늑대나 독수리를 만날 수도 있습니다. 양떼를 빼앗으려는 도적떼를 만날 수도 있습니다. 정말 무서운 것은 시내가 말라 버려서 먹일 풀조차 없는 가뭄입니다. 현실의 목자에게 주어지는 매 순간의 상황은 늘 녹록치 않습니다.

위기가 닥치면, 목자는 즉각 행동해야 합니다. 사나운 동물들이 나타나면 영락없이 돌팔매질과 막대기를 휘둘러야 합니다. 도적떼가 나타나면 싸워야 합니다. 자연 재해에 직면해서는 더욱 기민해야 합니다. 지체할 수 없습니다. 멀리 두루 살펴보며 빨리 다른 대안을 찾아야 합니다. 양 한 마리도 빼앗길 수 없기 때문입니다. 목자에게 하루하루는 양떼를 위한 신실한 노동이어야 합니다. 목동에게 주어진 하루의 과제 가운데 어느 하나라도 소홀할 수 없습니다. 자칫 양들을 사지로 몰 수도 있기 때문입니다.

교회교육의 교사들에게는 들판의 목자들과 동일한 사명과 과제가 있습니다. 우리 주님 예수께서 맡기신 양들에게 세상은 척박한 광야와 같습니다. 기본적으로 그곳은 마실 물도 제대로 없고 먹을 만한 풀도 부족합니다. 늘 생명을 노리는 사탄과 세속의 권세들이 있습니다. 그들은 호시탐탐 예수님께서 피값으로 회복시켜 주신 하늘의 생명을 노립니다. 결국 교사들은 하나님의 자녀 된 양들을 향한 목자의 사명이 있습니다. 교사들은 양들을 바른 길로 잘 인도하여 하나님의 은혜로 주어지는 맑은 생명수와 하늘의 양식을 먹고 성장하도록 해야 합니다. 교사들은 늘 등불을 밝히고 자신들의 양들을 진리의 장막으로부터 빼앗아가고 그 생명을 해하려 하는 세상의 못된 짐승들과 맞서야 합니다. 그래서 누구 하나라도 낙오되지 않은 채 온전히 하나님의 나라로 들어갈 수 있도록 신실한 사역을 감당해야 합니다.

그렇다면 교회의 교사는 어떻게 이 사역을 감당해야 할까요? 교사는 목자로서 자기 정체성을 바르게 인식하고 목자로서 헌신하는 삶을 결단해야 합니다. 교사는 우리 주님과 교회가 위탁한 어린이와 청소년들의 영적 부모로서 그들을 바른 길로 인도하고 진리를 가르치며 그들의 생명을 보호해야 하는 목자로서의 자기 정체성을 바르게 세워야 합니다. 목자는 성경의 기록자들이 매우 즐겨 사용하고 특별히 예수님께서 즐겨 사용하신 하나님의 사역자의 전형적인 모습입니다. 모세가 바로 목자의 모습이었으며, 다윗과 많은 선지자들이 목자의 이미지를 가지고 있었습니다. 무엇보다 우리 주 예수님께서 목자의 모습으로 이 땅에서 사역하셨습니다. 성경의 인물들과 예수님께서는 모두 목자의 모습으로 정체성을 얻었고, 사명과 과제를 알았으며, 그리고 목자의 모습으로 헌신하였습니다. 특별히 BCM 소그룹 반 목회를 사명으로 받아 양육과 돌봄의 사역을 수행해야 하는 교사는 성경 속 목자의 모습과 그들이 보여준 사명으로부터 참으로 신실한 목자가 되는 길과 방법을 배울 수 있습니다. 이제부터 소그룹 반 목회자, 하나님과 교회의 참 목자가 되는 세 가지 길을 배워 보도록 하겠습니다.

부르심 : 목자 되기

목자로서의 교사는 먼저 목자의 길에 들어서서 스스로 목자가 되어야 합니다. 목자는 먼저 세상과 길 잃은 양들을 향한 하나님의 긍휼의 마음을 바라보고, 하나님과 동일한 마음을 품어 세상을 하나님의 진리 가운데로 인도하기 위한 사역의 부르심에 응답해야 합니다. 성경의 노아는 하나님께서 세상을 향하여 진노의 칼을 드시는 순간에도 하나님의 눈에서 선한 의지를 보았습니다. 세상을 구원하기를 열망하시는 하나님의 사랑을 보았습니다. 노아는 곧 그 사랑에 응대하여 하나님의 사역자로서 자신이 해야 할 일을 찾았습니다. 세상을 구원할 방주를 지은 것입니다. 오늘 우리 교사들 역시 참 목자로서의 사역의 자리에 서기를 원하시는 하나님의 선한 사랑의 마음을 읽고, 그 사랑의 마음에 동참하여 사역의 자리에 서야 합니다.

책임과 확신으로 부르심 받기

목자는 먼저 세상에 대한 책임과 해야 할 사명에 대한 굳건한 확신이 있어야 합니다. 오늘 우리가 살아가는 세상은 마치 어두운 밤과 같습니다. 그 어둔 밤 한가운데서 어떤 사람들은 스스로 자만하여 세상의 욕망과 명예를 따르는 것이 옳다고 여기고 그 길로만 가려고 고집합니다. 어떤 사람들은 자신이 가는 길에 대하여 아무런 확신도 얻지 못하고 방황하다가 어두운 길 한복판에 주저앉아 있습니다. 또 어떤 사람들은 한 발자국도 내딛지 못하고 두려움에 떨며 누군가 자기를 인도하여 주기만을 애타게 바라고 있습니다.

프랑스의 위대한 기독교 철학자 자크 엘룰(Jacques Ellul)은 오늘날 과학과 기술과 자본주의와 민주주의 등이 고도로 발달한 세상에서 그 미래가 밝은 핑크 빛이라고 생각하는 것은 잘못이라고 말했습니다. 엘룰은 이 세상이 발전하면 할수록 그래서 스스로의 빛을 밝히면 밝힐수록 더욱 어두워져 간다고 말했습니다. 사람들은 그 가고자 하는 길을 스스로 밝히면 밝힐수록 결국 알 수 없는 미로와 같은 어둠으로 빠져들고 맙니다.

　그래서 교사는 먼저 긍휼 어린 책임감을 느끼는 사람이어야 합니다. 어둔 세상에는 길 잃은 양들이 많이 있습니다. 교회의 교사는 결국 어둔 세상에서 길을 밝히는 일에 대하여 깊은 책임감을 갖는 목자입니다. 교사는 어두운 세상의 삶의 방식, 그 교만하지만 어리석기 짝이 없는 세상의 방식에 익숙한 어린 영혼들, 각기 제 갈 길로 가기에 바쁜 양들을 바른 빛 가운데로 인도하는 일에 대해 깊고 풍성한 책임감을 가진 사람입니다. 교사는 어두움 가운데서 길을 잃고, 때로 벼랑 끝으로 몰려 위기에 직면하고, 가시덤불에 걸려 고통스러워하는 양들을 복음의 밝은 빛 가운데로 인도하는 일에 관해 긍휼의 책임을 느껴야 합니다. 그리고 그들을 안전하여 평안이 있는 산 위에 밝히 빛나는 동네로 안내하는 일에 대해 명예롭고 신실한 책임감을 느끼는 사람입니다.

　또한 교사는 가야할 바에 대한 확신으로 굳건한 목자이어야 합니다. 어두운 세상에서 길을 잃은 양들을 인도하는 목자는 그가 양들과 더불어 가고 있는 목적지에 대해 분명한 확신을 가져야 합니다. 본인도 알지 못하고 확신하지 못하는 곳으로 양떼를 인도하는 어리석은 목자는 없습니다. 목자는 지금 자신이 양들을 인도하는 곳이야말로 양들을 살리고 양들이 평안하게 쉴 수 있는 곳임을 잘 아는 사람이어야 합니다. 사실, 교회의 많은 교사들이 목적지에 대한 확신을 갖지 못합니다. 많은 교사들이 어린 영혼들을 십자가와 하나님 나라로 인도하는 역할에 충실하면서도 의심을 떨쳐버리지 못합니다. 교사는 자신이 안내하는 영혼을 살리고 영혼이 잘되는 생명이 있음을 확신해야 합니다. 그것을 확고하게 믿는 것이야말로 이 시대의 목자로서 교사들이 소명 가운데 품어야 하는 가장 귀한 덕목입니다.

모세는 책임과 확신에 관한 한 귀감이 되는 목자의 전형일 것입니다. 모세는 누구보다 목자로서 자기 책임과 확신이 분명한 사람이었습니다. 그는 그가 하나님의 구원과 진리로 인도해야 할 대상으로서 이스라엘 사람들에 대해 긍휼의 마음을 갖고 있었습니다. 그는 이스라엘 사람들이 애굽 땅에서 겪고 있는 혼란과 고통을 직시하고 그 어두운 현실로부터 그들을 이끌어내야 할 목자로서의 사명을 분명히 알고 있었습니다. 그는 나아가 그 이스라엘 사람들을 애굽으로부터 이끌어 내고 나서 그들을 어디로 인도해야 할지에 대해서도 확신을 갖고 있던 사람이었습니다. 그는 무엇보다 모든 이스라엘의 백성들이 하나님의 인도하심을 따라 가나안으로 돌아가야 한다고 확신했습니다. 그리고 40년을 한결같이 이스라엘 백성들을 가나안으로 인도하는 목자로서의 사명을 다했습니다.

목자 되기 1 : 빛의 사도로서 어둔 세상을 직시하기

교사가 목자로서의 분명한 소명으로 나아가기 위해 해야 할 첫 번째는 세상의 어두움을 또렷이 바라보는 일입니다. 참 목자가 되는 길에 들어선 교사가 분명하게 인식해야 하는 것은 이 세상이 그 죄악으로 인하여, 그 죄악의 편만함으로 인하여 어둠 가운데 빠져 있다는 것입니다. 그리고 그 어두운 세상에 구원을 바라며 신음하는 하나님의 길 잃은 양들이 있다는 것입니다. 하나님의 선지자들과 하나님의 아들 예수님은 세상을 하나님의 안목으로 바라보고 그 가운데서 길을 잃고 헤매는 양들을 위한 자신의 사명을 분명하게 세운 하나님의 사람들이었습니다.

바울이 로마서에서 이미 말한 바와 같이 복음은 이미 이 세상에 들어왔고, 하나님의 사랑과 은혜는 이 세상 사람들이 보고 만질 수 있을 만큼 가까이 와 있습니다. 그럼에도 불구하고 이 세상은 하나님의 사랑으로서 예수 그리스도를 통해 드러난 복음을 알지 못하고 이해하지도 못하며, 심지어는 알려고도 하지 않았습니다. 그래서 바울은 그들이 "하나님을 알되 하나님을 영화롭게도 아니하며 감사하지도 아니하고 오히려 그 생각이 허망하여지며 미련한 마음이 어두워졌다"고 했습니다(롬 1:21). 이뿐만이 아닙니다. 예수님의 생애에 대해 깊이 묵상하고 영감과 계시를 받은 요한은 그의 복음에 대한 기록에서 단호하게 "빛이 어둠에 비치되 어둠이 깨닫지 못하더라"고 했습니다(요 1:5).

타락한 이후 지금 세상은 스스로의 어둠에 갇혀 있습니다. 세상은 스스로의 지혜와 말들, 능력으로 이 세상을 비추려 하지만 오히려 어두움이 가중되어 가고 있습니다. 이 세상에 필요한 것은 바로 하나님의 은혜, 그 은혜의 정수이신 사랑의 예수님이십니다. 빛으로 오신 예수님만이 이 세상에 편만한 어둠을 물리치시고 세상을 그 진리 가운데 밝히 하실 수 있습니다. 빛으로 오신 예수님만이 점점 더 어두운 나락으로 빠져만 가는 이 세상을 이끌어 내어 그 따뜻한 빛 가운데로 바르게 세워두실 수 있습니다.

하나님의 구원 사명을 안고 이 땅에 오신 예수님은 이 세상의 어두움을 정면으로 상대하셨습니다. 예수님께서 이 땅에 오셨다는 것은 한 가지를 증명합니다. 하나님께서는 어두운 세상을 방치하시거나 외면하시거나 피하지 않으시고 어두운 그곳을 직시하시고 그곳 한복판으로 내려오셨다는 것입니다. 또한 예수님은 이 세상에서 고통 가운데 신음하는 당신의 양들을 하나님의 은혜가 충만한 십자가와 하나님 나라로 이끌어내야 한다는 것에 대해 분명한 목적의식과 확신을 갖고 계셨습니다.

모세는 어두운 세상을 직시하여 당신의 백성들을 구원하신다는 하나님의 사랑 어린 뜻을 잘 알고 그 백성들을 구원하는 소명을 충실하게 감당한 사람이었습니다. 그는 한때 양을 치는 사람이었으나 하나님의 거룩한 산에서 애굽 땅의 고통 받는 이스라엘 백성들을 구원하는 일에 대한 소명을 받았습니다. 그는 그 순간, 하나님과 동일한 마음을 품었습니다. 고통 가운데 신음하는 이스라엘 백성들을 향한 하나님의 긍휼의 마음을 알고 그 마음을 실현할 도구로서 스스로의 소명을 분명하게 인식했습니다. 무엇보다 모세는 그 모든 일의 최종적인 결론으로서 하나님의 구원의 역사가 실현될 가나안에 대한 분명한 확신을 가진 사람이었습니다. 그는 긍휼 어린 책임과 확신 어린 사명으로 담대하게 소명을 받은 하나님의 참 목자였습니다.

참 목자로 소명 받은 교사 역시 마찬가지입니다. 소명 받은 교사는 모세처럼, 그리고 예수님을 따라 이 어두운 세상을 직시할 줄 알아야 합니다. 소명 받은 교사는 세상이 어둡다 하여서, 그 어둠 가운데 무엇이 있을지 몰라 두렵다 하여서 어두운 세상을 피하지 말아야 합니다. 소명 받은 교사는 오히려 그 세상을 또렷한 신앙의 눈으로 바라보아야 합니다. 그리고 그 어두운 세상에서 벌어지는 다양한 죄악의 작태들을 직시해야 합니다. 그 어두운 세상이 어떻게 이 세상 사람들을 미혹하고 무너뜨리며 죄악 가운데 주저앉히는지를 바라보아야 합니다. 그리고 신음하는 하나님의 양들을 구하여 내는 일, 그들을 십자가 생명이 살아 숨 쉬는 교회 공동체와 하나님 나라의 공동체로 이끌어 들이는 일에 대해 분명한 확신이 있어야 합니다.

목자 되기 2 : 기도하는 가운데 사명을 밝히기

교사가 목자로서의 분명한 소명으로 나아가기 위해 해야 할 두 번째는 기도 가운데 그 해야 할 사명을 분명하게 인식하고 사명 가운데 굳건하여 지는 것입니다. 참 목자로서 교사는 자신의 소명이 혼자만의 힘으로 가능하지 않다는 것을 알고 겸손한 마음으로 하나님 앞에 서서 기도할 줄 알아야 합니다. 하나님께서는 사명 앞에서 두려움 가운데 기도하는 하나님의 사람들을 외면하지 않으셨습니다. 하나님께서는 두려움 가운데 있던 여호수아와 역시 두려움 가운데 있던 예레미야 같은 하나님의 사람들에게 힘을 주시고 능력을 주셨습니다. 그들이 해야 할 일들을 분명하게 알게 하시고 그 일들을 담대하게 행할 수 있도록 지혜와 능력을 베푸셨습니다.

사실 어두운 세상을 대적하여 선 하나님의 사람들에게도 두려움은 있습니다. 세상의 사악한 어둠은 보이지 않는 미지의 두려움이어서 하나님의 빛의 등불을 들고 그 한복판에 서려는 사람들을 쉬이 두려움 가운데 빠져들도록 만듭니다. 본토 친척 아비의 집을 떠나 하나님의 예정하신 땅으로 길을 떠난 아브람의 마음에는 말로 형언할 수 없는 두려움이 있었습니다. 애써 파놓은 우물을 빼앗기고 또 다른 정착지로 떠나야했던 이삭에게도 묘한 두려움이 있었습니다. 아타나시우스(Athanasius of Alexandria)라는 위대한 교부가 쓴「안토니의 삶(The Life of Anthony)」의 주인공, '사막의 수도자 안토니' 역시도 성경의 말씀(마 19:21, 22)대로 자신이 가진 모든 것을 내려놓고 맨 몸으로 오직 하나님만을 섬기는 사명의 길에 들어섰을 때에는 넘치는 기쁨과 더불어 묘한 두려움이 교차했습니다.

거대한 어두움의 세상과 직면하여 서는 하나님의 사람들에게도 두려움이 있습니다. 세상은 갈수록 교묘하고 폭력적인 방법으로 하나님의 소명 받은 사람들을 무너뜨리려 합니다. 하나님의 부르심 받은 사람들이 이 모든 두려움과 난관을 이길 힘은 오직 기도에 있습니다. 하나님께 나아가 하나님의 이름을 부르짖으며, 그 이름이 망령되지 않게, 그 이름의 뜻한 바가 온전히 실현되기를 간절히 구하는 기도를 드리는 것입니다. 소명 받은 사람이 그렇게 기도할 때 그 기도는 땅에 떨어지지 않습니다. 하나님께서는 그 기도를 들으시고 그와 함께하시며 그의 영이 더욱 강하고 담대하도록 도와주십니다. 그것이 바로 부르시는 하나님의 위대하심입니다.

두려움을 이기고 사명의 자리로 담대하게 나아간 예는 예수님에게서 먼저 발견됩니다. 예수님께서는 메시아로서의 그의 사명의 길을 나서기 전에 사십일 동안 온전히 기도하셨습니다. 하나님께 매달리셨습니다. 그리고 하나님의 아들로서, 세상을 구원할 메시아로서, 주어진 사명의 자리에 굳건하게 서셨습니다. 예수님뿐이 아닙니다. 사명의 자리에 앞서서 그 자리가 주는 어려움을 토로하며 기도한 사례가 적잖게 있습니다. 먼저 모세가 그랬습니다. 그는 이스라엘을 구원하는 지도자의 소명을 받는 자리에서 스스로의 두려움을 하나님께 고했습니다. 그리고 그자리에서 "함께하시겠다"고 힘 주시는 하나님의 음성을 들었습니다. 모세의 후계자 여호수아 역시 마찬가지였습니다. 그는 그의 전임자 모세처럼 담대하게 그리고 치밀하게 이스라엘을 인도할 자신이 없었습니다. 그는 곧 기도했습니다. 그러자 하나님께서 "강하고 담대하라 두려워하지 말며 놀라지 말라 네가 어디로 가든지 네 하나님 여호와가 너와 함께 하느니라"라고 말씀하시며 격려하시고 힘을 주셨습니다(수 1:9).

참된 목자로서의 소명을 받은 교사가 이를 두려워하는 것은 어쩌면 당연한 일입니다. 사명을 받은 교사들은 거대한 세상과 대적하면서 맡겨진 양들을 바른 길로 인도하는 일의 어려움을 잘 알고 있습니다. 결국 교사들에게 필요한 것은 바로 기도입니다. 가르치고 돌보는 목자의 소명을 받은 교사는 교회의 어떤 사역자보다 더 많은 시간을 기도에 할애해야 합니다. 소명 받은 교사가 겸손하게 무릎 꿇고 기도할 때 하나님께서 모세에게 베푸셨던 능력을, 여호수아에게 주셨던 담대함을, 솔로몬에게 베푸셨던 지혜를 주실 것입니다. 하나님의 아들 예수님에게 주셨던 성령을 교사들에게 동일하게 베풀어 주셔서 어떤 곤경 가운데에서도 그 사명을 감당하도록 하실 것입니다. 무엇보다 무질서하고 혼탁한 세상 가운데서 목자로서의 가르침과 돌봄과 소명을 다할 수 있도록 명확한 사명과 과제를 마음 가운데 떠오르게 하실 것입니다.

목자 되기 3 : 동역자와의 교제 가운데 사명 깊어지기

교사가 목자로서의 분명한 소명으로 나아가기 위해 해야 할 세 번째는 동역자들과 **중보 하는 것입니다.** 하나님의 사역자들은 홀로 서 있지 않습니다. 하나님의 사역자들은 늘 언제나 동역자들과 함께합니다. 하나님께서는 하나님의 일들이 독불장군들에게서 보다는 협력의 아름다움을 아는 이들의 겸손한 손길 가운데서 이루어지는 것을 더 기뻐하십니다. 그래서 하나님께서는 아담에게 동반자 하와가 함께하게 하셨고 모세에게는 아론이, 바울에게는 바나바와 실라가 함께하도록 하셨습니다. 성경의 많은 사람들이 이렇게 하나님께서 선물로 주신 동반자들과 더불어 하나님의 일을 수행하였습니다. 그들은 동반자들과 더불어 지혜롭게 그리고 담대하게 사명을 나누고 깊어지는 가운데 담대하게 그들에게 주어진 사명을 완수하였습니다.

하나님의 소명을 받은 사람이 갖는 어려움은 바로 외로움일 것입니다. 홀로 있다는 것은 하나님의 사역자들에게 실로 큰 시험이며 어려움입니다. 사탄과 세상은 홀로 있는 그리스도인, 홀로 선 하나님의 일꾼들에게 다가가 그들을 유혹하고 그들을 넘어뜨립니다. 사탄과 세상은 홀로 있는 그리스도인들의 약점을 건드려서 그들로 하여금 하나님 앞에 범죄 하도록 만듭니다. 지도자로서 정점의 자리에 섰던 모세는 광야에서 판단의 모순에 빠져들었습니다(출 18:13~23). 다윗은 이스라엘의 최고 지도자의 자리에 홀로 서서 결국 하나님 앞에서 범죄하고 남의 아내를 취하는 우를 범하였습니다(삼상 11:1~5). 솔로몬 역시 마찬가지였습니다. 그는 지혜로운 왕으로서의 소명을 받아 훌륭한 치세를 이루었지만, 곧 홀로 서 있는 영적 현실을 이기지 못하고 하나님 앞에서 범죄하고 말았습니다(왕상 11:1~11).

하나님의 부름을 받은 사람에게는 함정이 있습니다. 스스로의 부르심의 강박에 빠져들고 스스로의 부르심의 논리에 젖어들어 다른 것을 보지 못하게 되는 것입니다. 스스로의 부르심만을 의롭게 여기고 스스로의 부르심 앞에서만 모든 것이 합당하다고 생각하게 되는 것입니다. 하나님의 부르심을 받은 사람들이 이러한 유혹과 시험을 이기는 방법은 그 부르심에 대하여 동반자와 함께하는 것입니다. 그리고 동역자가 함께하는 상황에 대하여 겸손하여 지는 것입니다. 에덴동산의 청지기였던 아담에게 하와라는 동역자가 있을 때 그 모든 것이 평안했습니다. 모세에게 이드로 혹은 아론과 같은 동역자가 함께했을 때 그의 지도력이 안정감을 이루게 되었으며 보다 풍성하여졌습니다. 다윗에게 나단이라는 동역자가 함께했을 때 그의 왕으로서의 사역이 비로소 균형감각과 영적 깊이를 더할 수 있었습니다. 솔로몬에게도 아마 갓이라는 훌륭한 동반자가 있었을 테지만 그는 그 영적 동반자 관계 보다는 정치적·국제적 동반자 관계를 더 중요하게 여긴 듯합니다.

예수님께서도 이 세상에서의 사역의 길을 홀로 걷지 않으셨습니다. 예수님께서는 이 세상에 오실 때 어머니 마리아의 도움을 얻으셨습니다. 또 갈릴리에서의 사역에서는 여러 제자들과 동행하시고 그들과 함께 삶을 나누셨습니다. 십자가 대속의 죽음 그 자체는 홀로 감당하셨다 할지라도 그 십자가 길에는 구레네 사람 시몬(마 27:32)과 세 명의 마리아들, 그리고 살로메(막 16:1), 그리고 아리마대 요셉(막 15:43) 등이 동행하였습니다. 하나님 나라 사역의 동반자적 관계가 중요한 것은 예수님께서 제자들을 파송하실 때에도 여실히 드러났습니다. 누가복음은 이르기를 "그 후에 주께서 따로 칠십 인을 세우사 친히 가시려는 각 동네와 각 지역으로 둘씩 앞서 보내시며 이르시되 추수할 것은 많되 일꾼이 적으니 그러므로 추수하는 주인에게 청하여 추수할 일꾼들을 보내 주소서 하라 갈지어다 내가 너희를 보냄이 어린 양을 이리 가운데로 보냄과 같도다"라고 했습니다(눅 10:1~3).

참 목자로서의 소명을 받은 교사들 역시 그 부르심의 소명 앞에서 동반자, 혹은 사역자와의 나눔을 귀하게 여겨야 합니다. 교사는 홀로 사역하는 사람이 아닙니다. 교사는 홀로 부름 받지도 않았습니다. 교사는 주님께서 허락하신 동역자들과 함께 어깨를 나란히 하고 그들과 더불어 기도하는 가운데 사명의 자리로 나아가야 합니다. 교사의 동반자적 동역의 나눔은 결국 교사를 더욱 깊이 있고 견고한 소명의 사람이 되게 할 것입니다. 교사의 동반자적 동역의 나눔은 결국 교사를 그 어떤 시련 가운데서도 변함없이 굳건한 열정적 사역자로 세워줄 것입니다.

세우심: 목자로 서기

소명의 '목자가 되는' 과정을 넘어선 교사는 이제 목자로서의 당당한 사역과 삶을 세워야 합니다. 우리 시대 신실한 신학자 가운데 한 사람인 유진 피터슨(Eugene H. Peterson)은 말하기를 "목자로서 지도자는 그 양들을 보호하고 인도하기에 부족함 없도록 스스로 준비하고 스스로를 연단해야 한다."라고 했습니다. 마치 부모가 그냥 부모가 되는 것이 아니고 준비하여 부모가 되듯 교사도 마찬가지입니다. 교사는 목자로서 자신의 모습을 바르게 세우기 위해 준비해야 합니다. 목자가 양을 치는 사람으로서 자신의 삶을 세운다는 것은 다음의 두 가지를 의미합니다.

첫째, 목자는 목자로서 자기를 바르게 세우는 필요와 그 방법을 알아야 합니다. 목자는 목자로서 자신의 삶과 일상을 바르게 정립해야 합니다. 목자가 만일 양을 치는 삶과 동떨어진 삶의 방식을 가지고 있다면 목자로서 온전한 삶을 산다고 할 수 없을 것입니다. 목자는 스스로의 삶을 광야와 들판에 위치시켜야 합니다. 목자로서의 삶을 산다고 하면서 도시의 여유로움을 즐기는 삶을 추구한다면 참 목자가 될 수 없습니다. 목자는 또한 들판에서 양들과 더불어 살아가기에 적절한 몸과 마음의 준비가 되어 있어야 합니다. 농부가 농부의 마음으로 살아갈 때 그 한해의 소출이 정직하게 거두어지듯, 목자 역시 목자로서 어울리는 삶의 방식을 추구해야 합니다. 그렇게 할 때 우리는 그가 양들을 잘 이끌어서 잘 키워내는 목자로서의 삶을 산다고 할 수 있는 것입니다.

교사들 역시 마찬가지입니다. 교사는 양들을 키우는 일과 관련하여 스스로 흠 없는 삶을 세워야 합니다. 양들을 가르치고 양육하는 일을 위해 스스로의 삶을 결단하고서도 그 삶의 방식은 여전히 쾌락적이거나 자기중심적인 방식에 머물러 있다면 참 교사라고 할 수 없을 것입니다. 따라서 목자로서의 삶을 결단한 교사는 스스로 목자의 삶을 살아가야 합니다. 일상의 삶 가운데서 경건한 방식을 추구하고 일상의 삶 가운데서 기도와 말씀 보기, 선행을 행하는 것 등의 태도들이 몸에 스며들어 습관화되도록 해야 합니다. 나아가 목자로서 교사는 양으로서 어린이와 청소년들의 영적인 혹은 육적인 상태를 살피고 돌보고 그들을 회복시키며 부흥시키는 데에 항상 준비되어 있어야 합니다. 그래서 필요할 경우 아낌

없는 돌봄과 격려와 지원과 가르침을 줄 수 있도록 스스로를 준비시켜야 합니다.

둘째, 목자는 양들과의 관계를 유지하기 위한 다양한 기술을 알아야 합니다. 목자는 양들을 실제로 칠 줄 알아야 합니다. 목자가 되었으면, 그 양들을 푸른 초장과 맑은 시내로 인도할 수 있는 최소한의 기술과 능력을 갖추고 있어야 합니다. 목자를 직업으로 삼아 양치는 일을 생업으로 하여 살겠다고 하면서 양 한 마리도 우리로 인도하거나 바른 길로 인도하는 기술을 갖지 못한다면 그 사람은 목자라고 할 수 없을 것입니다. 목자는 양들의 필요를 알고 필요에 따라 적절하게 필요한 것을 공급할 줄 알아야 합니다. 목자는 또한 그 양들을 막대기로 쳐가며 바른 길로 인도하는 권위 있는 인도의 기술도 익혀야 합니다. 나아가 목자는 양들이 먹어야 할 것과 먹지 말아야 할 것, 마셔야 할 것과 마시지 말아야 할 것을 구분할 줄도 알아야 합니다. 그래서 목자는 양들 가운데 단 한 마리도 그가 가진 기술의 미진함으로 인하여 낙오되거나 도태되지 않도록 준비해야 합니다.

교사 역시 마찬가지입니다. 교사는 어린 양들을 돌보고 양육하며 가르치고 키우는 실제적인 능력과 기술을 알아야 합니다. 교사가 만일 학생들을 바른 길로 인도하는 능력과 기술을 갖추지 못하고서 교사로서 자기 명분만 자랑한다면, 그것은 자식을 낳고서 그 자식을 키우는 일에 대해서는 아무것도 모르는 무지한 부모와 같은 것입니다. 교사는 지금 양들에게 필요한 것이 무엇인지 바르게 알고 그 필요에 따라 먹을 것과 마실 것을 공급할 줄 알아야 합니다. 교사는 또한 양들을 바른 길로 인도하는 기술, 즉 양을 치는 기술을 알아야 합니다. 그렇게 해서 교사는 자신에게 맡겨진 단 한 마리의 양도 자신의 기술적인 부족함이나 능력의 부족함으로 낙오되지 않도록 힘써야 합니다. 양을 치는 기술과 능력, 합당한 권위를 아는 것이야말로 양을 치는 교사의 가장 중요한 준비 가운데 하나입니다.

우리는 양을 치는 것에 관하여 다윗에게서 많은 것을 배울 수 있습니다. 어린 다윗이 왕으로 기름 부음을 받았을 때, 그는 원래 들판에서 목동으로서 양들과 함께 있었습니다. 그는 왕의 재목으로서 사람들 사이에서 권위나 내세우며 즐기는 사람이 아니었습니다. 그는 언제나 자신이 책임지고 보호하며 인도해야할 양들과 함께할 줄 아는 준비된 목동이었습니다. 나아가 그는 목동으로서 그 능력과 기술도 충분한 사람이었습니다. 그는 평소 물맷돌을 들고 다녔습니다. 그래서 양을 돌보고 치는 가운데 발생하는 다양한 위험으로부터 양들을 보호하는 기술을 잘 알고 있었습니다. 놀라운 일은 이러한 기술이 훗날 나라의 적을 물리치고 이스라엘이라는 큰 양떼를 보호할 때에도 적절하게 활용되었다는 것입니다.

목자로 서기 1 : 공동체 가운데 바르게 서기

이제 교사는 목자로서 바르게 서는 자기 훈련이 필요합니다. 앞서의 부르심의 과정이 내면적이고 영적인 변화와 성숙의 과정이라면, 이제 목자로 서는 세움의 과정은 매우 구체적으로 자기를 굳건하게 하는 과정이라고 말할 수 있습니다. 많은 사람들의 경우에 '내가 어떤 사람이 되어야겠다.'라고 다짐을 하는 경우와 그 되고자 하는 사람을 만들기 위해 구체적이고 실질적인 노력을 기울이는 것 사이의 차이가 큽니다. 그러다 보니 매일 나는 어떤 사람이 될 것이라는 생각은 많이 하는 반면, 그런 사람이 되고자 하는 자기 갱신과 노력은 부족한 경우가 많이 있습니다. 마음과 머리와 몸의 실제 거리가 큰 것입니다. 그래서인지 예수님께서는 "마음은 원이로되 육신이 약하도다"라고 하셨습니다(마 26:41).

결국 교사가 목자로 세움을 입는 과정은 공동체에서 이루어져야 합니다. 교사는 아무도 없는 골방에서 혼자만의 외침으로 다음세대를 위한 목자로서의 사명을 외치지 말아야 합니다. 주님의 몸 된 공동체 한가운데서 삼위 하나님과 공동체의 구성원 모두가 함께하는 가운데 사명을 온전히 감당할 것을 외치고 목자 된 교사로 바르게 설 것을 다짐하는 것이 중요합니다. 공동체의 주인이신 하나님과 공동체의 형제와 자매들과 더불어 스스로 다짐한 것을 공유하는 의식적 절차를 가지는 것이 중요합니다. 자기 삶을 유지하기도 벅찬 세상에서 누군가의 영혼과 삶에 대한 책임감을 가지고 그들을 가르치고 돌보는 일을 병행하는 것은 분명 쉬운 일이 아닙니다. 교사로 세움 받는다는 것은 그만큼의 자기 시간과 에너지를 하나님과 공동체, 양들에게 내어놓는 일을 의미하는 것입니다. 결국 교사는 이 일을 홀로 감당하지 말아야 합니다. 교사는 이 사명과 책임을 공동체 가운데서 공공연하게 부여 받고 다시 공공연한 가운데 그 책임 감당을 위한 지지기반을 얻어야 합니다.

모세의 경우를 생각해 보겠습니다. 출애굽한 이스라엘이 르비딤에 이르러 마실 물과의 전쟁을 치르고 난 직후 아말렉 족속의 군대가 쳐들어 왔습니다(출 17:1~8). 모세는 바로 여호수아와 그 군대를 출정시키고 무언가 지도자로서 자신만이 할 수 있는 일을 해야 했습니다. 바로 전쟁터가 한눈에 보이는 산으로 올라가 그곳에서 하나님께 기도하는 일이었습니다. 그는 그냥 기도하지 않았습니다. 그는 아군과 적군, 이스라엘 백성들이 모두 지켜보는 가운데 두 손을 들고 기도했습니다. 그런데 그 기도가 쉽지 않았습니다. 전쟁이 10분 정도 만에 쉽게 끝나는 일도 아니고, 하루 혹은 며칠이 계속될 수 있었습니다. 당연히 적지 않은 나이의 모세의 손이 서서히 내려가기 시작했습니다. 이때 모세는 홀로 서 있지 않았습니다. 그는 아론과 훌로 하여금 자신의 두 손을 붙들어 달라고 부탁했습니다(출 17:11~12). 매 순간 양들을 위해 헌신하는 일을 감당해야 하는 교사들에게 참으로 귀한 교훈의 말씀입니다.

예수님께서도 이렇게 공동체 가운데 세움을 얻고 공동체의 도움을 얻는 일의 중요성을 잘 아셨습니다. 예수님께서 잡히셔서 십자가에 달리시기 전날 밤, 겟세마네 동산에서 기도하실 때 제자들과 동행하셨습니다. 본인의 십자가 사역의 마지막 준비를 하시던 날, 예수님께서는 홀로 있지 않으셨습니다. 오히려 제자들과 더불어 제자들이 동행하여 보는 가운데 십자가 사역을 준비하셨습니다(마 26:36).

교회의 사역은 은밀한 것이 아닙니다. 교회의 사역은 공동체의 기도와 격려 가운데 공동체의 세움을 받는 일입니다. 목자로서 교사의 사역역시 마찬가지입니다. 교사는 목자로서의 사역을 공동체 가운데 반듯하게 세울 줄 알아야 합니다. 교사의 목자로서의 사역은 혼자만의 고독한사역이 아닙니다. 교사는 자신의 목자로서의 사역 비전과 사역의 의지를 공동체 가운데 인정받고 공동체의 격려를 받으며 그 흔들림 없는 사역의 실제를 세워가야 합니다. 교사는 공동체 가운데서 무엇을 어떻게하고 무엇을 이루어야 할지에 대해 분명한 방향과 목적과 해야 할 일들의 과제와 그 적절한 방법 등을 세워야 하는 것입니다. 이렇게 공동체 가운데 교사의 비전과 목적, 내용 그리고 방법 등을 반듯하게 세우는 일은한편으로 교회의 지지와 지원, 격려 가운데 가능한 것입니다. 교회가 만일 교사가 하고자 하는 일을 인정하지 않거나 받아들이지 못한다면, 그러면서 아무런 지원과 격려를 기대하지 말라고 한다면 교사는 그 순간부터 그 공동체의 교사일 수 없습니다. 따라서 교회는 다음세대를 목양하는 교사를 세우는 일에 있어서 공동체의 기반을 제공하는 일을 중요한 책임으로 여겨야 합니다.

목자로 서기 2 : 가르치는 내용과 방법에 익숙해지기

이제 본격적으로 목자로서 교사의 자기 세움의 과정에 들어가 보겠습니다. 앞서 언급한 바와 같이 교사는 '무엇을 어떻게 가르쳐야 하는지'에 대해 늘 생각하고 그 가르침의 내용을 숙지하는 일과 그 가르침의 내용을 전달하는 방식을 숙달해야 하는 과제를 안고 있습니다. 이 과정을 제대로 넘어서지 않고서는 자신에게 주어진 어떤 신앙과 교리, 신앙적인 삶을 다음세대에게 가르칠 수 없습니다.

반복적으로 말하는 것 같지만, 많은 교사들이 다음세대에게 신앙을 전수하고자 하는 비전과 소명의 자리에는 담대하게 섭니다. 그런데 그 사역이 실질적으로 요구하는 사역의 구체적인 실행의 자리에는 바르게 서지 못합니다. 가르침과 돌봄의 사명으로 부르신 것에 대해 응답은 했으나 무엇을 가르쳐야 하는지, 그것을 어떻게 가르쳐야 하는지에 대해서는 숙지하지 않는 것은 큰 문제입니다. 그것은 마치 부모가 되고자 했으나, 막상 부모가 되었을 때 부모로서 해야 하는 일이 무엇이고, 어떻게 자녀를 양육해야 하는지를 알지 못하는 일과 같습니다.

요나의 경우는 교사가 그 가르치고 돌보아야 하는 사명을 바르게 알아야 한다는 차원에서 매우 중요한 교훈이 됩니다. 우리가 다 알다시피 요나는 이스라엘의 선지자였습니다. 그의 시대에 니느웨는 큰 대적이었고 원수와 같은 나라였습니다. 그런데 어느 날 하나님께서 요나에게 임하셔서 "너는 일어나 저 큰 성읍 니느웨로 가서 그것을 향하여 외치라"고 하셨습니다(욘 1:2). 요나는 곧 일어섰습니다. 그런데 그는 니느웨로 가지 않았습니다. 그가 선택한 방향은 전혀 다른 반대편 다시스였습니다. 더욱 흥미로운 것은 그가 하나님의 조정으로 다시 니느웨로 향하게 된 이후였습니다. 그는 하나님의 명령을 따라 니느웨에 회개할 것을 외쳤습니다. 그런데 막상 그는 자신이 왜 니느웨에 회개할 것을 외쳐야 하는지에 대해서 잘 알지 못했습니다(욘 4:1~4). 그는 "원하건대 이제 내 생명을 거두어 가소서 사는 것보다 죽는 것이 내게 나음이니이다"라고 말하며 하나님의 니느웨를 향한 행하심에 대해 강한 거부감을 드러냈습니다(욘 4:3). 한마디로 말해서 요나는 하나님의 뜻이 어디에 있는지 바르게 알지 못한 채 사역을 했던 사람이었습니다. 요나는 부르심에 응답은 했으나 그가 마땅히 해야 할 일의 내용이나 방법에 대해서는 제대로 숙지하지 못했을 뿐만 아니라, 그 모든 과정에서 하나님과 크게 대치하는 태도를 보였습니다.

그렇다면 예수님의 경우는 어떠했습니까? 예수님은 당신에게 주어진 과제와 그 과제를 수행하는 방식에 대하여 정확하게 이해하셨습니다. 예수님께서는 당신에게 사탄이 와서 시험할 때에도 '십자가로 세상을 구원하시고자 하는 하나님의 뜻과 그 방법'을 거스르지 않으시고 시험을 이기셨습니다. 예수님께서는 제자들이 예수님에게 십자가가 아닌 전혀 다른 방법으로 세상을 구원하고 인도할 길을 이야기했을 때 단호하게 "사탄아 내 뒤로 물러가라 네가 하나님의 일을 생각하지 아니하고 도리어 사람의 일을 생각하는도다."라고 말씀하시며 오직 하나님의 뜻을 하나님의 방법으로 실현하는 일에만 몰두하셨습니다(마 8:33). 또한 예수님께서는 마지막 겟세마네에서 기도하실 때 인간적인 정리에 따라 힘들고 어려울 것을 예상하시면서도 "내 원대로 마시옵고 아버지의 원대로 되기를 원하나이다."라고 기도하시며 하나님의 뜻과 방법대로의 구원 실현에 집중하셨습니다(눅 22:42). 시프리안(Cyprian)이라는 기독교 초기 지도자는 '주기도문에 대한 묵상(On the Lord's Prayer)'에서 이렇게 말했습니다. "이것(뜻이 하늘에서 이루어진 것 같이 땅에서도 이루어지이다)은 하나님께서 원하시는 것을 '하나님께서' 하시고자 하는 대로 하시는 것이 아니라, 하나님께서 원하시는 것을 '우리가' (그 뜻에 순종하여 우리의 힘을 다하여) 이룰 수 있어야 함을 의미하는 것이다." 우리는 하나님의 뜻을 위해 세움 받은 제자로서 하나님의 뜻이 하나님의 방법대로 실현되는 것에 관하여 충실하고 신실해야 합니다.

교사의 사역은 스스로의 뜻을 이루는 일일 수 없습니다. 교사의 사역은 근본적으로 세상을 구원하시고 세상을 하나님 나라로 인도하시고자 하는 하나님의 뜻을 실현하기 위한 것입니다. 그래서 그 사역에는 하나님의 이루시고자 하시는 내용과 그 일을 이루시는 하나님의 방법이란 것이 있습니다. 하나님의 뜻은 그 분명한 내용과 그 분명한 방법이 있는 것입니다. 교회는 오랜 세월 이 내용과 방법을 교리와 교회의 실천 방법 가운데서 바르게 세워 왔습니다. 특별히 교회의 교사들은 이 일에 대하여 분명하여 올바르게 역할 정리를 해 왔습니다. 따라서 오늘 참된 목자로서 교회의 교사들은 하나님과 교회의 교육에 어울리는 내용과 방법에 대하여 바르게 이해하고 숙지하며, 그리고 그것을 몸에 체득하여 익히는 숙달의 과정을 필요로 합니다.

BCM 교육목회는 교사들이 그 가르치고 돌보는 일에 익숙함을 더하기 위해 기본적인 사역 기준이자 지침으로서 「BCM 교사플래너」를 제공합니다. 이 책은 교회의 교육이 무엇을 어떻게 실행해야 하는 것인지에 관하여 다양한 전문가들과 교육자들, 그리고 목회자들이 고민하여 만들었습니다. 따라서 이 지침서를 통해 교사들은 본인이 무엇을(what), 어떻게(how) 해야 하는지를 알게 되고 그 주어진 지침의 방식대로 스스로의 삶과 사역을 세워가면서 더욱 훌륭한 목자가 될 수 있습니다.

목자로 서기 3 : 훈련 받고 숙달하는 일에 순종하기

조금 부연하여 말하자면, 교사는 교회의 다른 누구보다도 스스로 배우고 익히는 일에 대하여 겸손하고 그것을 기쁨으로 아는 사람입니다. 교사는 가르치는 일이 주는 막중한 책임감 가운데서 스스로의 부족함을 늘 깨닫고 보다 더 잘 가르치는 사람이 되고자 스스로 배움의 길로 나아가는 사람입니다. 교사가 만일 배우고 스스로를 훈련하는 일에 대하여 교만하다면, 그는 참된 교사일 수 없습니다. 그의 교만함이 결국 그의 가르침에 고스란히 묻어나서 그 가르침에 더 이상 겸손한 양이신 예수님과 그분의 사랑으로 이 세상이 구원에 이르게 되었다는 진리가 담겨질 수 없게 될 것입니다. 배우지 않고 훈련하지 않는 교사의 마음과 영혼의 그릇에는 언제나 스스로 자고하여 부유한 자의 그것만 살아나게 될 것이기 때문입니다.

하나님께로부터 다음세대를 바른 길로 인도하는 일에 관하여 소명을 받은 교사는 그 소명에 대하여 스스로 더 견고해 지고 더 열정적이며, 더 전문적이기 위해 일정한 훈련과 교육의 과정에 들어가야 합니다. 먼저 교사는 소그룹 반 목회자로서 본인이 가르쳐야 하는 기독교의 핵심 진리를 바르게 이해하고 새기는 가운데 그것을 보다 더 풍성한 언어들로 채워갈 수 있도록 하는 소양 교육에 매진해야 합니다. 그래서 교사는 자신이 배워 알게 된 기독교의 기본 진리를 그 진리의 핵심에 입각하여 다음세대에게 전수하고 가르쳐서 그들 역시 동일한 신앙고백과 지혜의 수준에 이르도록 해야 합니다. 이어서 교사는 자신이 소속된 교회가 어떤 곳인지, 그곳에서 무슨 일들이 일어나는지에 대해 교회의 정체성 및 그 실천의 내용과 방법을 잘 알고 있어야 합니다. 교사는 그의 교육적 사명이 다름 아닌 하나님의 교회를 더욱 풍성하게 하는 일임을 알아야 합니다. 그래서 교사의 가르침 가운데 다음세대들이 교회의 다양한 실천들, 예를 들면 예배와 가르침, 성령 안에서 교제하는 일, 서로 봉사하는 일, 그리고 세상에서 하나님 나라를 선포하는 일 등의 방식을 바르게 배우고 익히도록 하여 실천하는 교회 공동체의 일원이 되도록 해야 합니다. 마지막으로 교사는 교회가 세상 가운데 존재하는 방식 즉, 그 사역과 실천의 방향을 바르게 알고 교회의 모든 역량이 결국 세상을 하나님께로 인도하는 일에 관한 선교적인 어떤 것들이어야 함을 바르게 이해해야 합니다. 그리고 교회가 이 세상을 하나님께로 인도하기 위해 수행하는 다양한 선교적 사명과 과제들을 바르게 이해하여 그것을 자신이 가르치는 다음세대들에게 잘 전수하는 일에 대하여 탁월해 져야 합니다.

BCM 교육목회는 이 모든 배움의 과제들을 「BCM 교사 에센스」1, 2, 3권에 차례로 담았습니다. 그리고 참된 목자로 서고자 하는 교사들로 하여금 배우고 익혀야 할 다양한 과제들을 이 시리즈를 통해 제공하고 있습니다. 이 시리즈를 배우고 익힌 교사는 결국 앞서 제안한 교사로서의 소그룹 반 목회 실행을 더욱 깊이 있고 풍성하게 이루게 됩니다. 이 시리즈를 통해 교사는 자신이 마땅히 서야 할 자리와 마땅히 해야 할 교육목회적 과제들을 더욱 풍성하게 풀어갈 자원을 얻게 됩니다.

보내심 : 목자로 살아가기

소명과 준비의 과정을 모두 마쳤다 하더라도 중요한 것은 실제로 실천하는 것입니다. 목자로서 살아야할 양들에 대한 사명과 그 확신을 다지고, 그리고 양들을 위해 살아가기 위한 모든 준비의 과정을 마쳤다 하더라도 실제로 양들과 더불어 살면서 그들을 바른 길로 인도하기 위한 실질적인 사역을 하지 않는다면 앞서의 모든 것은 무의미한 것입니다.

코스타리카의 위대한 선교사 스코필드(C. I. Scofield)는 선교적인 부르심을 받고서도 선뜻 나서지 못하고 있다가 어느 날 이런 기도의 응답을 받았습니다. "그대여, 부름도 있고 행장도 꾸려졌는데 왜 길을 나서지 않는가?" 이 이야기를 듣고 스코필드 선교사는 곧 선교를 실천했습니다. 교회의 교사들 역시 마찬가지입니다. 이전의 제한되고 안일한 방식이 아닌 보다 헌신되고 열정적인 목자로서의 사역에 대한 부르심이 있고 준비도 되어 있다면, 이제 남은 것은 한 가지입니다. 목자로서의 교사의 사역을 꼼꼼히 실천하는 것입니다. 목자로서 양들을 위해 헌신하며 살아가는 실질적인 삶에는 다음과 같은 두 가지의 구체적인 실천이 필요합니다.

첫째, 목자는 양들을 위해 실질적인 시간을 할애해야 합니다. 실제로 목자가 된다는 것은 목자로서의 실제적인 삶의 시간들을 갖는다는 것을 말합니다. 목자가 되고서도 양들과 함께하는 실제적인 시간이 늘거나 그 시간의 질적인 차원이 깊어지지 않는다면 목자로서 실제적인 삶을 사는 것이라 말할 수 없습니다. 목자가 되었으면 양들이 실제로 자라도록 하기 위해 절대적인 시간을 할애할 줄 알아야 합니다. 그렇게 실질적으로 시간의 공을 들이는 것이야말로 목자로서 살아가는 삶의 구체적인 모습일 것입니다.

교사 역시 마찬가지입니다. 목자 된 교사로 살아가기로 했으면서 교회와 양들을 위해 목자가 되기 전과 동일한 분량의 시간만 투자한다면 그것은 참 목자일 수 없습니다. 잠깐만 투자하면 된다는 식의 지도자들의 말은 잘못된 말입니다. 교사는 적어도 다른 동료 성도보다 더 많이 교회에 나와야 합니다. 더 많은 시간을 교회에 머물러야 합니다. 바쁜 일상 가운데에도 시간을 내어 양들을 만나고 양들을 양육하기 위한 영적인 준비를 해야 합니다. 그렇게 시간을 들이는 것이 바로 목자로서의 교사입니다.

둘째, 목자는 양들을 위한 실제적인 삶의 일정을 계획하고 그 일정에 따라 실제 목자로서의 삶을 살아야 합니다. 광야의 목자는 일 년 단위의 일정을 계획하여 계절의 변화와 기후의 변화에 따라서 양들을 어디로 어떻게 인도하여야 하는지를 결정하고 그 시간 계획에 따라 양들을 양육합니다. 만일 광야의 목동이면서 이 일련의 시간 계획을 갖지 않는다면, 그래서 자기 임의대로의 방식으로 양을 인도한다면, 그는 얼마 지나지 않아 양들을 모두 잃어버리는 슬픈 현실에 직면하게 될 것입니다. 목자에게 중요한 것은 그래서 시절을 좇아 양들을 적절한 곳으로 인도하고 안내하는 '일정 계획'을 갖는 것입니다.

목자로서의 교사 역시 마찬가지입니다. 목자 된 교사가 만일 양들과 더불어 보내는 일정 시간의 계획을 갖지 않는다면 그것은 삯꾼 목자일 것입니다. 목자 된 교사는 양들을 영적으로 먹이고 소화시키고 건강하게 자라도록 하기 위한 일련의 교육과 사역 일정을 필요로 합니다. 그리고 그 일정에 따라서 자기를 준비시키고 실제로 양들과 더불어 그 시간을 보낼 수 있어야 합니다. 그렇지 않으면 양들이 자랄 수도, 양육될 수도 없습니다. 목자로서의 교사는 그래서 양들과 더불어 예배하고, 말씀과 교리를 나누며 그 삶을 위해 중보하고, 양들이 바른 길로 바르게 잘 살고 있는지 목양적으로 돌보는 일정한 패턴의 시간을 운영할 수 있어야 합니다. 이렇게 규칙적이고 일정한 패턴의 '교육 시간'을 보내고서야 우리는 그 사람을 목자로서의 교사라고 부를 수 있습니다.

셋째, 목자는 양들의 실질적인 상태를 살펴 자신의 목자로서의 사역이 잘되고 있는 것인지를 살펴야 합니다. 목자가 매일 아침과 저녁 양들을 만나면서 그 양들의 상태를 살피고 어떤 양이 잘 자라고 어떤 양이 잘 자라지 못하는지 살피지 않는다면, 그 목자는 정말 삯꾼 목자에 지나지 않을 것입니다. 부모 된 사람들이 그 자녀들이 잘 먹고 잘 자는지 살피는 일에 게으를 수 없듯이 목자들은 그 맡겨진 양들이 잘 자는지 잘 먹는지를 살펴 목자로서의 자신의 수행 상태를 평가하고 점검해야 합니다. 그리고 그 부족한 것이 무엇인지를 알아 그것을 채워줄 줄 알아야 합니다. 그래야 그는 참 신실한 목자가 되는 것입니다.

목자로서의 교사 역시 마찬가지입니다. 만일 목자로서의 교사가 그 맡겨진 양들의 영적이고 육적인, 그리고 사회적인 상태를 살피지 않고 그저 그렇게 방치하여 둔다면, 그래서 마치 방목하는 것이 좋은 미덕인 양 그렇게 무관심으로 일관한다면, 그는 참 목자일 수 없습니다. 교사는 일정 기간에 한 번씩 혹은 수시로 자기에게 맡겨진 양들이 잘 자라는지, 문제는 없는지 살필 줄 알아야 합니다. 그래서 그 영혼에게 필요한 것이 무엇인지를 알아 그것을 채우기 위한 '교육 시간'을 변경할 줄 아는 사람이어야 합니다. 우리는 양의 상태도 살필 줄 모른 채, 그래서 양이 죽었는지 살았는지도 알지 못한 채, 함께 성경공부하고 예배하는 목자를 참된 목자라고 할 수 없습니다. 양의 상태를 살피며 교육적 실천을 수정하고 보완할 줄 아는 교사야말로 참된 목자입니다.

목자되신 예수님께서는 '하늘의 영광을 버리고' 구체적으로 이 땅의 어느 한 시간 가운데 성육신하여 오셨습니다. 그리고 구체적으로 우리의 삶의 한복판에서 우리와 더불어 살아가시며 우리를 돌보시고, 우리의 필요를 따라 우리를 채우시며, 우리를 인도하셨습니다. 참된 목자이신 예수님께서는 구체적으로 우리의 삶 가운데 오셔서 자신의 시간을 내어 놓으신 채 우리를 위하여 시간의 공을 들이셨습니다. 그리고 우리를 바른 길로 인도하시기 위해 십자가를 향하는 '교육의 여정'을 보이시고 그 것을 구체적으로 실천하셨습니다.

따라서 교사된 우리 역시 예수님을 따라 맡겨진 양들의 시간 안으로 성육신할 수 있어야 합니다. 그리고 그들과 더불어 살아가면서 그들을 십자가로 향하는 '교육의 여정'으로 이끌어 그들을 안내해야 합니다. 그러는 가운데 그들의 필요를 따라 가르침을 보완하고 돌봄을 수정하여 그들이 복음을 향한 여정에서 좌로 혹은 우로 치우치지 않도록 해야 합니다. 이렇게 다가가고 헌신하며 구체적으로 실천하는 교사야말로 참된 목자로 살아가는 교사입니다.

목자로 살아가기 1 : 신실하게 실행하기

BCM 교육목회는 교사의 소그룹 반 목회 사역 실행을 위해 기본적으로 네 가지를 제안합니다. 첫째로 탁월한 성경공부는 교회교육 교사의 가장 우선하는 사역과제입니다. 둘째로 신실한 주간목회는 교사가 한 주간 동안 자기에게 맡겨진 양들을 영적으로 돌봐야 하는 중요한 과제입니다. 셋째로 성령 충만한 예배 역시 교사에게 중요한 사역 과제입니다. 마지막으로 재미와 의미가 통합된 프로그램도 교사가 소그룹 반 목회에서 중요하게 생각해야할 과제입니다. BCM 소그룹 반 목회는 이 네 가지 사역을 중요하게 여기고 그 사역의 의미와 가치, 그리고 사역의 실제적인 지침들을 나누고자 합니다. 교사는 이 네 가지 가운데 어느 하나도 소홀히 해서는 안 됩니다. 순간적으로 교사는 성경공부만 열심히 하면 된다든지, 혹은 주간목회까지만 교사의 역할에 해당된다고 생각이 들 것입니다. 그리고 예배와 프로그램은 부서 차원의 혹은 교역자나 지도자의 역할이 아닌지에 대해 반문할 수 있습니다.

그러나 교사는 예배와 프로그램 역시 교사에게 중요한 사역 과제임을 알아야 합니다. 우선 교사는 예배와 프로그램에서 방관자나 수동적인 협력자일 수 없습니다. 교사는 예배로 나아가는 어린 영혼들의 적극적인 중보자이며 예배를 인도하고 진행하는 모든 분들의 적극적인 협력자입니다. 교사는 중보자로서 그리고 협력자로서 마땅한 과제에 대해 깨우쳐야 합니다. 그리고 스스로 그 사역의 자리에 들어가야 합니다. 프로그램 역시 마찬가지입니다. 한 명의 어린이와 청소년을 위한 프로그램들은 비단 부서 차원의 혹은 교회 차원의 것만 있는 것이 아닙니다. 교회교육에서 프로그램 수행의 가장 중요한 단위는 무엇보다 반입니다. 그리고 이미 많은 부분에서 반 차원의 프로그램이 제안되고 있습니다. 교사는 프로그램의 한쪽 주체자로서 자신의 역할을 통해 어린이와 청소년들의 신앙과 영성이 심화되고 강화될 수 있음을 인지하고 자신이 해야할 프로그램 사역에 보다 능동적이어야 합니다.

교사의 소그룹 반 목회 실행에서 무엇보다 중요한 것은 반 목회 사역 플래너(planner)입니다. 교사는 앞서 '목자로 서기' 부분에서 충분히 배우고 익힌 교사로서의 자기 역할 기능을 플래너에 잘 담아내는 일에 최선을 다해야 합니다. 말하자면 그 달과 그 해의 교육 중점과 목적, 방향 등을 충분하게 숙지하는 일에서부터 그 모든 목적 방향으로부터 나오는 예배, 성경공부, 주간목회 그리고 프로그램 사역을 어떤 내용으로 그리고 어떻게 자신의 사역 일정에 배치할 것인지 그 과정이 필요한 것입니다. 무언가를 실행(execution)한다는 것은 실행 과제(subjects)와 방법(methods)을 목록화(list-up)하고 그 목록을 일정(schedule)에 순차적으로 반영한 뒤 일정에 주어진 그대로 이행(perform)하는 것을 의미합니다. 무엇보다 목자로서의 교사는 주어진 일정대로 과제를 수행하는 것이 일상화(routinization)되어야 함을 주지해야 합니다.

여기서 주어진 과제 수행을 일상화해야 하는 것이 목자인 교사에게 무엇보다 중요합니다. 목자로서 교사의 사역은 이벤트 회사 직원의 그것과 많이 다른 것입니다. 공연 한 번 치르고 사라지는 서커스 단원의 그것과도 다른 것입니다. 목자로서 교사의 사역은 차라리 부모가 자녀를 키우는 일과 더 가깝습니다. 피곤해도 어려워도 모자라도 자녀가 성장하는 데 필요한 것을 채워주는 부모의 매우 일상화된 과제 수행이야 말로 영적 부모로서의 교사의 사역이 모델로 삼아야할 가장 친근한 모습입니다. 목자들의 모습 역시 마찬가지입니다. 목자들이 양떼와 가축들을 돌보는 일은 이벤트성이라 할 수 없습니다. 목자들은 자신의 어떠함에도 불구하고 양들과 가축들을 안전하게 보호하고 먹을 것을 주는 일을 게을리 할 수 없습니다. 그들은 양을 먹이고 돌보는 일을 자신의 일상의 과제로 삼습니다.

요한복음 21장에서 예수님께서 베드로에게 "내 양을 먹이라"는 말씀을 두 번(요 21:15, 17), "내 양을 치라"는 말씀을 한 번(요 21:16) 하신 것은 아마도 그 양을 먹이고 치는 일에는 순간적으로 끓어오르는 사랑의 감정만으로 다 채울 수 없는 책임감과 신실함이 필요하기 때문일 것입니다. 교사의 소그룹 반 목회 사역은 그 예배드리는 일과 성경공부를 나누는 일, 주간 목회 사역을 감당하는 것과 특별히 준비한 프로그램을 시행하는 일 등이 일상의 것이어야 합니다. 언제 한 번 치르고 마는 일과는 동떨어진 매우 책임감 있고 신실하게 감당해야 하는 것이 교사의 소그룹 반 목회 사역입니다. 교사가 맡겨진 영혼을 온전하게 인도하고 돌보며 주의 제자로 양육하는 일을 위해 가장 먼저 깨우치고 자기 것으로 체득해야 하는 것이 있다면, 바로 이 소그룹 반 목회 사역의 일상화일 것입니다.

BCM 교육목회는 교사의 신실한 반 목회 사역을 위해 이미 여러 번 언급한 것과 같이 「BCM 마이티 플래너(Mighty Planner)」라는 '교사 플래너'를 매년 개발하여 제공합니다. 이 플래너는 한 해를 기본 단위로 하여 각 분기를 마루 개념으로 구분하고 그 분기 산하에 각 달을 반 목회 사역의 한 주기로 삼아 매 달마다 교사가 반 목회 사역에서 집중해야할 4대 사역의 과제를 지침으로 제안합니다. 교사는 매 달마다 제공되는 4대 사역의 각 과제들을 마치 자녀에게 하루 세끼 식사를 제공하는 부모처럼, 사시사철 좋은 꼴과 맑은 시냇물을 제공하기 위해 광야를 순회하는 목동들처럼 주기적이고 반복적으로 수행해야 합니다. 교사는 이렇게 반복적이고 주기적인 사역으로 때로 힘들고 어렵겠지만, 그리고 때로 그 반복성 때문에 피곤해 지기도 하겠지만, 그 반복적이고 신실한 사역이 결국 한 영혼이 잘되고 그 영혼의 범사가 잘되는 지름길임을 잊지 말아야 합니다. 그리고 오히려 그 반복적인 소그룹 반 목회의 일상 사역에 더욱 습관을 들이고 한 영혼을 온전한 하나님의 사람으로 이끌기 위한 헌신에 더욱 열정을 불살라야 할 것입니다.

목자로 살아가기 2 : 기도로 반성하기

목자로서 교사의 소그룹 반 목회 사역에는 일정한 부분 진보가 있어야 합니다. 이것은 자극적인 것을 향한 발전이나 진보가 아닙니다. 이것은 교사가 맡은 한 영혼의 영적인 진보와 관련된 것이어야 합니다. 교육이란 것이 그리고 목회한다는 것이 매우 반복적인 일상의 먹이고 돌보는 일의 반복이어야 한다면, 그로 인하여 주어지는 기쁨 가운데 하나가 바로 영혼의 성장(grown-up)을 확인하는 것입니다. 부모가 그리고 목동이 자녀들의 성장이나 어린 양의 성장을 보고 기뻐하는 것과 같은 기쁨을 누리는 것입니다.

"의인은 종려나무 같이 번성하며 레바논의 백향목 같이 성장하리로다."라는 시편 92편 12절의 말씀처럼, 교사는 매 달 그리고 매 분기마다 교사의 반 목회 사역으로 무럭무럭 자라는 어린 양들의 영적인 진보를 눈으로 그리고 영적 안목으로 확인하고 하나님께 감사의 제사를 드려야 합니다. 그러나 아울러 교사는 어린 양의 영적 성장의 불균형도 동일한 안목으로 바라볼 줄 알아야 합니다. 영적인 성장의 불균형이란 아는 것은 많아지는 데 비해 그 마음과 삶의 실천이 떨어진다든지, 혹은 실천하는 일은 많은 반면 아는 것이 부족하다든지 하는 것을 살피는 것입니다. 교사의 이러한 교육적이고 영적인 분별력은 결국 그 다음 달, 혹은 그 다음 분기와 심지어 다음 해에 어린이와 청소년들에게 무엇을 더 해 주어야 하는지, 혹은 무엇을 조심해야 하는지에 대한 귀중한 시금석이 될 것입니다.

BCM 교육목회는 교육적인 혹은 영적인 교사의 분별 결과를 일련의 평가 항목으로 정리하여 교사 월간 모임에서 적극적으로 활용할 것을 제안합니다. 매달 한 번씩 모이는 월간 교사모임은 그저 그런 교사들의 친목 시간이 아닙니다. 이 시간, 교사들은 지난 한 달간 각자의 반에서 벌어진 다양한 사건들과 영적·교육적 평가 결과들을 제시하고 그 결과가 의미하는 바와 이후 교육적 방향의 보완 혹은 수정되어야 할 부분들을 나누어야 합니다. 교육은 결과에 대한 평가와 평가에 따른 계획으로 진보합니다. 교회의 교육목회 활동, 특별히 소그룹 반 목회 활동 역시 이 중요한 원칙이 지켜져야 할 것입니다.

선하고 신실한 목자로

예수님께서 말씀하신 사마리아인(눅 10:30~36)이 참으로 선한 이웃이 된 이유는 간단합니다. 그는 제사장이나 레위인과 달리 가던 길을 멈추고 나귀에서 내려 다친 사람에게 다가갔습니다. 그리고 그가 가진 것을 내어놓고 그를 치유했으며 그가 온전하여질 때까지 구체적으로 그 필요한 것을 채워 주었습니다. 우리가 만일 예수님이 부르신 목자의 사명에 기쁨으로 나아가려 한다면, 그래서 어두운 세상 가운데 방황하는 한 영혼을 향하여 참된 목자의 삶을 구체적으로 실현하고자 한다면, 목자 된 우리는 신실함이 우리 삶을 채워가도록 스스로를 견지해야 할 것입니다. 우리는 우리의 소명에 대한 확신과 우리 스스로의 영적인 훈련과 준비들이 목자 됨의 구체적인 실천으로 이어질 수 있도록 노력해야 합니다. 그래서 우리의 열정과 우리의 헌신이 교회와 세상 가운데서 구체적인 결실로 드러나도록 해야 합니다.

오늘 교회교육의 교사는 그 무엇으로든 지금의 모습에서 하나 더 올라선 사람들이 되어야 합니다. 교사는 교회 공동체를 위한 하나님의 부르심에 응답하는 사람이 되어야 합니다. 교사는 교회 공동체를 위한 헌신의 연단 과정에 자기를 의탁하고, 자기를 변화시키기 위한 일련의 훈련 과정에 자기를 겸손히 노출시킬 줄 아는 사람이 되어야 합니다. 교사는 교회 공동체가 다음세대를 위해 실천하는 구체적인 교육적 실천에 참여하고, 그 실천이 실효성을 거둘 수 있도록 시간과 공을 들이는 사람이 되어야 합니다. 교사는 그렇게 목자로 부르심에 응답하고 목자로 세우심에 겸허하며, 목자로 보내심에 열정적인 하나님의 사람이어야 합니다.

교사들의 목자로서 자기 사역의 갱신을 이루는 한, 예수님께서 피값으로 사신 교회는 여전히 부흥할 것이며, 하나님 나라는 여전히 확장할 것입니다. 교사들이 이렇게 헌신하여 예수님이 주신 사명을 신실하게 감당한다면, 우리 스스로 혹은 한국 교회와 한국 사회 일각의 교회에 대한 우려는 그저 우려일 것입니다. 이 시대 곳곳에는 어둠 가운데 신음하는 강도 만난 자와 같은 형상의 다음세대들이 있습니다. 누가 그들에게 선한 이웃이 되겠습니까? 목자로 부르심을 받아 신실한 목자로 일어서는 교사들, 목자로서의 사역을 일상의 삶에서 신실하게 일구는 교사들이야말로 다음세대의 선한 이웃입니다.

BCM 교사의 예배 사역

조문섭 목사
BCM 교육목회 책임코치 · 중앙교회

예배: BCM 교육목회의 시작

BCM 교육목회는 하나님에 대한 신앙을 고백하고 그 말씀을 청종하여 따르기로 결단하는 예배를 강조합니다. 예배는 예수님을 믿는 모든 신자들에게 가장 중요한 실천입니다. 예배는 믿음의 시작이자, 또 끝이라 해도 과언이 아닙니다. 예배는 우리 신앙인의 삶의 핵심입니다. 그래서 성도는 일주일 가운데 예배드리는 한 날을 기억하고, 그 날을 온전히 드림으로 하나님이 삶의 주인임을 고백합니다. 결국 교회의 교육은 예배를 성도의 삶의 중심에 세워주고 예배 드리는 그 날에 어떤 자세와 방법으로 나아가도록 할 것인지를 가르칩니다. 결국 예배를 가르치는 것이야말로 성도의 삶의 중핵을 바르게 세워주는 지름길이 됩니다.

우리는 예배를 통해 하나님의 임재를 경험하고 하나님을 찬양하며 하나님께 탄원합니다. 예배를 통해 우리는 하나님의 말씀을 듣고 그 말씀을 따라 살아야할 삶의 모양을 결단합니다. 우리는 예배를 통해 하나님께 우리의 귀한 것을 드리고 그런 가운데 하나님의 은총과 보호, 인도하심을 간구합니다. 우리는 예배로부터 세상으로 나아가 하나님의 사람으로서 삶을 살 것을 기획하기도 합니다. 이 모든 일련의 예배 과정은 결국 우리 인간, 특별히 하나님의 자녀된 우리가 거룩하여 완전하시고 절대적이신 하나님을 경험하는 통로이며 과정이고 단계입니다. 이 시간을 통해서 우리는 하나님을 알고 하나님을 체험하며 하나님을 나눕니다. 이 시간을 통해서 우리는 하나님이 우리 삶과 영혼에 어떤 분이신지를 확신하고 고백하며 그분과의 연대와 하나 됨이 더욱 굳건하게 지속되는 길을 얻게 됩니다.

결국 예배는 하나님의 우리 삶으로의 임재 앞에 서서 그분과의 관계에 비추어 우리의 합당한 변화와 성장, 회복과 부흥을 도모하는 시간입니다. 이 시간을 통해 우리는 스스로를 회복하고 갱신하며 성장하고 부흥합니다. 이 시간을 통해 우리는 삶이 변화하는 것을 경험하며 이 시간을 통해 우리는 우리의 삶의 방향이 하나님나라를 향하여 다시 정조준

되는 것을 경험합니다. 결국 예배 가운데 임재하시는 하나님 앞에 선 성도의 행위는 그 하나하나가 깊은 의미를 갖습니다. 그분의 임재 앞에 두려움을 갖는 것, 그분의 임재로 인하여 드러나는 영광과 공의 때문에 찬양을 드리는 것, 우리의 아픈 것들을 드러내 놓고 하나님의 구원과 은혜를 간구하는 것, 하나님께서 말씀하실 때 그 말씀의 지혜와 경륜, 위대하심에 감동하며 그 말씀대로 청종할 것을 결단하는 것, 마지막으로 그 말씀과 은혜를 붙들고 세상 끝으로 나아가 그것을 선포하고 증거 하기로 결단하는 것 등의 행위입니다.

이 행위들은 사실 예배를 드리는 각자의 개별적인 것이지만 공동체의 공통분모이기도 합니다. 이 행위들은 그래서 공동체의 신앙 선배들이 다음세대와 후배들에게 가르쳐야 하는 것이기도 합니다. 이 가르침을 통해서 신앙인과 신앙공동체는 하나님을 어떻게 만나야 하는 것인지, 하나님의 임재 앞에서 어떤 자세와 태도와 언어로 마주 서야 하는지를 다음세대와 후배들에게 전수합니다. 그 실천적이고 행위적인 가르침을 통해 다음세대와 후배들은 그들의 오랜 신앙 신배들로부터 전수되어 하나님을 경험하는 일의 모든 것을 배우게 됩니다.

그렇습니다. 예배는 그냥 예배가 아닙니다. 예배는 하나님을 경험하는 것이고 하나님 경험에 대한 우리의 느낌을 공동체의 언어로 고백하고 나누는 것입니다. 무엇보다 중요한 것은 이 행위들이 그 행위 그대로 전수되어야 한다는 것입니다. 예배의 내용과 방식과 방법을 전수받지 못하는 것은 신앙의 단어들은 알지만 그 단어들이 어떻게 조합되어 문장이 될 수 있는지는 배우지 못하는 것과 같은 것입니다.

BCM 교육목회는 예배의 행위 자체, 그 순서와 각 순서에서 예배 참여자들이 어떤 자세를 견지해야 하는지를 중요하게 여기고 그것을 가르치는 것을 역시 중요하게 여깁니다. 그 모든 자세와 방식을 배움으로 우리 다음세대는 진실로 우리와 동일한 하나님을 경험하고 신앙고백의 내용을 얻게 되기 때문입니다. 예배의 형식이나 방식은 때로 자유분방할 수도 있고 매우 의례적일 수도 있습니다. 중요한 것은 그 모든 예배 형식의 어떠함을 무론하고 예배의 자세와 방법이 잘 전수될 때 예배의 내용 역시 전수된다는 것입니다. 이제부터 BCM 교육목회가 무엇보다 중요하게 여기는 예배, 그 예배를 위한 교사의 사역과제에 대해 나누어 보도록 하겠습니다.

성서가 말하는 예배

성경은 인간이 하나님께 예배하는 참 모습과 옳지 않은 모습의 전형들을 잘 보여주고 있습니다. 먼저 우리는 구약의 출애굽기를 살펴보아야 합니다. 출애굽기는 믿는 사람과 하나님 사이에서 예배가 어떤 관계 역할을 하는지 잘 보여줍니다. 오랜 노예 생활 속에서 이스라엘 백성은 그 고통을 하나님께 울부짖었습니다. 결국 하나님께서는 고통 받는 당신의 백성들을 구원하기 위해 모세를 세우셨습니다. 모세는 하나님의 말씀을 힘입어 담대히 바로에게 나가 하나님의 백성들을 놓아줄 것을 요구했습니다. 그는 이스라엘이 바로에게서 해방되어 자유인이 되어야 할 이유를 제시합니다. 그것은 출애굽기 8장 27절과 10장 9절에 언급된 것처럼 하나님께 자유롭게 제사하기 위함이었습니다. 한마디로 말해서 하나님께 예배하는 삶을 회복해야 하기 때문이라는 것입니다.

400년의 노예 생활 속에서 이스라엘 백성들은 자의와 타의에 의해 하나님을 잊어버리고, 하나님께 예배할 수 있는 상황과 환경을 빼앗기고 말았습니다. 하나님께로부터 멀어진 삶은 고통과 인고의 시간이었습니다. 그들에게 필요한 것은 하나님이 중심이 되는 삶, 하나님의 위로와 회복케 하시는 능력을 경험하는 것이었습니다. 그리고 그 회복은 바로 예배의 새로운 시작으로부터 가능한 것이었습니다. 하나님을 예배하는 삶은 하나님을 섬기는 삶입니다. 하나님을 섬기는 삶은 하나님이 중심이 되는 삶을 의미합니다. 삶이 온통 하나님으로 뒤덮이게 되는 삶, 그것이 바로 예배드리는 삶입니다. 성도의 삶이 그렇습니다. 성도는 하나님을 경배하고 하나님을 찬양하는 예배를 위해 하루하루를 살아갑니다.

삶은 예배를 준비하는 시간이고, 예배 자체는 그렇게 준비된 삶의 목적이 이루어지는 시간입니다. 성도의 삶은 철저하게 예배를 향하여 움직입니다.

안타깝게도 애굽에서의 이스라엘은 하나님을 예배하는 일이 그 삶의 중심일 수 없었습니다. 그들은 하나님을 예배하는 일과 바로를 섬기는 일상의 삶, 양 극단에서 고통 받았습니다. 사실 하나님을 예배하는 삶에 이런 식의 이분법은 어울리지 않습니다. 하나님을 예배하는 것에서 삶은 그 예배로 예속되어야 합니다. 지금 모세와 이스라엘이 원하는 것이 바로 이것이었습니다. 그들은 더 이상 그들의 일상과 하나님을 예배하는 일이 분리된 채 살아가는 삶을 유지할 수 없었습니다. 그들의 고통의 근원이 바로 이런 식의 이분법에서 온 것이었기 때문에 그들은 이제 그 삶에서 예배를 중심으로 하는 일치를 요구하게 된 것입니다.

이어서 우리가 주의 깊게 살펴볼 구절은 바로 출애굽기 19장입니다. 출애굽기 19장은 약 400여 년의 노예 생활을 청산하고 자유인이 된 상황의 이야기입니다. 애굽에서의 고난과 고통의 시간을 빠져나온 이스라엘 백성들이 하나님의 거룩한 시내산에 다다랐습니다. 그들이 막 시내산 아래 광야에 다다랐을 때 여호와 하나님은 모세를 불러 이스라엘을 대표한 모세에게 따뜻하고도 확신에 찬 말씀으로 먼 시간을 달려온 이들을 환영하셨습니다. "그를 불러 말씀하시되 너는 이같이 야곱의 집에 말하고 이스라엘 자손들에게 말하라. 내가 애굽 사람에게 어떻게 행하였음과 내가 어떻게 독수리 날개로 너희를 업어 내게로 인도하였음을 너희가 보았느니라 세계가 다 내게 속하였나니 너희가 내 말을 잘 듣고 내 언약을 지키면 너희는 모든 민족 중에서 내 소유가 되겠고 너희가 내게 대하여 제사장 나라가 되며 거룩한 백성이 되리라 너는 이 말을 이스라엘 자손에게 전할지니라."(출 19:3~6)

이것은 하나님의 이스라엘을 향한 언약의 말씀이었습니다. 이것은 해방되어 자유하게 된 이스라엘이 이제부터 살아가게 될 삶의 기본적인 정체성과 질서를 이야기하는 것이었습니다. 중요한 것은 여기서 하나님께서 이스라엘을 향하여 한 가지 귀한 사명을 주십니다. 바로 '거룩한 제사장 나라의 비전'입니다. 하나님을 예배하는 것으로 삶의 모든 것을 일치시키고 예배하는 삶으로 삶의 모든 것을 하나 되게 한 이스라엘은 이제 하나님을 예배하는 삶을 중심으로 새로운 사명을 가동시켜야 합니다. 그 첫 번째는 거룩한 백성이 되는 것입니다. 이미 잘 알고 있는 바와 같이 '거룩하다'는 것은 '구별되다'라는 말과 상통하는 의미가 있습니다. 거룩한 백성은 즉, 무언가 다른 백성, 다른 백성들과 다른 모습을 가진 백성을 의미하는 것입니다. 그렇습니다. 하나님을 예배하는 사람들은 하나님을 예배하지 않는 사람들과 다른 어떤 모습을 갖고 있습니다. 폭력적이게 다르거나 비윤리적으로 다른 것이 아닙니다. 여기서 다르다는 것은 '본이 될 만한 깨끗함과 순결함과 온전함, 윤리적인 모습, 하나님과 가까이 할 수 있을 만큼의 순전함' 등을 의미하는 것입니다. 오늘 우리 예배드리는 사람들 역시 마찬가지일 것입니다. 하나님께 예배하는 성도는 세상과 다른 모습이어야 합니다. 그들은 세상보다 한층 더 순결하고 고결하며 온전하여 거룩해야 합니다.

두 번째, 하나님께서 이스라엘에게 요구한 것은 바로 제사장의 나라가 되는 것이었습니다. 제사장은 일단 중보자의 사명이 가장 중요한 사람입니다. 제사장은 하나님과 인간 사이, 인간과 하나님 사이의 간극을 줄이고 그 둘 사이에 대화와 소통이 발생하도록 가교의 역할을 하는 사람입니다. 결국 하나님께서 이스라엘더러 '제사장의 나라'가 되어야 한다고 한 것은 세상과 하나님 사이에 서서 바르게 하나님을 예배하는 모습을 통해 세상을 하나님께 인도하고 하나님께서 세상을 향하여 사랑의 마음을 품고 구원의 긍휼을 계속 베푸시도록 하는 일을 해야 함을 의미하는 것입니다. 실제로 이스라엘의 이후 역사적인 맥락은 바로 이 전통에서 해석이 가능합니다. 하나님께서는 이스라엘을 통하여 세상을 당신께로 인도하기를 원하셨습니다. 그런데 많은 부분에서 이스라엘은 세상을 하나님께로 인도하기는커녕 오히려 세상에 끌려 다니고 음란한 우상숭배에 빠지고 말았습니다. 하나님을 예배하는 성도는 자기 스스로의 거룩함과 온전함을 위한 것을 넘어서서 그 거룩함과 온전함으로 세상을 하나님께 중보하는 일의 그 귀중한 사명을 잊지 말아야 합니다. 거룩한 제사장의 나라가 되는 것이야말로 성도의 예배하는 삶의 귀중한 가치이자 목표인 것입니다.

마지막으로 세 번째는 시내산 앞 광야에 집결하여 선 이스라엘과 하나님 사이의 모습에서 성경이 말하는 참 예배자의 사명 어린 온전한 모습을 유추할 수 있습니다. 하나님께서는 시내산 앞에서 출애굽한 이스라엘 백성들을 그 산을 향하서 서도록 하십니다. 그리고 하나님께서는 이스라엘 백성들로 하여금 옷을 다 빨게 하셨습니다. 그렇게 거룩하여 깨끗해 진채 여호와의 거룩한 산 앞에 선 이스라엘을 향하여 하나님께서는 거룩한 제사장의 나라에 합당한 계명, 즉 십계명을 주십니다. 우리가 이 이야기를 통해 그릴 수 있는 그림은 이렇습니다. 먼저 하나님께서는 여호와의 거룩한 산, 시내산에 임재하셨습니다. 그리고 구원 받아 구별되고 거룩한 당신의 백성들을 산 앞에 세우셨습니다. 그 거룩한 백성들, 즉 제사장의 나라로 구별된 백성들 뒤에는 세상이 늘어서 있습니다. 결국 '하나님-거룩한 이스라엘-세상'의 순서로 자리가 배치된 것입니다. 여기서 주의깊게 볼 것은 바로 이스라엘의 위치입니다. 이스라엘은 지금 하나님과 세상 사이에 서 있습니다. 그들은 그렇게 그 둘 사이에 서서 참으로 온전한 예배를 드리는 가운데 세상을 하나님께로 인도하기 위한 거룩한 사명을 감당하는 것입니다. 오늘 우리 교회와 성도들 역시 마찬가지입니다. 우리가 예배 드리는 위치는 세상으로부터 후미진 곳이 아닙니다. 우리가 예배 드리는 곳은 오히려 하나님과 세상 사이, 모든 사람들이 다 보이는 위치입니다. 그 둘 사이에 서서 우리는 하나님을 향하여 예배하는 가운데 우리의 거룩하여 온전한 산 제사를 통해 세상을 하나님께로 인도하는 사명을 다해야 합니다. 이것이야말로 오늘 우리 교회가 온전히 유지하고 회복해야 할 참 예배자의 모습입니다.

출애굽기의 참된 예배자의 비전은 신약성경의 예수님과 제자들에게 서도 계속해서 이어집니다. 예수님께서는 제자들을 그 삶으로부터 불러 내셨습니다. 특별히 예수님께서는 열두 지파와 동일한 숫자의 제자들을 불러 모으셨습니다. 마태복음 5장은 특별히 예수님의 부르심의 각별한 방식에 주의를 기울입니다. 예수님께서 먼저 산 위에 올라가 앉으시고 그리고 산 아래 군중들로부터 제자들을 불러 당신과 군중들 사이에 세우 신 것입니다(마 5:1).

사실 이 모습은 어디서 많이 본 모습입니다. 바로 출애굽기 19장의 모습입니다. 예수님께서는 (그리고 예수님의 산상수훈을 기록한 마태 는) 바로 이 출애굽기 19장 시내산의 비전을 지금 열두 제자의 모습에서 재실현하고 있는 것입니다. 예수님께서는 제자들을 불러 세우시고 그들 에게 세상 사람들과 다른 삶의 비전 즉, 세상을 하나님께로 인도하기에 합당한 참 예배자의 삶을 산상수훈의 다양한 교훈들을 통해 제안하십니다. 예수님께서는 이 말씀을 통하여 예전 시내산에서의 거룩한 제사장의 나라의 비전을 재가동하신 듯합니다. 예수님께서는 당신의 제자들이 예전 이스라엘 백성들이 그랬던 것과 같이 세상과 하나님 사이에 서서 세상을 하나님께로 인도하기를 원하셨습니다. 그리고 그 일을 하나님 앞에서 거룩하여 순결하고 구별된 삶, 하나님만을 예배하는 삶의 모습으로 이루기를 원하셨습니다.

놀라운 것은 이전 출애굽 공동체와 달리 예수님에게서 독특하게 발견되는 한 가지입니다. 그것은 파송과 회귀의 순환적인 패턴입니다. 이 이야기는 특별히 누가복음 10장에 잘 나타나 있습니다. 누가복음 10장 전반부는 예수님께서 제자들에게 힘과 권능을 부여하시고, 그들을 예수님의 복음이 전파될 동네로 먼저 파송하시는 장면이 나옵니다(1절). 예수님께서는 이때 70명의 제자들을 세워 각 둘씩 짝으로 세워 파송하셨습니다. 예수님께서는 그들로 하여금 각 동네를 다니며 하나님 나라를 선포하고, 말씀을 가르치고, 아픈 자를 치유하는 일들을 하도록 하셨습니다. 제자들은 충실하게 그 사역을 감당했습니다. 그들은 예수님의 말씀을 믿고 그 주신 능력을 붙잡고 담대하게 나아갔습니다. 그들은 필요한 소지품을 손에 쥐지 않았습니다. 그들에게는 돈주머니도 배낭도 신발도 필요하지 않았습니다. 그들은 어느 집에 도착하든지 제일 먼저 하나님의 평안을 구했습니다. 하나님의 능력으로 임하는 샬롬의 인사를 전한 것입니다. 더 나아가 그들은 그들이 다니는 곳곳에서 병든 자를 낫게 하고 악한 귀신을 몰아내는 역사를 이루었습니다.

흥미로운 것은 그렇게 파송 받은 제자들이 그 결실을 안고 예수님 계신 곳으로 돌아왔다는 것입니다. 누가복음 10장 17절에 보면 파송 받은 칠십 인이 돌아와 "주여 주의 이름이면 귀신들도 우리에게 항복하더이다"라고 말합니다. 예수님께로부터 파송 받은 제자들은 지금 각자의 땅끝으로 가서 복음을 전하고 세상의 악한 세력들과 대적한 뒤 그 승리의 결실을 가지고 주님께로 다시 돌아왔습니다. 그들은 세상을 회복하고 세상을 하나님께로 가까이 이르게 하는 세상 구원의 사역에 헌신하고 그 결과를 주님께 보고하고 있는 것입니다. 예수님께서는 그렇게 승리의 보고를 하는 제자들을 기쁘게 환영하시고 그들과 더불어 하나님께 감사의 제사를 드리십니다. "천지의 주재이신 아버지여 이것은 지혜롭고 슬기있는 자들에게는 숨기시고 어린 아이들에게는 나타내심을 감사하나이다 옳소이다 이렇게 된 것이 아버지의 뜻이니이다"(눅 10:21). 예수님께서는 지금 승리의 보고와 더불어 예배를 베푸십니다. 중보자의 사명을 다한 이들과 더불어 감사의 제사를 드리는 것입니다.

그렇습니다. 하나님의 거룩한 나라 백성들은 세상으로 파송 받습니다. 예수님의 거룩한 제사장, 제자들 역시 세상으로 파송 받습니다. 그들은 세상에 나아가되 "예수님께서 복음으로 가시고자 했던 곳"으로 나아갑니다. 그들이 가고 싶어 하는 곳에 간 것이 아닙니다. 그들은 그곳에서 주님께서 하라 하신 일, 즉 복음을 전하고 병자를 낫게 하며 하나님나라의 평안을 전하는 일에 최선을 다합니다. 그리고 그 결실을 안고 그들이 원래 출발했던 곳으로 돌아왔습니다. 그때 그들은 복음으로 승리한 결실들, 세상을 하나님께로 인도했던 중보자의 사명 결과들을 안고 돌아옵니다.

이렇게 파송 받은 후에 다시 파송 받은 자리로 돌아오는 순환적 패턴은 사실 사도행전 2장에서 더 구체적으로 나옵니다. 예수님께서 승천하신 후, 제자들은 아직 두려움 가운데 예수님의 약속을 기다리며 마가의 다락방에 모여 기도했습니다. 그리고 성령의 임재를 경험하며 이 성령의 역사를 통해 다락방이 아닌 세상으로 담대하게 나아가는 파송의 놀라운 역사를 체험합니다. 성령의 강권적인 역사에 의한 이 첫 번째 파송에서 베드로는 삼천 명을 세례 받게 하는 놀라운 경험을 하게 됩니다. 예수님의 약속을 기대하고 소망하는 그 자리에 약속대로 성령이 임하시고, 아직 젖먹이와 같던 성도들을 변화시키셔서 능히 모든 것을 행하는 능력자로 바꾸어 주신 것입니다. 이것은 다른 외적인 요인이 아닌, 함께 하나님의 은혜를 사모하고 기도하는 그 자리에서 일어난 사건입니다.

역시 흥미로운 것은 초대교회의 파송에도 교회로 회귀하는 사역의 순환이 존재했다는 것입니다. 성령의 능력으로 충만했던 베드로와 요한은 예루살렘 거리로 담대하게 나아갔습니다. 그리고 그 한 귀퉁이에서 앉은뱅이를 발견하였습니다. 물론 그들은 그 사람을 예수의 이름으로 고쳐주었습니다. 그렇게 놀라운 일을 일으키자 세상이 반응했습니다. 성전의 사람들이 이들을 체포하여 성전 안으로 끌고 들어갔습니다. 그리고 그들이 예수의 이름으로 그런 일을 한 것을 알리지 않는 것은 물론이고 앞으로는 그런 일을 하지 말라고 주문합니다. 그들은 그렇게 첫 번째 박해의 대상이 되었습니다. 그런데 베드로와 요한은 그 주어진 상황에 굴하지 않았습니다. 그들은 풀려나자마자 곧 그들이 성령 받은 곳, 그들이 파송 받은 곳으로 돌아갔습니다. 그리고 그곳에서 형제, 자매들과 더불어 '세상의 위협함에도 불구하고 더욱 담대하게 복음을 전할 능력을 구하는 예배'를 드렸습니다. 성경은 그때 그 자리가 진동하고 그들이 모두 성령에 충만하여 다시 세상으로 나아갔다고 기록하고 있습니다(행 4:31).

성경이 말하는 예배, 예배자의 모습은 이렇습니다. 이스라엘 백성이 하나님 앞에 선 거룩한 산, 갈릴리의 제자들이 둘씩 짝을 이루어 파송 받은 곳, 성령으로 충만함을 경험하며 세상으로 나아갔던 초대교회의 출발지는 모두 동일한 장소였습니다. 그곳은 시대적으로 공간적으로 전혀 다른 장소였지만, 모두 하나의 장소였습니다. 그곳은 바로 하나님을 예배하는 자리였습니다. 그곳은 모두 하나님을 찾고 하나님을 구하는 자리였습니다. 하나님께서는 예배의 자리에 구원과 은혜, 능력의 근원으로 임재하십니다. 하나님께서는 예배의 자리로 나아오는 당신의 백성들과 자녀들을 환영하십니다. 그리고 그 고난과 고통 가운데서 그들을 해방시키시고 하나님의 자녀로 하나님의 백성으로 구별되어 거룩하게 세우십니다. 뿐만 아니라 하나님께서는 예배자들을 제사장으로 세우셔서 세상으로 파송하십니다. 하나님께서는 당신의 예배자들이 예배 장소에 오래 머물기를 원하지 않으십니다. 하나님께서는 예배자들이 모두 자리에서 일어나 세상으로 나아가 복음이 아직 전파되지 않은 곳으로 나아가기를 원하십니다. 그리고 그곳에서 얻은 복음 사역의 결실들을 가지고 다시 예배자의 자리로 돌아오기를 바라십니다. 성경의 예배, 그리고 예배자의 비전은 결국 예배로 하나님의 자녀가 되고 예배로 회복하고 부흥하여 세상을 하나님께로 인도하는 일입니다. 예배는 이 모든 일의 핵심에 서 있습니다. 하나님은 이 모든 일의 중심, 예배의 자리에 계시면서 이 일의 시작을 도우시고 이 모든 일의 결실을 기뻐 받으십니다.

BCM 예배의 순환적 기본구조

BCM 예배의 가장 큰 특징은 순환구조입니다. 우리는 이미 다섯 가지의 마루가 주간과 주일, 일 년의 과정 속에서 반복적이고 순환적으로 움직이고 있음을 알고 있습니다. 그런데 그러한 순환구조는 우리가 지금부터 살피려고 하는 BCM 예배가 그 중심임을 잊지 말아야 합니다. BCM 예배는 이미 성경의 이야기들에서 살핀 내용처럼 크게 '환영-교제-회복-부흥-파송'의 구조를 이루고 있습니다. 이 다섯 구조는 한 번으로 끝나는 것이 아닙니다. 삶이 계속되는 한 주일이 계속해서 다가오듯, BCM 예배 역시 한 예배의 시작으로부터 그 마지막 파송까지 이어지는 구조입니다. 그렇게 해서 예배는 개인의 파송 받은 삶으로 연결되어 이어졌다가 다시 새로운 예배의 시작으로 들어오게 되는 순환하는 구조를 갖고 있습니다. 이제 이 구조에 대해서 좀 더 자세하게 알아봅시다.

환영하기

200여 명 정도 출석하는 서울 어느 중형 교회의 유년부 예배실 모습입니다.

주일 오전 9시, 예배실 문을 열고 들어간 아이는 아무도 자신을 맞이하지 않는 썰렁한 기운과 더불어 할 일 없이 바닥을 뒹굴고 있는 친구를 만납니다. 이 부서는 사정상 주일에 1,2부로 나누어 예배를 드립니다. 1부에는 아주 적은 수의 아이들, 부모님과 주일 출타를 준비하는 아이들만 참여합니다. 그러다 보니 아무래도 1부 예배는 적은 수의 선생님과 매우 이른 아침이라는 상황에 느슨해져 있습니다. 그렇다고 선생님들이 오지 않은 것은 아니었습니다. 예배실 안쪽에 있는 교사실에 장년 7시 예배를 드린 부장님 내외분과 전도사님, 그리고 두어 분의 교사들이 함께 있습니다. 그들은 지금 열심히 예배를 위해 기도회와 더불어 그 날의 교육을 진행하기 위한 준비를 하고 있습니다. 이미 시간은 9시를 넘어 달려가고 있습니다. 그러나 교사들 가운데 누구도 예배실로 나오지 않습니다. 두 명의 아이들은 예배실 바닥에 누워 있거나 하릴없이 핸드폰을 만지작거리고 있습니다.

주일 아침의 교회 분위기는 오직 하나, 환영의 분위기여야 합니다. 주일 아침 고된 세상으로부터 하나님 앞으로 나아와 기도하고 예배하며 오직 하나님의 사람으로만 살겠다고 고백하는 성도를 위해 교회가 아낌없이 베풀어 주어야 하는 것은 바로 전심으로 환영하는 것입니다. 만일 주일 아침의 분위기가 위의 이야기와 같다면, 그것이 다름 아닌 우리 교회의 분위기라면, 우리는 교회의 교회다움에서 큰 한 가지를 놓치고 있는 것입니다. 그것은 하나님의 어린양들을 기쁨으로 맞이하는 것입니다.

　매 주일 아침 교회로 나아오는 한 영혼, 한 영혼에서 우리는 출애굽한 백성들의 모습을 볼 수 있어야 합니다. 우리는 그들에게서 주님의 명령을 따라 곳곳에서 복음을 전하고 돌아온 제자들의 모습을 읽어야 합니다. 하나님께서는 출애굽하여 시내산 앞, 당신의 영광 앞에 선 이스라엘 백성들을 기뻐하셨습니다. 예수님께서는 당신의 파송을 받아 세상으로 나아갔다 돌아온 제자들을 진심으로 기뻐 맞이하셨습니다. 오늘 우리 교회 역시 우리의 어린이들과 청소년들, 파송 받았다가 다시 교회로 돌아온 그들의 발걸음을 진심으로 환영할 수 있어야 합니다.

　이스라엘 백성들과 예수님의 제자들 그리고 매 주일 아침 교회로 나오는 우리 어린이들과 청소년들의 공통점은 이뿐이 아닙니다. 그들은 모두 고통과 절망, 죄악이 관영한 세상으로부터 하나님의 사랑을 잊지 못하고 그 사랑과 은혜가 그들의 상처 받고 고통 받은 마음과 영혼과 몸을 치유하여 주실 것에 대한 소망을 품은 이들입니다. 출애굽한 이스라엘 백성들은 애굽땅의 고통, 하나님께 예배하지 못하는 고통에 지쳐 하나님의 구원을 탄원한 사람들입니다. 그들은 그 고통스러운 세속의 종살이를 이기고 하나님의 영광스런 은혜의 자리, 시내산 앞에 섰습니다.

예수님의 제자들 역시 마찬가지였습니다. 그들은 모두 예수님의 파송 받은 사람들로서 주님의 명령을 따라 곳곳을 다니며 복음을 전하는 수고를 다한 사람들이었습니다. 때로 세상은 그들을 환영하고 그들이 가져다주는 복된 소식으로 인하여 감사하기도 하겠지만, 대부분의 세상은 그들을 미워하고 그들이 전해 주는 복된 소식을 싫어하며 오히려 그들을 박해합니다. 결국 복음을 전하기 위해 파송 받은 이들의 발걸음은 때때로 고통과 고난의 발걸음이 됩니다. 그렇게 고난당하며 수고하다 하나님 앞에, 그 풍성하신 사랑을 사모하여 나아온 형제와 자매들에게 절실한 것은 바로 깊이 있고 따뜻한 환영입니다. 우리 어린이들과 청소년들 역시 마찬가지입니다. 우리는 우리의 어린 양들이 세상 가운데서 그리스도인으로, 성도로 진리를 품고 살다가, 때로 고통과 고난, 거절당하고 핍박당한 주님의 귀한 자녀들임을 잊지 말아야 합니다. 우리의 어린이와 청소년들은 그 모든 고난 가운데서 주님의 사랑을 사모하여 교회 가운데로 나아온 주님의 귀한 제자들임을 기억해야 합니다.

교회의 주일 아침은 환영이 풍성한 시간이어야 합니다. 교회의 주일 아침, 교회의 각 부서의 주일 아침은 교사들과 지도자들의 진심 어린 환영, 하나님과 예수님의 마음을 본받은 환영이 살아 있는 시간입니다.

격려하고 교제하기

주일 아침, 혼자 예배실 문을 열고 들어간 어린아이가 한쪽에 가만히 앉아 역시 홀로 우두커니 앉아 있는 다른 친구를 바라봅니다. 근래 들어 부쩍 주일 아침 아이들의 풍경이 무채색입니다. 우두커니 앉아 있거나, 혼자서 핸드폰을 만지작거리거나, 도대체 아무것도 하지 않은 채 앉아 있는 경우가 많습니다. 주일 아침 아이들은 아무것도 하지 않습니다. 주일 아침 아이들은 무기력합니다. 원래 아이들의 모습이 그렇게 무기력하거나 수동적이거나 혹은 그 표정이 무채색인 것은 아니었을 터인데, 주일 아침이면 어김없이 아이들은 목석과 같은 존재가 됩니다.

조금 크게 확장하여 생각해보면, 이렇게 무채색으로 변질된 주일 아침의 얼굴들은 단지 어린아이들에게서만 발견되지 않습니다. 무정해 보이기까지 하는 무표정은 청소년부에도, 청년회에도 혹은 장년부서의 곳곳에도 있습니다. 아마도 교제가 사라진 탓일 것입니다. 성도들 간에 영적인 교제가 사라진 탓일 것입니다. 그러나 교회의 참 모습은 교제에서 더욱 아름답게 빛을 발합니다. 교회에 하나님의 영이 임하고 교회의 구성원들 사이에 하나님의 영이 서게 되면 서로 간에 안부를 묻고 서로 위로하며 격려하는 교제가 일어나게 됩니다. 이스라엘이 그랬습니다. 그들을 애굽에서 건져내시고 홍해 가운데서 살리시며 메마른 광야길에서 굶기지도, 목마르게도 하지 않으신 하나님의 그 능력과 사랑 아래에서 그들은 하나가 되었습니다. 그들은 더 나아가 서로 위로하고 격려할 줄 아는 진정한 구원 받은 공동체가 되었습니다. 교제가 살아 있는 모습은 또한 예수님의 제자 공동체와 초대교회에도 있었습니다. 그들은 십자가 은혜 아래 한마음이 되었고 그 십자가를 지시고 부활하신 분의 영이 그들을 움직일 때에 더욱 온전히 하나가 되었습니다. 그렇게 그들은 서로 격려하고 서로 위로하는 주님의 귀한 공동체가 되었습니다.

오늘 우리 교회에 교제가 사라진 이유는 여럿일 것입니다. 그런데 가만히 생각해보면, 우리 가운데 교제가 사라진 것은 우리 가운데 하나 되게 하시는 십자가 사랑과 성령의 은혜가 사라진 때문일 것입니다. 우리는 하나 되게 하시는 영이 우리의 몸과 마음과 영혼을 온전히 하나로 묶고 서로 사랑 가운데 교통하게 하신다는 사실을 굳건하게 믿고 역시 서로에 대한 믿음으로 사랑의 교제를 이루어야 할 것입니다.

주일 아침 예배 역시 마찬가지입니다. 우리들의 예배는 환영과 인사로부터 시작이 됩니다. 그 첫 만남에서 필요한 것은 서로에 대한 위문과 격려일 것입니다. 유치부 선생님은 아이들이 예배실로 들어올 때마다 신발도 벗기 전에 아이들을 꼭 안아줍니다. 그리고 따뜻한 품 가운데서 하나님의 위로와 사랑을 경험하게 합니다. 어린이들과 청소년들의 예배실에서도 동일한 일들이 일어나야 합니다. 매주일 아침 교사들은 어린이들과 청소년들에게 지난 한 주간의 삶에 대해서 "수고했다", "고생했다"라는 격려의 말을 건넵니다. 그리고 어린이들과 청소년들의 삶의 진정한 기반은 세상이 아니라 하나님임을 격려하며 가르치고 위로하여 새 힘을 얻게 합니다.

우리의 삶은 하나님 안에서 시작하여 하나님 안에서 끝납니다. 결국 우리는 우리 어린이들과 청소년들의 삶이 하나님을 중심으로 주일 아침에 시작하여 주일 아침에 일단의 마침표를 찍는다는 사실을 주지해야 합니다. 따라서 우리는 하나님의 자녀로 삶을 살다 온 학생들을 지지하고 격려하는 일을 잊지 말아야 할 것입니다. 그래서 하나님의 자녀로 담대하게 한 주간의 삶을 살고 돌아오는 어린이들, 학생들을 진심으로 환영하는 일을 잊지 말아야 합니다. 교사는 주일 아침, 교회 공동체 가운데서 주목받지 못한 채, 혹은 격려 받지 못한 채 이리저리 유령처럼 다니는 아이들이 없는지 먼저 살펴야 합니다.

중보하며 회복하기

교회 공동체의 가장 중요한 역할 중 한 가지는 찬양하는 가운데 서로를 중보하여 회복의 은혜를 경험하게 하는 것입니다. 모든 학생들이 주일 아침 친밀하게 경험하는 영적 체험은 찬양입니다. 찬양은 단순한 노래 이상의 의미로서 분명한 대상이 있습니다. 바로 애굽에서 이스라엘을 구원하시고, 제자들에게 힘과 능력이 되시며, 지금도 세상의 고난 속에서 우리를 이끌어 내시는 살아계신 하나님의 능력과 사랑, 은혜를 노래하는 것입니다.

예배 안에서 하나님을 찬양하고 기도하는 것은 하나님을 향한 경배이고 하나님께 영광을 돌리는 일입니다. 찬양의 영광은 하나님께서 받으시는 것입니다. 그러나 그 찬양이 일어나는 곳과 그 찬양을 드리는 예배자에게도 주어지는 은혜가 있습니다. 바로 회복입니다. 출애굽한 이스라엘 백성이 하나님을 찬양하는 가운데 광야길의 고단함을 덜고 힘과 용기를 다시 얻게 된 것처럼, 초대교회의 사도들이 하나님을 찬양하고 영광을 돌리는 가운데 힘과 능력을 다시 회복하게 된 것처럼, 우리가 어린이 청소년들과 함께 하나님을 찬양할 때, 그들 역시 회복을 경험하게 됩니다. 하나님이 베풀어 주시는 은혜를 기억하고, 내가 어떤 존재이고 어떻게 살아왔으며, 또 어떤 모습으로 살아가야 하는지 알게 됩니다. 그럼으로 자연스럽게 자신의 정체성을 발견하고 자아의 존재감이 회복되는 과정에 들어갑니다. 하나님을 찬양하며 나아가는 예배가 곧 우리 스스로의 존재를 확인하게 되는 회복의 자리가 되는 것입니다.

동시에 예배자들은 함께 예배하는 이들을 중보합니다. 교사가 학생을, 학생이 교사를, 교사가 교사를, 학생이 학생을 서로 중보하는 것입니다. 예배 가운데 이루어지는 중보는 예배자 간의 든든한 결속뿐 아니라 하나님을 중심으로 하는 온전한 영적 교제가 이루어지게 합니다. 우리는 서로의 깊이를 알고 그 깊은 곳을 어루만져 주는 영적 관계 속으로 들어서는 경험이 필요합니다. 이 경험은 서로를 위한 중보 기도의 자리로 이루어 질 수 있습니다. 결국 온전한 중보를 위해 교사는 학생들의 한 주일 동안의 삶을 알아야 합니다. 학생들이 지난 일주일 간 어떤 삶을 살고, 어떤 고민과 어려움을 경험했는지 알고 있어야 합니다. 어떤 기쁜 일이 있었는지 인지하고 있어야 그들을 위해 기도할 수 있습니다.

예배 가운데 이루어지는 찬양과 중보는 결국 예배자의 회복을 이루게 됩니다. 예배자는 찬양 가운데 회복하고 서로 중보하는 가운데 회복을 경험합니다. 예배자는 하나님을 중심으로 서로 손을 잡고 찬양하며 서로 중보하는 가운데 삶의 찢겨진 부분과 무너진 부분이 보수되고 온전하게 되는 은혜를 경험하게 됩니다. 찬양과 중보가 더불어 살아 있을 때, 우리의 찬양 가운데 임재하시는 하나님께서 우리의 기도를 들으시고 우리의 기도에 응답하시며 우리를 회복시켜 주십니다.

부흥을 경험하기

예배 가운데 가장 폭발력 있는 역사는 아마도 말씀하시는 하나님을 체험하는 일일 것입니다. 하나님께서 큰 폭풍과 같은 음성으로 말씀하실 때, 때로 하나님께서 세미한 음성으로 말씀하실 때 우리의 심령과 골수가 쪼개어지며 우리의 모든 것이 하나님의 말씀 앞에서 명명백백하게 드러나게 됩니다(히 4:13). 결국 우리는 그 말씀 가운데 변화를 체험하고 그 말씀 가운데 삶의 획기적인 갱신을 경험하게 되는 것입니다. 하나님께서 때로 쓰기도 하고 때로 달기도 한 그 말씀으로 우리를 채우실 때 우리는 변화하게 되며 성장과 성숙을 경험하게 됩니다.

예배자에게 절실한 것은 하나님의 말씀입니다. 살아계신 하나님의 말씀이 필요한 순간이야말로 예배의 순간입니다. 우리는 우리 삶이 고단하고 피곤할 때, 도움이 절실할 때 하나님의 말씀을 간절히 찾습니다. 예배의 순간은 바로 그 모든 고단함과 피곤함이 하나님께 집중되는 시간이며, 그렇게 하나님의 말씀이 우리 삶에 임재하는 순간, 우리는 현재의 한계와 현재의 문제, 현재의 죄악된 모습들을 극복하여 지금의 닫힌 현실을 딛고 일어설 힘을 얻게 됩니다. 부흥을 체험하게 되는 것입니다.

하나님의 말씀이 그 말씀을 대언하는 분을 통해 선포될 때 모든 예배자들은 우선 말씀을 듣는 일에 집중해야 합니다. 하나님께서 예배자에게 선포하시는 말씀은 때로 예배자들 각자를 위한 것이며, 때로 예배자의 삶을 향한 것이며, 더 나아가 예배자가 살아가는 세상을 향한 것이기도 합니다. 예배자는 우선 그 말씀이 선포될 때 그 말씀이 누구를 향한 것이며, 어디로 향한 것인지를 잘 알아야 합니다. 노아는 하나님께서 그에게 임재하였을 때 하나님의 눈을 바라보며 하나님께서 어디를 바라보시고 무엇을 말씀하시는지에 대해 집중했습니다(창 6:6~8). 아브라함은 하나님께서 아들 이삭을 바치라 명령하셨을 때 그리고 그가 그 모든 명령을 말씀하신 그대로 수행하는 가운데, 언제나 하나님께 집중했습니다. 하나님의 말씀과 하나님의 뜻에 집중한 것입니다. 예배자는 하나님께서 말씀하실 때 하나님께 집중할 줄 알아야 합니다.

나아가 예배자는 자기 자신뿐 아니라 함께 예배하는 이들, 그리고 그 말씀 선포의 궁극적 대상이 될 세상에 그 선포된 말씀이 잘 전해지고 뿌리를 내려 백배의 결실이 맺어지기를 간구하는 마음을 품어야 합니다. 예배 가운데 선포되는 말씀에 대해 우리는 흔히 그것이 하늘로부터 주어지는 은혜라 하여 스스로에게만 집중하고 그것을 독점하는 경향이 있습니다. 그러나 참된 예배자는 그 선포된 말씀이 나를 넘어서 형제와 자매 그리고 공동체에게 더 나아가 세상 모든 이들에게 동일한 은혜가 되기를 구할 줄 알아야 합니다. 그 마음으로 예배에 서게 될 때 우리는 선포된 말씀을 향하여 "아멘!"으로 동의를 하며, "아멘" 하며 그 선포된 말씀이 그대로 나와서 우리와 우리가 사는 세상에 이루어지기를 간구해야 합니다.

무엇보다 중요한 것은 선포되는 말씀에 대한 순종의 마음과 더불어 성령을 구하는 것입니다. 모든 예배자들이 하나님의 말씀을 사모하며 진정성을 가질 때, 하나님은 예배자들에게 성령의 은혜를 부어주실 것입니다. 말씀을 사모하여 사도 베드로를 초청한 고넬료의 집에 성령이 임하였습니다. 그들은 말씀을 듣기 위하여 간절히 하나님의 사자를 기다렸고, 하나님의 말씀이 선포되어 질 때, 성령이 말씀 듣는 모든 사람에게 내려오셨습니다. 성령은 하나님의 말씀을 듣는 자들에게 주시는 큰 선물입니다. 성령의 임재는 곧 부흥을 의미합니다.

교사 역시 마찬가지입니다. 참된 예배, 참된 말씀의 선포를 위해 교사는 스스로 먼저 말씀에 귀를 기울여야 합니다. 많은 교사들이 이 말씀은 '그저 아이들을 위한 것'이라고 생각합니다. 그렇지 않습니다. 교사 스스로 하나님의 말씀이 바로 자신을 향한 것임을 알게 될 때, 옆에 함께 선 학생들 역시 그 말씀을 자신의 것으로 받아들이게 됩니다. 말씀은 동일한 말씀입니다. 또한 교사는 하나님의 말씀이 선포되는 과정에서 그 말씀이 자신과 학생들, 그리고 다른 교사들에게 동일한 은혜가 되도록 하기 위해 말씀 선포의 과정에 적극적으로 참여해야 합니다. 교사는 말씀이 선포되는 과정에서 수동적인 관망자일 수 없습니다. 교사는 오히려 말씀이 선포될 때 그 말씀에 '아멘'으로 동반하는 협력자이어야 합니다. 이렇게 말씀 선포의 과정에 적극적으로 참여하는 교사의 마음과 행동을 하나님께서는 기뻐 받으시고 그 예배의 자리, 말씀이 선포되는 자리에 성령으로 함께하실 것입니다.

파송 받아 나아가기

찬양과 기도 그리고 말씀으로 회복하고 부흥한 학생들은 이제 성령으로 충만하여 각자의 삶의 처소로 돌아갑니다. 그들은 한껏 고무되었습니다. 그들은 찬양과 말씀으로, 그리고 기도로 새로운 은혜를 경험하였습니다. 무엇보다 그들은 말씀 가운데 임재하신 하나님의 능력으로 그들의 삶을 새롭게 조망하게 되었고 담대하게 증인된 삶을 살 힘을 얻게 되었습니다. 이제 그들은 세상으로 돌아가 무엇이든지 할 수 있고, 반 친구 모두를 전도할 수 있을 것 같은 믿음이 생겼습니다. 기쁜 마음으로 그들은 세상을 향해 걸어가려 합니다. 믿음의 교사들은 여기서 잠시 그들의 발걸음을 멈춥니다. 이제 정말 중요한 사역이 한 가지 남았기 때문입니다. 하나님의 은혜를 구하며 그들을 파송하는 일이 남았습니다.

교사는 하나님께서 당신의 일꾼들을 세상에 보내신 것처럼 어린이들과 청소년들을 세상에 파송해야 합니다. 그래서 증인된 삶을 살도록, 제자로서의 경건하고 구별되어 하나님나라를 선포하는 왕같은 제사장의 삶을 살도록 제안해야 합니다. 그런데 교사들은 이 순간, 누가복음 10장의 예수님의 마음을 생각해야 합니다. 70명의 사도들을 세상에 보내실 때 예수님께서는 "갈지어다 내가 너희를 보냄이 어린 양을 이리 가운데로 보냄과 같도다"라고 하셨습니다(눅 10:3). 세상은 믿음의 사람들에게 상처를 줍니다. 그들은 때로 믿는 사람들을 비난하고 핍박합니다.

세상은 믿는 사람들의 몸과 마음을 힘들게 하고, 그들에게 애굽의 고난을 다시 경험케 합니다. 결국 교사는 자신의 양들을 세상에 보낼 때, 그들이 굳건한 신앙과 제자로서의 삶의 자세를 가질수록 세상이 그들을 힘들게 할 것임을 알아야 합니다. 그리고 그들에게 성령께서 함께하시고 그들이 담대할 것을 위해 기도해야 합니다. 무엇보다 세상 속 그들을 내버려 두지 말고 그들과 함께할 방법을 고민해야 합니다.

예배를 마친 목자된 교사는 따라서 학생 한 명 한 명 모두를 기도로 보냅니다. 기도로 그들을 세상 가운데 파송합니다. 오늘의 예배를 통하여 경험하고 임재하신 성령님께서 이들과 일주일의 삶 속에 함께하시길 기도합니다. 성령께서 양들을 온전히 보호하시고 그들을 선한 길로 인도하길 기도합니다. 사실 세상의 이리떼들은 우리 믿음의 학생들을 삼키고 쓰러뜨리려 할 것입니다. 세상의 악한 문화가 믿음의 자녀들을 공격하고, 그들을 유혹하며 "죄짓고 악하게 살아도 괜찮아!"라고 말할 것입니다. 그저 느낌대로, 자신의 안위와 편안함만을 위해 살라고 말할 것입니다. 선악을 판단하기 전에 마음에 원하는 것을 하며 살라고 유혹할 것입니다. 결국 목자된 교사는 성령께서 그들의 마음을 굳건하게 지켜 주시도록 기도하여야 합니다. 예배를 통하여 얻은 믿음의 기쁨과 감격과 그 말씀이 한주간의 삶 속에서 살아 숨 쉬게 하시고, 우리 학생들이 말씀대로 살아가는 믿음의 군사들이 되도록 축복하며 중보해야 합니다.

파송은 주일 예배의 짧은 시간이 아니라 일주일이라는 긴 시간 동안 믿음의 사역으로 나가는 출정식입니다. 이 출정식은 "잘 가!"라고 말하는 교사의 무미건조한 인사말로 끝나는 것이 아닙니다. 이 출정식은 교사의 따스한 마음, 믿음의 기도, 간절한 소원을 통하여 진행됩니다. 그러므로 이 파송은 예배의 제일 마지막이지만 그러나 제일 중요한 시간임을 알아야 합니다. 온전한 파송을 통해서 한 주간 삶이 성령 안에서 건강하게 지내고 다시 이곳, 하나님께 예배한 이곳으로 돌아올 수 있기 때문입니다.

어린이와 청소년을 참 예배자로 세우는 반 목회자

이제껏 살펴본 바대로 BCM 예배는 환영하고 교제하며, 회복하며 중보하고, 부흥하며 파송하는 일련의 매우 예배학적 보편성을 가진 순서를 갖습니다. 그렇다면 이 일련의 예배 과정 속에서 교사는 어떤 모습, 어떤 역할을 수행해야 할까요?

예수님 마음 따라 중보하기

교사들은 예수님이 제자들을 파송하실 때 행한 일과 그 마음들을 알고 배워야 합니다. 예수님께서는 제자들을 파송하시는 순간, 그리고 당신이 십자가 앞에 서게 되어 제자들이 그들만의 힘으로 세상 가운데 서야 했던 순간, 그들을 향하여 궁휼의 마음을 가지시고 그들을 위해 중보하셨습니다. 파송의 순간, 교사는 한편으로 대견하다는 생각이 들기도 하지만, 다른 한편으로는 세상과 대적하여 싸워야할 어린 양들의 힘든 삶에 대한 측은함을 갖기도 합니다. 이때 교사는 더욱 담대해야 합니다. 교사는 이 순간이야말로 예수님의 마음을 본받아 더욱 열심히 기도해야 할 때임을 알아야 합니다. 무엇보다 예수님께서 당신의 제자들을 믿으셨던 것처럼 학생들을 믿고 신뢰하는 마음이 필요합니다. 교사는 학생들이 가지고 있는 가능성을 믿고 영적인 삶으로 그들이 나아갈 것을 믿고 확신하며 중보기도 하여야 합니다.

결국 교사는 주일 예배의 중요성을 알아야 합니다. 주일의 예배는 한편으로 중보 기도하는 시간입니다. 교사는 주일의 예배 내내 자신의 양들과 더불어 예배하는 가운데 그들의 회복과 그들의 부흥을 위해, 그들에게 성령께서 충만하여 주실 것을 위해 기도해야 합니다. 그렇게 중보하고 기도할 때 주일의 예배가 어린이들과 학생들에게 세상 가운데서 담대하면서 무엇보다 지혜롭게 살아가는 삶을 위한 영적 무장의 시간이 될 것입니다. 찬양, 기도, 말씀 등의 각 영역에서 목자된 교사들의 중보에 힘입어 어린 양들은 회복하고 부흥하게 하시는 성령을 경험하게 될 것입니다. 온전한 예배는 한 주간의 삶을 승리하게 하는 매우 중요한 원동력입니다. 예배에 실패하면 일주일의 삶이 실패하게 됩니다.

양들의 이야기 듣기

BCM의 소그룹 반 목회자에게는 보다 적극적인 자세로 양들에게 관심을 갖고 그들을 돌보는 일이 필요합니다. 따라서 교사는 맡겨진 양들이 어떤 삶 가운데 있는지 적극적으로 다가가야 합니다. 나만의 한 주간, 6일이 아니라 내게 맡겨진 양을 위한 한 주간, 6일이 되어야 합니다. 많은 교사들이 사실 이 일에 어려움을 느낍니다. 이것은 우선순위의 문제일 것입니다. 우리는 그리스도인으로서 우리 자신을 위한 삶보다 타인과 맡겨진 양들을 위한 삶에 더 집중해야 하는 사람들입니다. 어린 생명들을 위해 중보하고 보살피는 사역에 우선권을 부여해야 합니다. 그렇게 한 주간, 양들의 삶을 돌보고 그들을 위해 기도하는 가운데, 그들의 몸과 마음이 그리고 영혼이 주님이 보시기에 합당한 모습으로 성장하여 그 장성한 열매를 맺는 것을 보는 기쁨을 누리게 될 것입니다.

무엇보다 중요한 것은 한 주간의 삶을 살고 돌아온 양들이 각자 자신의 한 주일을 하나님과 교회, 그리고 목자된 교사들에게 보고하는 것을 듣는 것입니다. 예배의 순환구조에서 말하는 것처럼 파송을 받은 어린이들, 학생들은 이제 그들의 한 주일의 여정을 마치고 다시 하나님께로 나옵니다. 그리고 그들을 위해 기도하고 중보하는 교사들의 열렬한 환영 속에 지난 한 주간을 보고합니다. 누가복음 10장의 제자들처럼 우리 어린이들, 청소년들 역시 그렇게 대답할 것입니다. "한 주간 너무 행복했어요. 하나님이 함께해 주셨어요. 우리 승리했어요. 예수님의 복음을 담대하게 전했어요. 이제 하나님께 예배하고 싶어요. 그리고 무엇보다 선생님 너무 보고 싶었어요. 사랑해요." 그렇습니다. 우리 어린이들과 청소년들은 예배 안에서 회복과 부흥을 경험한 주님의 사람들입니다. 당연히 그들의 보고는 승리의 보고가 될 것입니다. 다시 모인 예배의 자리에서 한 주간의 삶을 나누고, 승리를 축하하는 자리입니다. 곧 축제의 자리가 될 것입니다. 한 가지 잘 살펴야 하는 일은 그 승리의 보고 가운데 위로가 필요한 일들이 있다는 것입니다. 능력을 받았고, 은혜를 입었지만 혼자 이겨내기에는 너무 커다란 현실에 좌절하고 쓰러진 친구들이 있습니다. 그들에게는 위로와 따뜻한 격려가 필요합니다. 그 넓은 교사의 가슴에 안길 때 그들은 비로소 영적인 평안함을 누릴 것입니다.

교사는 때로 조용하게, 침묵을 유지하며 그들 곁에서 그들의 보고를 들어주어야 합니다. 때론 눈물로, 말로, 행동으로 이야기하는 지친 양들을 따뜻한 눈으로 바라보시고, 그들에게 손을 내밀어 주어야 합니다. 이렇게 양들의 보고는 기쁨과 감사, 승리 그리고 슬픔과 시련, 실패, 지침 등 다양한 상황과 다양한 보고들이 넘쳐나게 될 것입니다. 그들의 승

다음세대 소그룹 반 목회 실행을 위한
BCM 교사 코칭

리와 그들의 좌절, 그 모든 것은 하나님께서 받으실 것입니다. 교사는 그 파송 보고의 신실한 통로가 되어 주어야 합니다.

함께 집중하여 회복과 부흥의 예배 드리기

예배에서 회복과 부흥이라는 주제는 매우 중요한 것입니다. 하나님을 찬양하고 경배하며 그분의 말씀에 집중하는 가운데 우리의 죄된 습관과 아픔이 사라지고, 거룩하게 회복되며, 주님의 능력 안에서 크게 융성하고 부흥하게 됩니다. 하나님은 예배를 통해 우리를 회복시키시고 영적인 부흥을 경험하게 하십니다. 예배 안에서 하나님의 목적은 우리를 벌 주기 위함이 아니라 우리를 회복시키는 것에 있음을 기억하여야 합니다. 예배 안에서 하나님의 목적은 우리를 방치해 두시는 것이 아니라 우리를 다시 한 번 크게 일어나게 하시어 세상 가운데 빛의 자녀로서 그 큰 부흥을 드러나게 하시는 일일 것입니다.

교사는 주일에 드리는 예배를 통해서 우리 어린이들과 청소년들이 회복되고 부흥하는 경험을 하도록 안내해야 합니다. 예배는 우리 어린이들과 청소년들의 삶이 변화하는 궁극의 장소이며, 최고의 시간입니다. 그 시간, 교사는 학생들과 어울려 함께 예배의 라인을 형성해야 합니다. 서로 어깨를 견주어 하나님 앞에 서서 하나님의 임재하시는 것을 목격하고 그분께서 베푸시는 은혜 앞에 감격하며, 그 은혜로 인하여 크게 부흥하는 서로의 삶과 마음과 영혼을 기쁨으로 바라볼 줄 알아야 합니다. 무엇보다 교사는 예배 시간 내내 학생들을 위한 중보를 아끼지 말아야 합니다. 환영에서부터 교제하는 시간, 찬양하는 시간, 기도하는 시간, 말씀을 나누는 시간 등의 모든 예배 가운데서 하나님께서 능력과 은혜로 함께하실 것을 구해야 합니다. 그래서 어린이와 학생들의 삶이 변화하고 새롭게 되며 부흥하기를 위해 열정적이어야 합니다. 교사의 이러한 영적이며 열정적인 태도는 결국 어린이들과 청소년들이 온전한 예배로 나아가게 하는 지름길이 될 것입니다. 교사가 만일 예배 자체에 집중하지 않고 자기의 어떤 것에 빠져 있다면, 학생들의 삶에 변화와 회복과 부흥이 일어나지 않을 것입니다. 목자요 인도자로서 교사의 예배로의 안내와 함께하는 일이 학생들의 영적 성장에 큰 밑거름이 됨을 기억해야 합니다.

하나님은 교사들이 매주일 예배에 대하여 꾸준하고 신실하기를 원하십니다. 하나님께서는 우리 교사들이 하나님의 대행자(agent)로서 그 마땅한 사역을 온전히 감당하기를 원하십니다. 특별히 예배 사역이 그렇습니다. 하나님께서는 교사가 온전히 예배에 집중하되 특별히 예배 가운데 일어날 회복과 부흥에 대한 기대감에 대하여 집중하여 그 맡겨진 목자의 사역을 감당하는 것을 기뻐하십니다. 하나님은 결국 택함 받아 헌신하는 주님의 종들에게 은사를 주시고, 필요에 따라 능력과 권능을 주십니다. 힘겹고 어려울 때 그 도우심의 손길을 베푸시고 결국 그 사역에서 승리를 경험하게 하십니다. 하나님 앞에 부족한 종이지만, 맡겨진 양들과 더불어 온전히 그 사역을 감당하며 나아갈 때 세상 어떤 것보다 큰 기쁨의 결실, 예배에서의 회복과 부흥을 경험하게 될 것입니다.

주일의 파송자

교사에게 맡겨진 위대한 사명 가운데 하나가 바로 파송의 사역입니다. 많은 교사들이 스스로의 사역을 주일의 성경공부 정도로 제한하는 경향이 있지만, 목자로서의 사명을 깨닫게 된 교사의 대부분은 결국 이 파송 사역에 집중합니다.

이미 언급한 바와 같이 예수님께서도 제자들을 파송하셨습니다. 예수님께서는 제자들을 "그 가려 하셨던 동네"로 파송하셨고(눅 10:1~2) "모든 족속들"에게 파송하기도 하셨습니다(마 28:19~20). 나아가 예수님께서는 복음이 증거 되어야 하는 세상 모든 "땅 끝"으로 제자들을 파송하기도 하셨습니다(행 1:8). 예수님께서 원하시는 바는 결국 요한계시록에서 요한이 바라본 환상 가운데서 종말에 그대로 이루어집니다. "이 일 후에 내가 보니 각 나라와 족속과 백성과 방언에서 아무도 능히 셀 수 없는 큰 무리가 나와 흰 옷을 입고 손에 종려 가지를 들고 보좌 앞과 어린 양 앞에 서서 큰 소리로 외쳐 이르되 구원하심이 보좌에 앉으신 우리 하나님과 어린 양에게 있도다 하니" (계 7:7~8). 결국 목자된 교사들 역시 마찬가지입니다. 단언컨대 교사들의 소그룹 반 목회 사역의 궁극적 결론은 바로 '파송'입니다. 가르치고 돌보며, 양육하고 성장하게 한 교사는 결국 그 양들을 세상으로 파송해야 합니다. 그들을 세상으로 보내서 그들이 세상 가운데서 제자로서 담대한 삶을 살도록 하는 일이야 말로 교사 사역의 최종적인 결론이라고 할 수 있습니다.

교사의 파송은 주로 주일에 이루어집니다. 교사는 학생들과 함께 드리는 예배의 마지막에 그리고 성경공부나 프로그램의 마지막에 동일한 방식의 파송의 의식을 가져야 합니다. 파송은 매우 의식적인 절차입니다. 교사는 이 일의 필요성을 잘 인식하고 이 일에 매우 익숙해야 합니다. 교사는 무엇보다 이 파송의 의식에 성령께서 동행하실 것을 간절히 바라야 합니다. 아울러 교사는 주일의 파송의식에 대하여 동료 교사들과 교회의 모든 공동체가 동일한 마음을 품고 함께해 주기를 기대하며, 그들에게 그것을 권면할 줄도 알아야 합니다.

반 목회자들을 위한 예배 사역 지침

이제 교사는 교회의 예배가 갖는 참 정신을 이해하고 그 정신에 입각하여 만들어진 BCM 주일 예배에 집중해야 합니다. 지금부터는 간략하면서도 명확하게 소그룹 반 목회를 담당하는 모든 교사들이 주일에 예배를 중심으로 해야할 과제를 지침으로 정리해 보겠습니다. 이 지침은 교사들이 주일에 각 부서의 예배를 준비하고 예배를 진행하면서 학생들과 함께 꼭 지키고 점검해야 할 내용들입니다. 스스로 자신의 모습들을 확인하면서 보다 성장하고, 더 풍성한 열매를 만들어 내는 반 목회자들이 되길 바랍니다.

성전 앞에서 : 목자의 마음으로 환영하기

1. 예배시작 30분 전에 교회로 옵니다. 교사기도회는 예배시작 15분 전에 마칩니다.
2. 환영에 맞는 복장들을 체크합니다.
3. 그 주의 환영에 사용하는 소품이 있다면 꼭 챙기시기 바랍니다.
4. 환영하며 학생들에게 나눌 이야기들의 포인트와 방식을 정리해 봅니다.
5. 함께하는 교사들과 연습해 봅니다.

6. 환영은 교회 앞, 예배실 앞에서 진행합니다.

7. 학생들을 환영할 때 손을 흔드는 등 몸짓을 크게, 목소리도 크게 외칩니다.

8. 자신의 반 학생을 먼저 보면 한걸음 먼저 나아가 환영을 합니다.

9. 가능한 스킨십을 활용합니다. 인사 및 스킨십은 다음과 같습니다.

   – 유아교회: 이름 불러주기, 안아주기, 큰소리로 인사하기, 팔을 힘차게 흔들기

   – 어린이교회: 이름 불러주기, 안아주기(저학년), 등 토닥이기, 악수하기, 하이파이브, 행동을 크게 하기

   – 청소년교회: 이름 불러주기, 악기로 찬양하며 환영하기, 악수 하기, 하이파이브, 기타

10. 환영시 구호, 찬양 한 소절 등 미리 정해 놓은 행동을 다양하게 표현할 수 있습니다.

예배 전 : 일주일의 삶을 들으며 영적으로 두터워지기

1. 함께 손을 잡고 자신의 반 자리로 갑니다.

2. 늦게 입장하는 학생들에게는 다른 친구들과 함께 손을 흔들어 환영하되 성경공부 진행시에는 교사가 손만 흔들며 친구를 맞이합니다.

3. 교사는 모든 학생 한 사람 한 사람에게 관심이 있다는 것을 알려야 합니다.

4. 지난 주간 약속한 것 혹은 규칙이 있다면 확인하고, 삶의 이야기를 나눕니다.

5. 소극적인 아이들은 직접적인 질문이 필요합니다. 대답하지 않아도 조심스레 질문합니다.

6. 교사는 먼저 자신의 이야기로 시작하되 가급적 짧게 이야기합니다.

7. 학생들이 이야기할 때에는 그들의 눈을 쳐다보며 공감해 주는 제스처가 필요합니다.

8. 이야기 중간에 끼어들려 하지 말고 끝까지 듣고 기다려주는 것이 도움이 됩니다.

9. 마지막엔 서로를 위해서 함께 기도합니다.

예배의 시작 : 함께 찬양하는 가운데 회복하기

1. 교사가 먼저 큰소리로 찬양하고 큰 목소리로 기도합니다.

2. 찬양과 기도 시간에는 학생들이 교사의 열정을 느끼게 해야 합니다.

3. 기도시에는 자신과 학생들의 영적인 회복을 위해 기도합니다.

4. 특별히 교사는 가장 힘들어하는 학생을 위해서 집중적으로 중보기도합니다.

5. 학생들 옆에서 웃으며 스스로 찬양하도록 끊임없이 격려하고 권면합니다.

6. 학생들이 혼자 예배하게 하지 말아야 합니다.

7. 교사 스스로 참 예배자가 되기 위해 그리고 영적 회복을 위해 기도합니다.

예배의 절정 : 말씀과 기도로 충만하여 부흥하기

1. 본문말씀을 함께 소리 내어 봉독합니다.

2. 예배시에는 가급적 책으로 된 성경을 이용합니다.

3. 교사 스스로 먼저 말씀에 경청하되 매 순간 믿음으로 '아멘'을 외칩니다.

4. 말씀 선포시 나중에 학생들과 나눌 것을 대비하여 설교를 메모합니다.

5. 설교말씀 중 암송할 구절이 있으면 체크해 놓았다가 후에 학생들과 함께 암송합니다.

6. 말씀을 통해 교사와 학생의 내적 삶에 성령의 임재를 간구합니다.

7. 성령의 임재와 열매 맺는 삶이 되도록 기도합니다.

예배의 끝 : 목자의 마음으로 파송하기

1. 학생들과 함께 서로의 은혜로운 한 주간을 위해 중보의 기도를 합니다.

2. 주간에 방문하여 나누는 심방 약속(전화, 눈, 혹은 직접 심방)을 정합니다.

3. 학생 한 명 한 명의 손을 잡거나 안고 한 주간의 승리를 위해 매우 간단한 기도를 드립니다.

4. 한 주간 승리할 것을 다짐하는 하이파이브나 악수를 나눕니다.

5. 다음 주일에 다시 예배실 앞에서 만날 것을 약속하며 학생들을 배웅합니다.

BCM 교사의
성경공부 사역

이선미 목사
BCM 교육목회 책임코치 · 광성교회

BCM 소그룹 반 목회 사역의 핵심은 성경공부

자녀들에 대한 우리나라의 교육 열정은 세계적으로 인정할 정도입니다. 미국 오바마 대통령은 한국의 교육 열정을 미국이 배워야 한다고 했습니다. 지인을 통해 어느 학부모의 교육 열정에 대해 들은 적이 있습니다. 어떤 학부모가 학습지 교사를 하는데 그 이유가 자녀의 사교육비를 지원하려는 것뿐만 아니라 부모 자신이 학습지로 선행학습을 할 수 있어 자녀를 가르쳐줄 수 있기 때문이랍니다. 자녀가 공부만 잘할 수 있다면 부모의 직업도 자녀 학업에 맞출 수 있다는 투철한 사명감을 엿볼 수 있는 사례였습니다.

그런데 이렇게 열정적인 요즈음 부모들에게서 자녀에게 성경을 가르치기 위해 헌신하는 소명 어린 모습을 찾기는 어렵습니다. 교회를 오래 다닌 부모들조차도 시험기간에는 주일 예배 빠지고 학원에 가게 한다는 것은 이미 오래된 이야기입니다. 그래도 학원 조금 늦게 가고 주일 예배는 드리라고 하는 부모님들도 있습니다. 그리고는 반별 성경공부는 빠지라고 합니다. 주일 예배를 안 드리면 십계명에 어긋나지만, 성경공부를 빠지면 안 된다는 것은 십계명에 없기 때문인가 봅니다.

교회의 다음세대들이 반별 성경공부는 빠져도 그래도 예배는 드리고 가니 교역자와 교사는 다행으로 여겨야 할까요? 그렇지 않습니다. 성경공부 사역을 절대로 포기해서는 안 됩니다. 성경공부를 통해서 교회의 어린이와 청소년들이 하나님에 대해 배우고 알게 됩니다. 하나님에 대해 알고 하나님을 대하는 방법에 대한 전통적인 이야기들을 알아야 다음세대들이 하나님을 바르게 믿고 섬길 수 있습니다. 하나님에 대해 듣지도 배우지도 않았는데 어떻게 하나님을 사랑하고 섬길 수 있을까요? 하나님을 사랑하는 자가 어떻게 살아야 하는지 모르는데 주일 예배를 가장 우선순위로 삼고 세상의 빛과 소금이 되어야겠다고 다짐할 수 있을까요? 배우지 않으면 하나님을 믿고 섬기는 것이 어렵습니다.

그러므로 BCM 교육목회 사역의 핵심은 성경공부입니다. 교회의 신

양전통이 그 전 세대 신앙고백의 내용과 방식을 다음세대에게 가르쳐 주는 것으로 이어지기 때문입니다. 어린이와 청소년은 성경공부를 통해 예배, 기도, 찬양, 헌금에 대해 배움으로 참 예배자로 세워질 수 있습니다. 그리고 세상의 빛과 소금의 삶을 배워야 한 주간 동안 세상에 파송된 자로서 살아갈 수 있는 것입니다. 이제 BCM 교육목회의 핵심인 성경공부 사역의 중요성과 당위성을 성경에서 살펴보도록 하겠습니다.

성서의 이야기로 말씀사역 이해하기

부모와 지도자가 본을 보이는 이야기 교육

신명기 6장 6~7절은 하나님의 말씀을 부지런히 전수하라고 말합니다. 신명기는 사실 모세의 고별설교입니다. 모세가 광야길 여행을 모두 마치고 가나안에 들어가기 전, 이스라엘에게 '이것만은 꼭 지키라'며 하나님의 뜻을 대언하여 남긴 말씀입니다. 그런데 이렇게 유언과 같은 고별설교에서 모세는 왜 다름 아닌 하나님 말씀을 가르치는 것을 강조했을까요? 그 이유는 다음과 같습니다.

먼저는 이스라엘 백성들이 하나님을 잊지 않게 하기 위해서입니다. 가나안 땅은 젖과 꿀이 흐르는 풍요의 땅입니다. 하지만 이방신과 이방 문화가 난무한 곳이기도 합니다. 모세는 물도 없고 길도 없는 척박한 땅, 광야 생활을 하다가 눈에 보기에 풍요로운 땅, 가나안에서 보이지 않는 하나님을 잊고 살까봐 염려한 것입니다. 그래서 모세는 이스라엘 백성들에게 이렇게 외칩니다. "이스라엘아, 들으라!"(신 6:4) 아주 강한 어조입니다. 그리고 그는 무엇보다 먼저, 그리고 최우선적으로 강조하여 "하나님은 유일한 여호와이시니 마음과 뜻과 힘을 다하여 사랑하라는 말씀을 들으라"고 말합니다(신 6:4~5). 이스라엘을 애굽에서 구원하여 내시고 지난 오랜 세월을 지켜주신 분은 하나님이시며, 앞으로도 이스라엘을 신실하게 인도하실 구원자는 오직 하나님뿐이라는 것입니다. 물질의 풍요보다 더 사랑해야 할 분은 하나님뿐이라는 것입니다. 결국 모세는 오직 그 말씀을 '들음'으로써 하나님을 잊지 않을 수 있기 때문에 이스라엘 백성에게 말씀 전수를 강조한 것입니다.

둘째, 하나님에 대해 가르쳐 주는 자가 있어야 다음세대가 하나님을 알 수 있기 때문에 말씀 전수를 강조했습니다. 이집트 탈출세대는 10가지 재앙을 통해 이집트에서 섬긴 이방신들이 죽은 신인 것을 직접 목도(目睹)했습니다. 그러나 출애굽 한 후, 광야에서 태어난 세대, 가나안 땅에서 태어난 세대는 그 10가지 재앙과 홍해 기적, 광야에서의 다양한 일들을 보지 못했습니다. 그러므로 출애굽사건과 광야에서의 은혜의 여정을 계속해서 듣고 그것을 상고하지 않으면 하나님의 구원의 능력을 알 수도 없고 믿을 수도 없습니다. 그래서 모세는 하나님 말씀을 듣는 것, 가르치는 것에 힘쓰라고 했습니다.

재미있는 것은 신명기가 하나님 말씀을 전수하여 가르치는 일을 강조하되 그 방법까지도 강조했다는 사실입니다. 모세는 과연 하나님 말씀을 어떻게 전수하라고 할까요? 먼저, 부모가 말씀대로 사는 본을 보임으로 말씀을 전수하라고 합니다. 신명기 6장 6절에서 모세는 부모에게, 말씀을 "마음에 새기라"고 합니다. 인간은 하나님 말씀을 듣지 않고 순종하지 않는 죄의 본성이 있습니다. 자기 생각대로 살려는 의지가 강한 것이 인간입니다. 그러므로 인간은 매 순간 하나님의 말씀을 반복적으로 들어야 돌 같은 마음에 말씀이 새겨집니다. 말씀이 새겨져야 말씀을 기억하고 말씀대로 살 수 있습니다. 중요한 것은 그 말씀을 가르치되 삶으로 가르치라는 것입니다. 말씀대로 살면 그것이 마음에 새겨집니다. 그렇게 사는 삶을 바라보는 가운데 자연스레 새겨집니다. 그러므로 "마음에 새기라"는 말씀은 마음에 새겨질 정도로 말씀을 듣고 행하라는 것입니다. 그렇게 행하는 말씀으로 살 때 자녀는, 그리고 다음세대는 하나님의 말씀이 아직 살아있음을 경험하게 될 것입니다. 부모가 지식만이 아닌 말씀대로 사는 삶을 살 때 곧 자녀에게 말씀을 전수시킬 수 있는 것입니다.

두 번째로 신명기는 부지런히 가르치라고 말합니다. "집에 앉았을 때에든지 길을 갈 때에든지 누워 있을 때에든지 일어날 때에든지" 때를 막론하고 부지런히 가르치라는 것입니다(신 6:7). 왜냐하면 가나안 땅에는 풍요와 다산을 보장해 주는 것처럼 보이는 바알과 아세라라는 우상이 있기 때문입니다. 자녀들에게 하나님을 부지런히 가르쳐 주지 않으면 거짓 우상에 빠져 하나님을 떠나는 위험이 생깁니다. 그러므로 집에서 밥을 먹을 때나, 길을 갈 때나, 밤에 누워서 잠잘 때나, 아침에 일어날 때 언제든지 어떤 상황에서도 하나님 말씀을 부지런히 가르치라는 것입니다. 이렇게 할 수 있는 것은 부모나 지도자가 항상 생활 속에서 하나님과 그분의 말씀을 우선순위로 삼는 삶을 살 때 가능합니다. 오직 하나님의 말씀대로만 사는 부모의 삶을 보고 자녀는 그대로 보고 배워 말씀 따라 사는 것이 몸에 익혀집니다. 부모가 어느 곳에서든 말씀 읽고 묵상하는 것을 게을리 하지 않으며, 그 말씀을 따라 삶의 곳곳에서 신앙으로 승리하는 삶을 사는 것을 보게 될 때 자녀가 비로소 그 삶을 수긍하고 받아들이게 됩니다. 결국 부모나 소그룹 지도자가 시시때때를 가리지 않고 말씀 순종을 이루어야 그것이 본이 되어 하나님에 대한 믿음과 하나님의 말씀이 다음세대에게 전수됩니다.

교역자들의 전문적이고 체계적인 가르침

성경은 이스라엘 백성들이 단지 부모나 마을의 지도자들에게서만 하나님의 말씀을 배우거나 하지 않았다고 이야기합니다. 모세는 제사장들과 장로들 같이 전문적이고 훈련된 사람들에게 율법서를 남겨주고 그들로 하여금 매 칠년마다 초막절에 남녀노소 막론하고 타국인까지 정한 장소에 모여 말씀을 듣게 하였습니다(신 31:9~13). 모세는 이스라엘 백성들을 가나안 땅으로 보내기 전에 백성들로 하여금 전문적이고 체계적인 말씀을 배우는 기회를 마련해 주었습니다. 그렇게 정기적으로 초막절이나 기타 절기들을 통하여 이스라엘 백성들은 다시 말씀을 접하고 하나님을 경험하면서 돌이킬 수 있는 기회를 마련한 것입니다.

이뿐이 아니었습니다. 하나님께서는 보다 사명감 있고 헌신적인 사역자들을 세워서 이스라엘을 가르치셨습니다. 실제로 이스라엘 백성들은 가나안 땅에 들어가서 하나님 말씀대로 사는 것이 쉽지 않았습니다. 그들은 바알과 하나님 사이에서 머뭇거렸습니다. 가나안 땅에는 그들이 유일하신 하나님 한 분만을 섬기며 살아가는 일을 가로막고 어렵게 하는 매력적이고 유혹하는 것들이 많았습니다. 정말로 이스라엘은 가나안에서 하나님 한 분만 섬기지 않고 바알과 아세라 등도 함께 섬겼습니다. 그래서 이들의 죄악을 보고 하나님께서 벌을 주시기도 하셨습니다. 그때마다 이스라엘 백성은 사사들, 제사장들, 선지자들의 가르침을 통해 회개하고 다시 하나님께 돌아오기를 반복했습니다. 그들은 사사들과 제사장들, 선지자들의 열정적이면서 체계적인 가르침을 듣고 그 죄악된 삶으로부터 돌이켰습니다.

이스라엘이 크게 범죄하여 포로로 잡혀갔을 때에는 이런 식의 전문적인 가르침이 더욱 강화되었습니다. 바벨론으로 끌려간 이스라엘 백성들은 그곳에서 포로된 신분으로 하나님을 섬기는 것이 쉽지 않았습니다. 여호와 하나님만을 섬기며 살아갈지, 아니면 바벨론이라는 외세에 적응하여 하나님 백성으로서 정체성을 잃고 살아야 할지 선택과 강요를 받기 시작했습니다. 이스라엘 백성들은 부모와 제사장에게 듣고 배운 하나님의 구원 약속이 과연 성취될지 의심하였습니다. 바벨론 왕의 힘은 하나님보다 훨씬 강해 보였습니다. 30미터나 되는 느브갓네살 금신상을 보고 이스라엘 백성들은 무릎을 꿇지 않을 수 없었습니다. 이러한 민족 위기 속에서 이스라엘 백성들은 끝까지 하나님의 뜻을 따르는 삶을 선택했습니다. 잃어버린 성전 대신 회당이라는 신앙공동체를 만들어 서로를 격려하고 위로하였습니다. 회당에 모여 살아 있는 예언자의 소리를 듣기도 하고 기록된 율법을 낭독하고 다시 들으며 이스라엘의 구원과 회복을 기다렸습니다. 그리고 이집트의 종살이에서 구원하신 하나님께서 바벨론의 포로생활에서도 구원하실 것을 확신하게 되었습니다. 바벨론 포로기에 이스라엘 백성들은 회당에서 제사장이 낭독하는 율법과 성서 해설을 들으며 체계적인 교육을 받았습니다. 교역자들의 전문적이고 체계적인 가르침이 있었기에 이스라엘 백성들은 하나님의 구원을 신실하게 기다릴 수 있었습니다.

이렇게 전문적이고 체계적인 가르침은 포로기 이후에도 꾸준히 일어났습니다. 포로에서 돌아와 예루살렘 성벽이 재건되자 이스라엘 백성들은 자발적으로 수문 앞 광장에 모입니다. 그리고 학사 에스라에게 모세의 율법을 가져오도록 청합니다. 그러자 에스라가 모든 사람들 앞에서 율법을 낭독하였습니다. 레위인들이 에스라 옆에서 율법을 해석해 주었습니다. 에스라가 히브리어로 율법을 읽으면 레위인들이 아람어로 전하여 백성이 율법을 깨닫는 것을 도와주었습니다. 레위인들이 통역 정도의 역할만 한 것이 아닙니다. 낭독된 율법의 내용을 백성들이 이해할 때까지 가르쳤다고 합니다. 율법의 본문을 세심히 고찰하여 상황에 적용시킬 수 있는 실제적 의미를 본문에서 도출하여 백성들에게 해석해 주었습니다. 백성들은 학사와 레위인들의 전문적인 가르침을 통해 자신들이 율법을 지키지 않아 포로기의 삶을 살았던 것을 다시 한 번 깨닫고 회개하였습니다. 학사와 레위인들은 말씀을 깨닫고 회개하며 슬퍼하는 백성들에게 슬퍼하지 말라고 합니다. 오히려 기뻐하라고 합니다. 왜냐하면 포로기 동안 바라고 기다렸던 구원과 회복이 성취되었기 때문입니다 (느 8:1~12).

집회를 통한 하나됨의 가르침

이스라엘의 성경 가르침은 대집단의 회합에서도 일어났습니다. 이스라엘 백성들은 매년 9~10월에 '초막절'을 지냈습니다. 초막절에는 모든 히브리 남자들이 들로 나가서 텐트를 치고 7일간 야영생활을 했습니다. 그렇게 이스라엘 백성들은 옛적 광야생활을 직접 경험하며 하나님의 구원을 기억하는 공동체로 하나가 되었습니다. 그래서 초막절에 그들은 구원이 출애굽 시절에만 있는 것이 아니라, 현재에도 이스라엘 공동체에 있음을 기뻐하며 공동체와 더불어 나누었습니다. 마침내 8일째 되는 날에는 "율법의 기쁨"(the joy of law)이라는 행사가 열렸습니다. 이 기간 동안 그들은 온종일 율법을 교육받았습니다. 율법 교육을 통해 이스라엘 백성은 하나님과 계약 맺은 하나님의 백성임을 다시 한 번 새겼습니다.

그런데 신명기 31장 10~13절에는 조금 특별한 이야기가 있습니다. 앞서 언급한 바와 같은 매년 지키는 초막절과 달리 매 7년 면제년에 지키는 초막절에는 남자뿐만 아니라 여자와 타국인까지 모두 한자리에 모여 율법을 듣도록 한 것입니다. 면제년은 빚을 면제해 주고 노예를 해방시켜주는 해입니다. 면제년에는 모든 소유의 주권 그리고 처음과 마지막이 하나님께 있음을 상기시켜 줍니다. 그래서 모든 것의 근원이 하나님께 있음을 기념하는 면제년 초막절에 온 이스라엘 백성이 다 같이 합력하여 하나님 말씀 앞에 선 것입니다. 그리고 한자리에 서서 한 분 하나님 말씀을 들었습니다. 이스라엘 백성들은 이스라엘이 누구이고 또 어떻게 살아가야 하는 지에 대한 물음과 답을 토라(말씀)를 통해 듣고 배운 것입니다. 그들이 모두 한자리에서 말씀을 들음으로 하나님 나라 백성으로서 정체성이 회복되었습니다. 그들은 광야를 떠도는 나그네도 아니고, 바벨론으로 끌려간 나약한 포로도 아닙니다. 그들은 창조주이시고 구원자이신 하나님의 백성인 것입니다.

매 칠년마다 열리는 정기적인 집회를 통해서 이방신 문화에 유혹을 받은 사람이나 말씀대로 살기 위해 치열하게 몸부림친 사람이나 다 같이 하나님 나라 백성으로 하나가 된 것입니다. 그리고 하나님의 백성으로서의 정체성이 회복된 이스라엘 백성들은 말씀집회 때, 자신의 사명을 더 깊이 깨닫고 실천할 힘을 얻게 됩니다. 면제년 초막절 말씀집회에는 가정에서 말씀을 전수하는 부모와 전수받는 자녀가 함께 있습니다. 그리고 전문적으로 말씀을 가르치는 교역자와 그 가르침을 배우는 백성들이 동석합니다. 부모와 교역자, 자녀와 백성들은 말씀을 가르치고 듣는 일에 더욱 힘써 세상에 하나님 나라의 가치와 말씀을 실천하고 전하는 공동체가 되길 소망했던 것입니다.

이제 우리는 성경과 이스라엘의 역사가 말하는 성경공부 사역을 다음과 같이 정리할 수 있습니다. 먼저 부모가 자녀에게, 혹은 마을과 같은 공동체의 지도자들이 신앙생활의 본이 되어 그 일상 대화로 하나님에 대해 가르쳐주는 전수식 성경공부는 자녀와 다음세대에게 하나님의 말씀을 몸으로 체득하게 합니다. 그리고 교역자들(제사장, 학사, 레위인 등)을 통한 해석, 즉 전문적인 가르침은 전수된 말씀을 체계적이고 집중적으로 정리해 줍니다. 마지막으로 평신도와 교역자가 모두 모인 공동집회는 하나님 나라의 백성들이 말씀 가운데 하나 되어 세상에서 말씀을 실천할 힘을 줍니다.

BCM 성경공부의 구조

교회에서 하나님의 말씀은 중대그룹 혹은 소그룹 성경공부를 통해 전수됩니다. 성경공부는 일반적으로 교리적인 주제에 따라 배우는 연역적인 것(deductive)과 성경의 이야기 자체와 우리 인생과 삶의 주제에 따라 성경과 교리를 연결하여 배우는 귀납적인 것(inductive)으로 나누어 이해할 수 있습니다. 가장 이상적인 것은 물론 이 둘을 서로 연결하여 종합적으로 배우는 것입니다. 우리 삶이 어떠하든지 불변하여 흔들림이 없는 말씀과 교리를 체계적으로 배우는 일은 중요합니다. 더불어 우리 삶의 여러 가지 정황에 비추어 그 힘들고 어려운 삶의 과제들을 성경이 제시하는 비전과 지혜에 비추어 해석하고 연결 짓는 방식의 성경공부도 중요합니다. 가장 좋은 것은 이 둘이 서로 상호 교호적으로 작용하는 성경공부입니다.

BCM 성경공부는 여름캠프와 같은 특별한 때 외에는 기본적으로 교단이 제공하는 매우 기본적인 성경공부 체계를 따를 것을 제안합니다. 기독교대한성결교회의 경우에는 그 공식적인 교육과정이 제공하는 발달단계별 성경공부 교재를 활용합니다. 여타의 교단들 역시 마찬가지입니다. 교단이 제공하는 성경공부의 과정은 기본적으로 매우 체계적인 교과과정을 갖고 있습니다. 그런 면에서 우리 다음세대가 보다 체계적으로 성경과 교리를 접하고 그 배운 바를 삶에 연결짓는 법에 대해 바르게 이해하고 훈련을 하기에 교단이 제공하는 성경공부 교재가 탁월하다는 것을 인정해야 합니다. 예를 들면 기독교대한성결교회가 현재 사용하는 교재는 유아, 어린이, 그리고 청소년들이 각 연령단계를 거치면서 개신교 복음주의와 성경중심 신앙, 중생, 성결, 신유, 재림과 같은 성결교회만의 사중복음이 말하는 고유의 신앙패턴을 배우고 익히도록 하는데 중점을 두고 있습니다. 이것은 기본적인 교과과정을 가진 타 교단도 마찬가지입니다. 이외의 선교단체들이 제공하는 성경공부 교재의 경우에는 주교재로서의 역할보다는 보조적 성경공부교재로 활용하는 것이 좋습니다. 예를 들면 특별한 목적과 목표를 가지고 단기간에 제자훈련을 한다든지, 혹은 선교와 전도를 위한 훈련을 하는 경우에 매우 유효합니다.

BCM이 제안하는 다음세대를 위한 성경공부 사역은 만 3세 유아로부터 시작하여 만 18세 고등부 3학년 학생에 이르기까지 약 15년에 이르는 전 기간을 통합하는 것입니다. 이 기간 우리 어린이들과 청소년들은 매우 기본적인 것(elementary)을 배우고 익히는 일종의 페다고지 (pedagogy, 주로 어린이 청소년 등이 기본적인 것을 배우고 익히는 시간) 교육의 기간을 거치게 됩니다. 이 페다고지 교육기간은 청년과 어른들의 교육을 일컫는 안드라고지(andragogy) 교육과는 많이 다른 패턴의 교육이 필요합니다. 즉, 공동체가 가르치는 매우 기본적인 것들을 배우고 익히며 그것을 삶에 적용하여 살아갈 수 있도록 하는 매우 기본적인 질서와 방법을 배우는 것입니다. 따라서 이 발달기간의 아이들과 청소년들을 교육적으로 상대하는 교사와 교육지도자들은 이 부분에 대해 매우 기본적이고 체계적인 내용과 방법을 숙지하고 숙달하고 있어야 합니다. 한마디로, 자기가 가르치고 싶은 것을 가르치는 것이 아니라 그 공동체가 요구하는 가장 기본적인 것을 객관화하여 체계적으로 가르치는 것이 교사들의 사명이라는 것입니다. 교회의 다음세대를 가르치는 교사들은 이 부분에 대해 보다 명확하게 이해하고 그 기본적인 것들에 대해 숙지하고 숙달하는 시간을 가져야할 것입니다. 이제부터 배울 내용은 기독교대한성결교회가 현재 활용하고 있는 성경공부 교재를 기반으로 성경공부가 기본적으로 어떤 구조인지에 대해 배우게 될 것입니다. 타교단의 경우라도 이와 매우 유사한 패턴을 가지고 있으므로 현재 활용하고 있는 교재를 중심으로 다음의 다섯 가지를 유념하여 배우기 바랍니다.

말씀과 교리를 중심으로 삶을 해석하는 법 배우기

기독교대한성결교회는 기본적으로 '성결과 비전' 교육과정으로 매주 성경공부를 진행합니다. 이 교육교재는 기본적으로 3년 주기의 교육과정을 기반으로 하고 있습니다. 즉, 유아부(2~4세), 유치부(5~7세), 유년부(초등학교 1~3학년), 초등부(초등학교 4~6학년), 중등부(중학교 1~3학년), 고등부(고등학교 1~3학년)를 발달단계별로 구분하여 각급별로 별도의 교재를 운영하는 것입니다. 성결과 비전 교재는 일 년의 각 분기마다 중생과 성결, 신유와 재림 등의 네 개 거대 주제를 기반으로 매월 1개를 설정하여 성경공부를 운영합니다. 한 개 급의 발달단계별로 결국 매 3년마다 36개의 새로운 주제를 탐구하는 교육과정으로 구성되어 있는 것입니다.

각 달에 진행되는 성경공부는 앞서 언급한 바대로 한 달에 한 개의 주제를 다루되 각 주차별로 다른 교육적 접근을 시도합니다. 말하자면 한 가지 주제로 각 주차별로 4가지 교육방식이 제공되는 구성 방식이라는 말입니다. 먼저 1주차에는 '성경이야기'로 그 달의 주제를 성경의 이야기를 중심으로 전수 받습니다. 2주차에는 '교리이야기'로 주제를 보다 논리적이고 체계적으로 기독교 전통의 이해방식에 따라 배우고 익힙니다. 3주차에는 다양한 '삶의 이야기'로 주어진 주제를 중심으로 성서의 이야기와 학생들의 삶의 이야기를 나누어 그 주제가 어떻게 삶 가운데 해석되고 실천으로 이어져야 하는지 배우도록 하였습니다. 마지막 4주차에는 그 달의 주제를 총 정리하는 의미와 흥미가 적절하게 조화된 프로그램을 제시하였습니다. 프로그램은 소그룹 또는 대그룹으로 진행할 수 있습니다. 교사는 4주차 프로그램을 통해서 3주간 배운 교육주제를 학생들에게 연습 및 훈련을 시킬 수 있습니다. 학생들이 프로그램으로 시행착오를 겪으면서 다시 한 번 말씀을 기억하고 새기고 해석할 수 있습니다. 중요한 것은 매 달마다 제공되는 주제와 각 주차마다 그것을 어떻게 접근하여 교육적으로 활용하는지에 대한 구조를 파악하는 것입니다. 앞서 언급한 대로 일반적인 성경공부의 방식은 귀납적이거나 연역적입니다. 그리고 가장 이상적인 성경공부는 바로 이 연역과 귀납이 상호 교차하는 것입니다. 성경공부 인도자로서 교사는 우선 이 연역과 귀납이 자신의 성경공부에서 어떻게 살아나는지에 대해 잘 이해해야 합니다. 그리고 주어진 주제가 연역의 방식에서 혹은 귀납의 방식에서 어린이들과 청소년들에게 잘 전수되는 최적의 방식을 찾아 이해하고 숙지하며, 숙달해야 합니다. 신앙교육의 주제는 교리적이고 신학적으로 정리된 명제 그대로 어린이들과 청소년들에게 학습되어 그 주어진 주제와 명제대로의 삶을 세우는 방식이 될 수 있습니다. 반대로 신앙교육의 주제는 어린이들과 청소년들의 삶으로부터 일어나는 질문 가운데서 이해되고 납득되어 그 질문의 답으로 주제와 교리를 찾는 방식으로 이루어질 수도 있습니다. 훌륭한 성경공부 인도자는 성경공부가 진행되는 시간에 이 두 가지를 잘 배합해서 배우는 이가 균형 잡힌 이해와 훈련을 할 수 있도록 하는 사람입니다.

결국 BCM 성경공부는 유아, 어린이, 청소년들이 말씀을 배우면서 그가 소속된 신앙공동체가 지난 세월 동안 어떻게 그 말씀을 이해하고 배우며, 그 말씀대로 살아왔는지를 배우게 하는 데 큰 관심을 갖습니다. 이전 신앙의 선배들이 그 언어와 개념, 삶의 방식을 배운 바대로 우리 다음세대도 동일한 교육적 체험을 해야 선배들과 다음세대가 동일한 하나님의 메시지를 전수 받는 것입니다.

체험한 것으로 신앙을 굳건하게 하기(귀납)

기독교대한성결교회는 성결 체험을 무엇보다 중요하게 여깁니다. 따라서 유아, 어린이, 청소년이 온전하여 "성결한 하나님의 사람"(딤전 6:11)이 되는 것이야말로 BCM 성경공부의 중요한 목적입니다. 하나님의 성결한 사람이 되는 것은 죄인되었던 우리가 예수 그리스도를 믿고 거듭난 후 성령께 온전히 순종함으로 죄의 사슬을 완전히 끊어 버리고 죄 없는 온전한 그리스도인의 삶을 영위하는 것입니다. 사실 이 땅에서 사람이 완벽하게 죄를 끊어 버리고 살기는 쉽지 않습니다. 그러므로 그리스도를 구주로 삼은 중생한 사람이 성령 세례로, 즉 성령의 도우심으로 죄에서 자유케 되어 거룩한 삶을 사는 것이 바로 성결인 것입니다. 하나님의 거룩한 성품을 닮아가는 사람이 "성결한 하나님의 사람"인 것입니다.

그렇다면 이 성결을 어떻게 체험할 수 있을까요? 골방기도나 공동집회 장소에서의 회개 기도를 통해 성령세례를 체험할 수 있습니다. 말씀을 읽고 배우다가 성령세례를 체험할 수 있습니다. 찬양을 힘차게 부르다가 성령세례를.체험할 수 있습니다. 그러나 성령세례가 무엇인지, 성결이 무엇인지 먼저 배우지 않으면 성결을 체험하고도 체험한 줄 모릅니다. 어린 사무엘이 하나님의 음성을 3번이나 듣고도 하나님께서 부르신 줄 몰랐습니다. 그런데 엘리 제사장이 "사무엘아!"라고 들리는 음성이 하나님의 음성이라고 가르쳐주자 하나님과 깊은 대화를 나눌 수 있게 되었습니다. 그러므로 개념을 배우는 일이 선행되지 않으면 그것을 제대로 체험할 수 없는 것입니다.

이런 면에서 성경공부가 매우 중요합니다. 기독교 신앙은 체험이 중요합니다. 특별히 한국교회의 체험 중심 신앙은 매우 깊이 있고 오랜 전통을 가지고 있습니다. 그런데 안타깝게도 체험과 지성적인 훈련이 병행되지 않아 좋은 체험적인 전통이 맥이 끊기거나 매우 개인화 되거나 공적인 신앙훈련과 교육의 장에서 사장되는 경우가 많이 있습니다. 기독교의 신앙은 그 개념으로서 지식과 논리만 전수되어서는 안 됩니다. 기독교 신앙이 오랜 세월 추구해온 하나님을 경험하는 은혜의 체험 역시 체계적으로 전수되어야 합니다. 신앙 체험의 체계적인 전수는 기본적으로 그것을 전수하는 프로그램을 통해 가능할 것입니다. 예를 들면, 부흥회라든지, 기도회라든지, 금식기도 같은 프로그램이 좋은 신앙체험을 지속하는 중요한 도구가 될 것입니다. 그러나 한 가지 더 잊지 말아야 할 것은 그 모든 체험들이 보다 더 공고하게 그리고 지속적으로 우리의 신앙 계보 가운데 서 있도록 하는 지성적인 훈련입니다. 성경공부의 중요성이 여기에 있습니다.

우리는 성경공부를 통해 성결에 대한 개념을 가르쳐주고 유아, 어린이, 청소년이 성결을 건강하게 체험하도록 해야 합니다. 그래서 유아, 어린이, 청소년이 성경공부를 통해 교회가 믿어온 전통을 배우고 하나님의 은총의 능력을 신뢰하고 이웃을 내 몸처럼 사랑하는 균형적인 신앙인이 되어야 합니다. 이 세상은 성결한 사람의 삶의 터전이고 하나님의 나라를 위한 일터입니다. 그러므로 교사는 학생들이 세상에 관심을 갖고 세상을 변화시키는 신앙인이 될 수 있도록 성경공부를 통해 확대시켜 줘야 합니다.

체계적으로 배운 교리를 은혜로운 삶으로 연결하기(연역)

성결의 영적 체험에 대해서와 마찬가지로 기독교의 교리들을 보다 더 체계적으로, 그러나 경험적인 실천과 연결하여 배우고 훈련하게 하는 일은 역시 성경공부에서 집중해야할 중요한 과제입니다. 예를 들어 하나님의 선행 은총이라는 주제를 배우는 것은 그리스도인의 삶에서 무엇을 의미하는 것일까요? 창조주 하나님을 배우는 일은 오늘 우리 그리스도인의 삶에서 무엇을 의미하는 것일까요? 십자가로 인하여 일어난 다양한 교리적 사건들을 배운다는 것은 오늘 중생한 그리스도인으로 살아가는 우리에게 무엇을 의미하는 것일까요? 우리는 우리가 배우고 익히는 교리적인 주제들이 단지 교리적인 주제로만 남아 있지 않도록 해야 합니다. 그 교리적 주제들은 오래 전 우리 신앙의 선배들이 뜨거운 열정으로 경험한 것이며, 순교의 정신으로 지킨 은혜로운 유산입니다. 결국 이러한 교리적 유산들을 우리의 체험하는 신앙과 연결되도록 하는 일이 중요한 과제가 됩니다.

예를 들면 성결교회의 중요한 신앙신조는 바로 사중복음입니다. 중생하게 하시는 예수 그리스도, 성결하게 하시는 예수 그리스도, 치료하시는 예수 그리스도, 그리고 마지막으로 다시 오실 예수 그리스도를 배우고 익히는 것은 중요합니다. 이 사중복음의 삶은 다음과 같습니다. 예수님을 구주로 영접하여 중생한 자는 우리를 늘 갱신하시는 하나님의 은혜에 대해 순종할 줄 알아야 합니다. 더불어 우리를 늘 정결하고 거룩하게 하시어 세상의 등불로 삼으시는 성령의 도움으로 늘 성결의 은혜를 추구하는 삶을 살아야 합니다. 무엇보다 중생하여 성결한 자는 영, 혼, 몸이 내 것이 아니라 예수님의 것이기 때문에 우리의 몸을 건강한 청지기로 돌보아야 합니다. 그러므로 건강한 몸을 유지하고 병든 몸이 치유되는 신유의 삶을 살아야 합니다. 그래서 주님의 재림과 하나님 나라의 완성을 기다리며 선교하는 삶을 살아야 합니다.

성결교회는 이러한 사중복음의 교리가 제공하는 지적인 논리뿐 아니라 그것들이 조망하는 삶의 체계에 대해서도 깊은 관심을 갖습니다. 따라서 이러한 관심들이 어린이들과 청소년의 성경공부에 반영되는 일은 중요한 과제가 됩니다. 실제로 이러한 사중복음의 주제들과 삶의 실천 과제들은 매주 진행되는 성경공부에서 십분 발휘됩니다. 이렇게 배운 바대로의 지식이 삶으로 연결되어야 한다는 의지를 가진 BCM 성경공부를 통해 어린이들과 청소년들은 교리를 체계적으로 배울 뿐 아니라 능력 있는 사중복음의 삶을 살 수 있습니다. 앞서 언급한 바대로 성결교회는 성경공부 1분기(1~3월)에는 중생을, 2분기(4~6월)에는 성결을, 3분기(7~9월)에는 신유를, 4분기(10~12월)에는 재림을 체계적으로 공부합니다. 이러한 체계는 매달마다 배우는 주제들이 어린이들과 청소년들의 삶에 잘 적용되도록 하기 위함입니다. 결국 학생은 매해를 거듭하여 꾸준히 사중복음을 접하면서 관련된 주제의 적용 가능성을 경험하게 됩니다. 그래서 성결과 비전을 통해서 기독교대한성결교회의 전도표제인 사중복음을 체계적으로 배우고 사중복음의 삶을 살도록 도움을 받습니다.

동일한 신앙고백을 드리는 다음세대 세우기

사사기 2장을 읽으면서 안타깝게 다가온 점은 '하나님을 알지 못하고 그분이 이전 세대에게 행한 일을 알지 못하는 다음세대가 일어났다'는 것입니다. 여호수아와 갈렙이 죽고 출애굽을 경험한 세대뿐 아니라 광야생활을 경험한 세대가 모두 죽었습니다. 그뿐이 아닙니다. 요단강을 건너고 길갈의 의미를 아는 세대, 가나안에 입성하며 여리고와 아이성의 교훈을 경험한 세대도 모두 죽었습니다. 그리고 사사기는 그 모든 세대가 가고 나서 더 이상 그때의 일을 알지 못하는 세대가 일어났다고 말합니다. 아마도 이 글을 읽는 어느 교사는 지금 이 이야기가 무슨 이야기인지도 모르는 경우가 있을 것입니다. 그분이 바로 '하나님을 알지 못하고 그분이 이전 세대에게 행한 일을 알지 못하는 다음세대'인 것입니다. 이것은 이스라엘의 이전 세대가 다음 세대를 향하여 마땅히 했어야 했을 "쉐마"의 전통과 맥락을 잊었음을 의미합니다. 그들은 그렇게 그들의 다음세대 전수의 의무를 잊고 시간과 역사 속으로 사라졌습니다. 그리고 안타깝게도 그들의 전통을 알지 못하는 신앙에 무지한 세대가 일어났습니다.

이 일이 우리의 일일 수 있습니다. 부모와 지도자, 교회의 사역자들과 회중이 다음세대에게 신실하게 말씀을 전수하지 않으면 그 세대는 하나님을 알지도 못하고 믿지도 못합니다. 그러므로 다음세대에게 부지런히 가르쳐야 하는 사명이 교회에 있는 것입니다. BCM 소그룹 반 목회가 지향하는 성경공부는 성서와 전통, 역사, 세계, 문화, 학습자의 다양한 삶을 체계적으로 다음세대에게 가르쳐 주는 것입니다. 기독교대한성결교회의 경우 앞서 언급한 여러 가지 다양한 교육 자원들을 통해서, 이전 세대의 신앙고백이 자신의 신앙고백과 동일한 것임을 다음세대가 알게 됩니다. 예를 들어 예수님이 우리의 "구원자"라고 교사가 학생들에게 그 분명한 고백적 경험과 언어로 가르칩니다. 그렇게 해서 학생들은 죄인 된 우리를 죽음에서 구원하신 분이 예수님임을 성경공부를 통해 배웁니다. 학생들은 이제 배운 그대로 그리고 자신들이 경험한 신앙의 체험을 토대로 예수님이 자신의 구원자라고 스스로 신앙고백을 할 수 있습니다. 이렇게 해서 "구원자"라는 단어가 그 언어가 갖는 개념과 그 언어가 연결하는 체험 그대로 성경공부를 대표로 하여 다음세대에 전수됩니다. 이렇게 전수하고 전수 받는 행위를 통해 이전 세대와 다음세대간의 언어와 삶이 통합되는 것입니다.

한편으로 생각해보면 유아들에게 '예수님은 구원자'라는 개념 대신 '예수님은 119구조대'라고 설명할 수 있습니다. 그러나 언어개념상 예수님은 119구조대가 아닙니다. 이런 경우, 그렇게 유비적인 표현으로 비견될 수는 있으나 구원자라는 전통적으로 받아들여진 단어 자체가 어린이에게 전수된 것은 아니라고 보아야 합니다. 특별히 '구원자'라는 단어는 신앙고백의 상징이고 내용이므로 그대로 전수하는 것이 좋습니다. 이렇게 해서 성경공부로 이전 세대와 다음세대가 동일한 예수님을 믿고 섬기는 신앙공동체가 되는 것입니다. 교사는 학습자들이 동일한 신앙고백을 하도록 부지런히 가르쳐야 합니다.

일관성 있는 신앙교육의 패턴을 세우기

바벨론 포로기 때 회당에 모인 이스라엘 백성들이 서로를 격려하고 말씀을 듣고 다시 새 힘을 얻은 것처럼 교회 안에서 일관된 성경공부 체계는 중요합니다. 왜냐하면 일관된 성경공부를 통해서 성도 역시 일관된 하나님에 대해 배우고 그 하나님을 어떻게 섬겨야 하는지에 대한 방식을 일관되게 배우며, 하나님의 자녀답게 사는 것이 무엇인지에 대해서 삶의 지침을 일관성있게 배울 수 있기 때문입니다. 오늘 한국교회가 이단이 많이 나타나는 것은 아무래도 이렇게 일관성 있고 체계적인 성경공부가 많이 부족한 때문이 아닌가 생각합니다. 한국교회가 이단에 대한 면역력과 방어력이 떨어지는 이유는 바로 교회가 내적으로 잘 구성해야할 성경공부 체계를 갖고 있지 못하기 때문입니다. 오늘 우리에게 절실한 것은 유아에서부터 노년에 이르는 매우 체계적인 성경공부입니다. 이 성경공부를 통해서만 우리는 설교와 다양한 선교적 활동에서 다 채울 수 없는 언어적, 개념적 일관성을 유지할 수 있습니다.

또 한 가지, 성경공부의 일관성과 함께 생각해야 할 것은 바로 그와 유사한 단어인 지속성입니다. 우리의 다음세대, 유아, 어린이, 청소년들은 일관성 있고 지속적인 성경공부를 통해서 흔들림 없이 하나님의 말씀을 가지고 세상에 나갈 수 있습니다. 이를 위해서 중요한 것은 꾸준하고 반복적인 성경공부의 수행입니다. 문제는 지금 교회들이 말씀을 가르치는 사역을 소홀히 하다못해 불규칙적으로 그것을 유지한다는 것입니다. 성경공부는 항상 뒷전입니다. 유아, 어린이, 청소년교회의 예배 시간이 길어지거나 다른 프로그램을 해야 하면 성경공부를 다음 주로 미루는 교회들이 종종 있습니다. 교회에 중요한 행사가 있으면 언제나 밀리는 것은 성경공부입니다. 교회가 성경공부를 힘써 하지 않기 때문에 다음세대가 말씀을 들을 수 없고 듣지 않게 됩니다. 그러므로 우리는 성경공부를 임의적으로 하거나, 혹은 이 교재를 썼다가 다른 교재를 썼다가 하는 식이 아닌, 일관성 있고 지속적인 성경공부로 신앙교육을 해야 합니다.

BCM 성경공부는 이런 면에서 기독교대한성결교회의 기본적인 신앙고백, 역사와 정신을 담아냈습니다. 성결인으로서 정체성을 형성하고, 사중복음을 생활화하도록 구성된 성경공부입니다. 무엇보다 BCM 성경공부는 그 사역 자체를 소그룹 반 목회 사역의 하나로 규정하여 교사들로 하여금 필수적으로 예외 없이 실천할 것을 강조합니다. 유아부터 청소년까지 반복 심화되는 체계적인 BCM 성경공부로 일관성 있는 신앙교육을 해야 합니다. 그래서 다음세대를 균형 있는 신앙인으로 키워야 교회가 건강하게 세워집니다.

말씀에 순종하는 일꾼으로 세우는 반 목회자

소그룹 반 목회를 실천하는 반 목회자로서 교사들은 바른 성경공부를 통하여 어린이와 청소년들이 신앙 안에서 건강하게 자라도록 하는 데 깊은 관심을 가져야 합니다. 이를 위해 교사는 무엇보다 먼저 자신이 스스로 성경과 친숙해 져야 합니다. 많은 교사들이 성경을 주일의 도구로만 여깁니다. 많은 교사들이 성경을 주일의 액세서리로만 여깁니다. 성경은 다른 누구보다 먼저 교사 자신을 변화시키고 교사 자신을 구원과 영생으로 인도하는 책입니다. 교사는 이에 대하여 명확하고 분명한 확신을 가져야 합니다. 교사는 그렇게 성경공부에 대한 나름의 바른 자세를 가져야 합니다. 이렇게 교사 스스로 성경에 대하여 남다른 자세를 갖게 될 때 교사가 소속된 부서와 반의 아이들이 변화를 경험하게 됩니다. 교사는 스스로 성경에 대한 바른 자세를 갖고 교회의 다음세대가 건강한 가치관과 건강한 구원관, 건강한 신앙관과 생활관, 역사관을 가지고 삶을 영위할 수 있도록 잘 인도할 수 있어야 합니다.

성경을 하나님의 말씀으로 확신하는 사람

성경은 역사적 문서나 책이 아니라 하나님의 말씀입니다. 인간의 언어로 쓰여 있어도 성경은 하나님의 말씀입니다. 왜냐하면 성경에는 구원에 이르게 하는 지혜가 있기 때문입니다. 그래서 바울은 디모데에게 "성경은 능히 너로 하여금 그리스도 예수 안에 있는 믿음으로 말미암아 구원에 이르는 지혜가 있게" 한다고 교훈했습니다(딤후 3:15). 성경 교육의 권위자인 제임스 바(James Bar)는 하나님 말씀의 본질은 구원의 기능이라고 했습니다. 즉, 인간은 성경을 통해 하나님을 만나고 구원을 이룰 수 있다는 것입니다. 고전이나 고대의 문헌은 구원에 이르는 지식은 있을지언정 결정적인 지혜가 없습니다. 그러나 성경은 예수 그리스도를 만나게 해주고 구원에 이르게 합니다. 하나님께서는 온 인류가 구원 받기를 원하시기 때문에, 하나님의 말씀으로서 성경은 구원을 이야기하는 책입니다. 성경은 세상을 구원하시고자 하는 하나님의 뜻과 지혜와 그 경륜에 관한 말씀입니다. 성경은 그렇게 세상을 구원으로 이르게 하시는 하나님의 말씀인 것입니다.

그러므로 반 목회자는 성경공부를 통해서 성경이 구원을 이루는 하나님의 말씀인 것을 분명하게 확신하며 그것을 명확하게 가르쳐주어야 합니다. 성경이 하나님의 말씀이라는 것을 가르쳐주어야 어린이와 청소년들이 성경을 역사책이나 고전으로 여기지 않습니다. 그리고 성경을 듣고 배워야 그들이 성경을 하나님의 말씀이라고 확신할 수 있습니다. 왜냐하면 믿음은 들음에서 나기 때문입니다(롬 10:17). 교사가 스스로 성경을 하나님의 말씀이라고 확신할 때, 어린이와 청소년이 성경을 통해 하나님의 뜻을 알고 사는 온전한 그리스도인으로 성장할 수 있습니다.

예수 그리스도를 믿는 믿음으로 거듭나는 사람

하나님께서는 인간을 구원하시기 위해 독생자 예수 그리스도를 육신의 모양으로 보내셨습니다(롬 8:3). 그러므로 누구든지 예수님을 믿으면 멸망치 않고 영생을 얻게 됩니다(요 3:16). 구원은 선행이나 희생과 같은 행위로 얻어지지 않습니다. 오직 예수 그리스도를 믿는 믿음으로만 구원을 받습니다(엡 2:8~9). 중생한 사람의 선한 열매는 신분의 변화입니다. 예수 그리스도로 인해 거듭난 사람은 하나님의 자녀로 신분이 변화됩니다. 그리고 죄를 이기고 하나님 나라에 대한 소망을 갖고 세상을 섬기는 자로 세워집니다.

교사 역시 한 명의 그리스도인으로서 성경을 가르치기 위해 교재를 집어 들기 전에 스스로 구원의 확신이 있는 사람인지 돌이켜 보아야 합니다. 교사의 구원의 확신이 다른 무엇보다 성경교육에서 중요한 전제가 됩니다. 유아, 어린이, 청소년은 구원의 확신을 가진 교사와 더불어 성경공부를 통해 구원의 방법과 내용에 대해서 알고, 구원에 대해 감사하며, 구원 받은 자로서 정체성을 확립하여 살아가도록 도움을 받을 것입니다.

성령의 은혜를 사모하며 성결한 생활을 힘쓰는 사람

성도는 예수 그리스도를 믿어 거듭나는 것으로 그치지 않습니다. 중생은 시작에 불과하고 성도의 목적지는 성결입니다. "하나님의 뜻은 이것이니 너희의 거룩함이라"(살전 4:3), "오직 너희를 부르신 거룩한 이처럼 너희도 모든 행실에 거룩한 자가 되라"(벧전 1:15). 이와 같은 말씀을 통해서 하나님께서는 성도에게 성결을 요구하십니다. 그러므로 중생한 자는 성결한 생활에 힘써야 합니다. 어떻게 성결해 질 수 있을까요? 성결은 성령의 은혜로 가능합니다. 성결은 사람의 노력으로 이루어지는 것이 아니라 하나님께서 주시는 선물입니다. 그러므로 성결은 성령의 은혜를 사모하고 구하는 자가 받을 수 있습니다. 성도는 성령세례로 성결의 은혜를 체험한 것으로 끝나지 않습니다. 성결을 유지하기 위한 노력도 필요합니다. 그러므로 성도는 하나님의 말씀을 가까이하고 기도를 통해 하나님께 나아가야 합니다.

반 목회자는 스스로 성령의 은혜를 사모하는 사람이어야 합니다. 그렇게 성결과 거룩을 체험한 교사는 세상 더할 것 없는 온전함 가운데 굳건하게 서서 확신 가운데 어린이들과 청소년을 진리의 빛 가운데로 인도할 수 있습니다. 교사는 이를 위해 성경공부로 성령과 성결에 대해 가르쳐주고 성결을 사모하게 해주어야 합니다. 그래서 어린이, 청소년이 자신의 터전에서 성결한 생활을 힘쓰는 사람이 되도록 도와주어야 합니다.

하나님 회복의 은혜를 대망하여 섬기며 살아가는 사람

이 세상은 사람과 사람과의, 사람과 자연과의, 사람과 하나님과의 관계 파괴로 아파하고 있습니다. 이러한 사회 환경 속에서 어린이, 청소년은 가정의 파괴 및 해체, 학교 폭력, 각종 스트레스 및 열등감 등 다양한 사회 문제로 상처 받고 방황하고 있습니다. 하나님께서는 파괴된 것들을 회복하기 위하여 예수님을 이 땅에 보내셨습니다. 그래서 예수 그리스도를 통해서 성도는 하나님과의 관계가 회복되어 영생을 선물로 받았습니다. 하나님과의 관계가 회복된 성도는 파괴된 인간관계와 자연과의 관계가 회복되기를 대망하게 됩니다. 즉, 먼저 하나님께 큰 사랑을 받은 성도가 세상에 나아가 이웃과 자연을 사랑하고 섬길 수 있는 것입니다.

그러므로 반 목회자는 어린이와 청소년이 하나님과의 관계가 파괴된 세상이 예수 그리스도로 인해 회복되기를 소망하는 마음을 가지도록 그들을 지도해야 합니다. 그래서 어린이, 청소년이 먼저 가정, 학교, 사회를 섬기도록 성경공부로 도와주어야 합니다.

그리스도의 재림을 대망하며 전도하며 살아가는 사람

하나님의 나라는 지금 이 땅에 이루어지는 동시에, 완성된 하나님의 나라는 미래에 이루어지게 됩니다. 완성된 하나님 나라는 예수님께서 재림하실 때 이루어집니다. 그러므로 성도는 예수님께서 다시 오실 때까지 하나님 나라가 이 땅에 확장되도록 복음을 전파해야 합니다. 따라서 반 목회자는 성경공부로 전도가 무엇인지 가르쳐주는 것뿐만 아니라 어린이, 청소년을 복음 전도자로 길러내야 합니다. 한국교회는 특히 다시 오실 주님을 대망하며 실천하는 전도를 강조하는 전통을 가지고 있습니다.

이런 점에서 반 목회자는 어린이, 청소년에게 전도의 열정을 불어 넣는 역할을 해야 합니다. 반 목회자가 먼저 말씀에 순종하여 전도하는 삶을 살아가십시오. 재림의 예수님께서 "잘하였도다. 착하고 충성된 종아!"라고 칭찬하십니다. 반 목회자는 개인의 신앙생활을 넘어서 어린이, 청소년에게 재림의 예수님을 대망하도록 성경공부로 가르쳐주어야 합니다. 그리고 자라나는 어린이, 청소년이 재림을 대망하는 자답게 전도자로 살도록 도와주어야 합니다.

반 목회자들을 위한 성경공부 사역지침

이제 어린이와 청소년들을 건강하고 바른 하나님의 사람으로 세우기 위하여 다음의 몇 가지를 구체적으로 실천하여 보도록 합니다.

성경의 내용과 성경공부 방법 훈련 받기
연말에 교사직을 내려놓는 사람들, 교사직을 권면해도 사양하는 사람들은 많은 이유 중 하나로 성경 내용을 잘 모르기 때문이라고 합니다. 성경공부를 가르치는 반 목회자로서 성경 내용을 배우고 알아야 합니다. 그리고 성경의 내용을 잘 전달해야 합니다. 그러므로 성경공부를 잘 지도하기 위해 다음과 같은 훈련을 받아야 합니다.

첫째, 성경공부 교사용으로 성경의 내용을 숙지합니다. BCM 성경공부 교사용에는 "말씀 이해"가 있습니다. 성경 내용을 숙지할 수 있도록 타 교재보다 말씀 이해가 자세하게 제시되어 있습니다. 그러므로 교사는 배울 말씀을 성경책으로 먼저 읽습니다. 그리고 말씀을 올바르게 숙지할 수 있도록 교사용에 제시된 말씀 이해를 읽습니다. 말씀 이해에 단어 해설과 성경 문맥의 흐름을 정리해 놓았기 때문에 교사는 자신이 임의로 해석하는 오류를 범하지 않습니다. 말씀 이해를 여러 번 읽어 성경 내용을 숙지합니다. 새길 말씀을 교사가 먼저 암송하여 교사의 몸과 마음에 말씀이 머물도록 합니다. 그리고 "교사의 신앙고백"란을 통해서 교사가 먼저 말씀 앞에 서고 말씀대로 살아 갑니다. "말씀 이해"로 말씀의 문을 열고 "말씀 암송"으로 말씀을 체득하여 "교사의 신앙고백"으로 말씀 따라 살아 감으로 성경내용을 올바르게 숙지할 수 있습니다.

둘째, 교육목표로 성경내용 전달 방법을 익힙니다. 어릴 때부터 교회에서 신앙생활을 한 교사들은 창조 이야기, 노아, 아브라함, 야곱, 요셉, 예수님 탄생 이야기는 매우 잘 압니다. 그래서 잘 알고 있는 성경공부 시간은 다른 때보다 마음이 가볍습니다. 그래서 어린이, 청소년에게 가르쳐주기가 수월하다고 여깁니다. 성경내용을 알면 성경공부를 가르치기가 쉬운 것은 맞습니다. 그러나 성경공부는 성경이야기의 내용만 전달하는 것이 아닙니다. 성경이야기 속에서 교리와 삶을 배웁니다. 그러므로 교사는 성경공부의 교육목표를 통해서 전달하고 가르쳐야 하는 사항을 알아야 합니다. 예를 들어 성경공부로 노아 이야기를 가르칠 때, 노아의 믿음에 대해 가르쳐 줄 것인지 아니면 순종에 대해 가르쳐 줄 것인지를 파악하라는 것입니다. 이를 파악하기 위해서는 반드시 교육목표를 숙지해야 합니다. 한 개의 과의 교육목표는 그 과를 통해서 어린이, 청소년이 무엇을 배우기 원하는 지를 명시하고 있습니다. 교사는 지, 정, 의로 제시된 교육목표를 염두해 두고 성경공부 준비를 해야 합니다.

2시간 이상 성경공부의 내용을 숙지하고 숙달하며 준비하기

교사는 성경공부 교사용으로 성경 내용을 이해하고 말씀 암송과 실천으로 숙지합니다. 그리고 교육목표를 통해서 어린이, 청소년에게 가르쳐야 할 중심 개념을 익힙니다. 이렇게 내용을 숙지하기 위해서는 최소 일주일에 2시간은 성경공부 준비로 사용해야 합니다. 그래서 BCM 교사플래너에서는 교사가 주간에 성경공부 준비할 시간을 가지도록 제시하였습니다. 교사는 매주 화요일에 교사용으로 성경공부 내용을 숙지합니다. 그리고 어린이용 교재를 교사가 직접 풀어보고 만들어 봄으로써 성경공부를 숙달합니다. 그래서 성경공부 교사용과 어린이용을 보지 않아도 가르칠 수 있도록 외우고 시현해야 합니다.

그러므로 교사는 매주 성경공부 한 과를 준비할 때, 아는 내용이라고 해서 대충 읽고 준비하지 말아야 합니다. 부모님이 자녀에게 밥을 지어 줄 때, 재료 하나하나를 신경 써서 준비하고 정성껏 만드는 것처럼 꿀보다 맛있는 말씀을 교사의 미흡한 준비로 맛없는 말씀으로 만들지 마십시오. 그러므로 최소한 일주일에 2시간 이상을 준비해야 합니다. 2시간 이상 성경공부 내용을 숙지하고 숙달하는 것은 교사 자신의 신앙성장과 성숙에도 큰 도움을 줍니다. 그리고 숙지, 숙달된 교사를 통해서 다음세대가 하나님에 대해 올바로 알고 섬기게 됩니다.

확신에 찬 자세와 언어로 30분 성경공부 실행하기

주간에 2시간 이상 성경공부를 준비한 교사는 말씀이 확신에 찹니다. 그리고 학생들에게 살아있는 말씀을 전하고 싶습니다. 그래서 교사는 확신에 찬 자세와 언어로 성경공부를 진행힐 수 있습니다. 그런데 교사용을 숙지했고 어린이용을 숙달했지만 막상 학생들에게 가르칠 때 무엇부터 시작해야 할지 몰라 우왕좌왕 할 때가 있습니다. 그래서 BCM 교사플래너의 성경공부 지도안을 활용해야 합니다. 성경공부 지도안에 교사 자신만의 강의안을 적는 것입니다. 성경공부 준비를 많이 하고 깊이 묵상하고 말씀대로 산 교사일수록 학생들에게 많은 것을 가르쳐주고 싶은 욕심이 있습니다. 그래서 오히려 가르칠 때 우왕좌왕 할 수 있습니다.

그러므로 BCM 교사플래너의 성경공부 지도안의 각 단계별 빈 란을 채워가며 학생들에게 가르칠 내용을 정리합니다. 교사가 직접 교수 학습 내용을 써보면 말씀이 다시 정리 되어 학생들에게 효과적으로 가르치게 됩니다. 확신에 찬 자세와 언어로 성경공부를 가르칠 준비가 다 되었으면 30분 이상 성경공부를 꾸준히 가르치십시오. 어떤 주간은 넘치게 준비하고 어떤 주간은 준비되지 않아서 새길말씀만 읽고 편의점으로 어린이, 청소년을 데리고 가지 마십시오. 어린이와 청소년은 교사가 정성껏 준비한 성경공부를 배우고 싶어 하고 기다리고 있습니다.

주요 단어, 개념, 문장, 성경구절로 복습 실행하기

배우는 것 만큼이나 중요한 것이 배운 것을 확인하는 것입니다. 교사는 매주 성경공부에서 다루었던 각 과의 주요 단어, 개념, 문장을 학생들과 더불어 복습해야 합니다. 학생들이 그 주요 단어, 개념, 문장을 잘 숙지했는지를 살펴보는 것입니다. 복습은 두 가지로 생각하여 실행할 수 있습니다.

첫째, 새길말씀을 암송함으로 학생들이 성경공부 내용을 숙지할 수 있습니다. 말씀을 외운다는 것은 말씀을 몸에 익히는 것입니다. 암송할 수 있는 말씀을 지금 암송해 보십시오. 머리로 생각한 것보다 입의 혀가 알아서 움직이는 것을 경험할 수 있습니다. 그러므로 교사는 학생들이 새길말씀을 암송하게 하여 하나님 말씀을 몸에 익히게 해야 합니다. 그래서 새길말씀으로 과의 핵심과 단어를 마음에 새길 수 있습니다. 둘째, 놀이와 만들기 프로그램으로 성경말씀을 익힙니다. BCM 성경공부는 4주차에 성경공부 주제에 맞는 프로그램을 제시합니다. 소그룹 또는 대그룹과의 놀이와 만들기로, 그리고 성경퀴즈로 학생들이 즐겁게 말씀을 익히고 실천할 수 있습니다.

핵심단어로 지속적인 학습 진행하기

성경공부를 진행하는 가운데 잊지 말아야 하는 것은 핵심단어입니다. 그 핵심단어는 한 단원이나 한 과, 혹은 한 시리즈에서 꾸준히 반복하여 다루는 핵심 개념이나 주제를 의미합니다. 교사는 이것을 잘 숙지해야 합니다. 그리고 그것이 성경공부가 진행되는 일련의 기간 동안 지속적이고 반복적으로 교사의 입을 통해, 그리고 행동을 통해 드러나도록 의도적으로 노력해야 합니다.

특별히 BCM 교사플래너는 반 목회자가 주간목회와 월간목회에서 해당되는 단어들을 지속적으로 다양한 환경에서 활용하는 것을 중요하게 여깁니다. 왜냐하면 주일 1~2시간의 말씀교육만으로 건강한 신앙인으로 자라나기에는 역부족이기 때문입니다. 그러므로 주일에 배운 성경공부를 학생들이 한 주간 동안 적용하고 실천하며 살 수 있도록 교사가 도와주어야 합니다. BCM 교사플래너 주간목회에서 제시하는 대로 요일별로 전화하고 문자 보낼 때, 단원의 핵심단어를 사용합니다. 예를 들어 주일 성경공부 시간에 '용서'에 대해 배웠다면, 교사는 문자로 "혹시 미워하는 친구가 있다면 용서의 마음이 생기도록 하나님께 기도하는 목요일이 돼보자!"라고 보내는 것입니다. 이렇게 반 환영 인사, 엽서, 전화 심방 때에 주일에 배운 말씀대로 살 수 있도록 주간목회를 할 때, 교사와 학생들이 성경 지식뿐만 아니라 말씀대로 살아가는 성숙한 그리스도인이 될 것입니다.

BCM 교사의
주간목회 사역

김덕주 목사
BCM 교육목회 책임코치 · 신촌교회

진짜 목자 되기

교사들이 교회학교 사역을 하면서 가끔씩 듣게 되는 마음이 몹시 씁쓸해지는 이야기가 있습니다. 그것은 교회 어른들이 요즘 교회 아이들의 모습을 보면서 옛날과 많이 다르다고 하면서 혀를 차시는 어른들의 뒷이야기입니다. 뭔가 아이들에게 못마땅한 것이 많은 모양입니다. 그도 그럴 것이 요즘 아이들에게서 어른들이 기대하는 순진함과 소박함이 많이 사라졌습니다. 그래도 요즘 아이들이 거의 모든 면에서 어른들과 비교할 수 없을 만큼 달라진 세상에서 살고 있다는 것을 감안하면 교회

오는 것이 좋다며 교회에 오는 아이들에게서 보이는 모습이나마 희망둥이의 모습일 것입니다.

그런데 변하는 아이들보다 더 안타까운 것은 그런 우리 아이들이 수십 년 전과 같은 교회교육 환경에서 자라나고 있다는 사실입니다. 단지 물리적인 환경만을 탓하는 것이 아닙니다. 다음세대를 위한 교육목회 구조가 그다지 발전한 것 같지 않습니다. 좋은 면에서 보면 교회의 전통이 남아 있는 것이라고도 할 수 있지만 교회가 변화하는 시대에서 뒷걸음질 치고 있다는 느낌도 지울 수 없습니다. 가장 큰 문제는 변해야 할 것은 변하지 않고 변하지 말아야 할 것이 변했다는 것입니다. 바로 우리 아이들을 가르치는 교사들이 변했다는 것입니다.

요즘 교사들은 예전과 다르게 아이들에 대한 꿈과 기도가 작아진 듯합니다. 어떤 교사들은 전능한 하나님의 말씀을 가르치고 창조주 하나님께 기도하면서도 아직 믿음이 미약하여 여전히 성장하고 있는 아이들을 보면서 '저 아이만 없으면 담임교사 할 만할 텐데, 쟤는 저래서 안 된다니까, 교회 다니면 뭐하나 사람이 돼야지, 학교도 학원도 부모도 못 고치는 애들을 우리가 어떻게 고치나'라는 불신앙의 언어를 거침없이 표현하기도 합니다. 얼마나 교사의 일이 힘들면, 얼마나 아이들 다루기가 힘들면 저런 말을 할까 하는 마음에 이해도 됩니다. 하지만 다른 사람은 몰라도 교회학교 교사는 믿음의 자녀들에게 영적인 인도자요 예수님을 따라 사는 작은 목자이기에 일반 교육자의 상식의 한계를 넘어서야 합니다.

이제는 교사가 진짜로 변해야 합니다. 우리가 어렸을 때 교회학교 교사들은 지금처럼 많이 배우지는 못했어도 하나님의 말씀을 대충 가르치지 않았습니다. 어린이와 청소년들이 드리는 예배가 교사들의 예배가 아니라고 뒤에 앉아 구경만 하지 않았습니다. 스마트폰이 없었어도 더 자주 만나고 더 많은 이야기를 나누었습니다. 맛난 것을 사줄 수 없었지만 영적 자녀들을 향한 기도와 눈물은 마를 날이 없었습니다. 교회 다니는 아이들이 말썽을 피울 때면 아이들의 됨됨이를 탓하지 않고 교사의 부족함을 반성했습니다. 그 회개의 눈물 속에서 하나님의 어린 꿈들이 자라나서 많은 열매를 맺었습니다. 우리가 만난 그때 그 교사는 분반교사가 아니라 예수님의 작은 목자였습니다. 목자의 마음을 잃어버린 교사들이 목자이신 예수님을 닮은 작은 목자로 변해야 교회가 소망이 있습니다.

성서의 이야기로 주간 목회 이해하기

대부분의 교사들이 주일날 아이들과 예배를 드리고 성경공부를 하는 것으로 교사의 일을 만족해 합니다. 그리고 나서는 요즘 아이들은 아무

다음세대 소그룹 반 목회 실행을 위한
BCM 교사 코칭

리 가르쳐도 신앙이 제자리걸음이라고, 변하지 않는다고 합니다. 왜 아이들의 삶이 변하지 않을까요? 삶으로 가르치지 않기 때문입니다. 삶이 아닌 지식의 전달로는 아이들에게 감동을 줄 수 없기 때문입니다. 머리나 입으로 가르치는 말씀에는 하나님의 능력 함께하시지 않기 때문입니다.

BCM 소그룹 반 목회 사역의 핵심은 잘 가르치는 교사가 되는 것이 아니라 양과 같은 학생들과 더불어 목양하는 목자가 되는 것입니다. 예수님께서 우리를 양으로 삼아 긍휼히 여기셔서 먹이시고 입히시고 인도하신 것처럼 그런 교사로 살아가야 합니다. 예수님의 목자 되심과 우리를 목자로 부르셨다는 것을 우리가 성경을 통해 묵상하고 깨닫게 된다면 기꺼이 순종할 믿음이 생길 것입니다. 그것이 하나님의 뜻에 합당하기 때문입니다. 아무리 가르쳐도 변하지 않는 우리 아이들에게, 다른 말로 하나님의 진짜 자녀로 거듭나야 할 영적 자녀들에게 필요한 것은 교사가 아니라 목자입니다.

언제나 양들과 함께하는 목자의 삶

성경에서 하나님과 이스라엘, 예수님과 우리의 관계를 가장 적절하게 표현한 비유는 바로 목자와 양의 비유일 것입니다. 예수님은 자신의 정체성을 이야기할 때 선지자, 제사장, 지도자이시기를 거부하셨습니다 (마 16:13~16). 예수님은 자신을 목자라고 부르셨고, 목자의 사명을 아셨으며, 목자의 길을 걸으셨습니다.

> 나는 선한 목자라 선한 목자는 양들을 위하여 목숨을 버리거니
> 와 삯꾼은 목자가 아니요 양도 제 양이 아니라 이리가 오는 것
> 을 보면 양을 버리고 달아나나니 이리가 양을 물어 가고 또 헤
> 치느니라 달아나는 것은 그가 삯꾼인 까닭에 양을 돌보지 아니
> 함이나 나는 선한 목자라 나는 내 양을 알고 양도 나를 아는 것
> 이 아버지께서 나를 아시고 내가 아버지를 아는 것 같으니 나는
> 양을 위하여 목숨을 버리노라 (요 10:11~15)

목자와 양의 비유에서 중심이 되는 대상은 양보다 목자입니다. 목자
는 양을 알고 지키고 인도하고 치유하며 목숨까지 아끼지 않는 존재입니
다. 양은 목자를 의지하고 목자의 음성을 듣고 목자의 사랑을 기대하며
자신의 생명이 목자의 손에 달려있는 존재입니다. 목자는 어린 양을 그
팔로 모으고 품에 안고 양에게 이름을 지어주고 함께 먹고, 함께 자고,
함께 견디고, 어디든 함께 갑니다. 한마디로 목자는 양을 사랑하는 사람
입니다. 목자의 사랑을 받은 양들은 그의 음성을 기억하고 그에게 순종
하며 그에게 모든 것을 맡깁니다.

예수님은 그 부담스러운 목자의 사명이 자기의 것이라고 선포하셨습

니다. 이 땅을 떠나실 때 예수님은 제자들에게 다름 아닌 목자의 사명을 위임하셨습니다. 양과 목자에 관한 배경 지식과 경험과 기술이 아주 없는 베드로에게도 예수님께서는 양과 목자의 관계를 비유로 말씀하시면서 하나님의 자녀 양육을 당부하셨습니다.

> 그들이 조반 먹은 후에 예수께서 시몬 베드로에게 이르시되 요한의 아들 시몬아 네가 이 사람들보다 나를 더 사랑하느냐 하시니 이르되 주님 그러하나이다 내가 주님을 사랑하는 줄 주님께서 아시나이다 이르시되 내 어린 양을 먹이라 하시고 또 두 번째 이르시되 요한의 아들 시몬아 네가 나를 사랑하느냐 하시니 이르되 주님 그러하나이다 내가 주님을 사랑하는 줄 주님께서 아시나이다 이르시되 내 양을 치라 하시고 세 번째 이르시되 요한의 아들 시몬아 네가 나를 사랑하느냐 하시니 주께서 세 번째 네가 나를 사랑하느냐 하시므로 베드로가 근심하여 이르되 주님 모든 것을 아시오매 내가 주님을 사랑하는 줄을 주님께서 아시나이다 예수께서 이르시되 내 양을 먹이라 (요 21:15~17)

예수님의 제자의 길을 걷는 그리스도인이라면, 베드로에게 물으신 양들에 대한 도전과 비전이 우리에게도 동일하게 적용됩니다. "네가 나를 사랑하느냐? 내 어린 양을 먹이라." 교사의 직분은 신실한 목자의 마음으로 거듭나서, 하나님의 긍휼하신 마음으로 잃어버린 양들을 품고, 그들을 먹이고, 인도하며, 짐승들로부터 보호하고 하나님의 성결한 양들로 성장하도록 돕는 일입니다. 선한 목자는 예수님 한 분이십니다. 어린 자녀들을 돌보는 교사는 그분의 꿈을 따라가는 작은 목자임에 틀림이 없습니다.

양들을 먹이고 입히는 실질적인 목자의 삶

목자의 삶은 신실함으로 대표됩니다. 스스로가 목자이기도 했던 다윗은 자신이 평생을 살아가며 경험한 하나님의 은혜를 이렇게 노래했습니다.

여호와는 나의 목자시니 내게 부족함이 없으리로다
그가 나를 푸른 풀밭에 누이시며 쉴 만한 물가로 인도하시는도
다 (시 23:1~2)

'목자'가 주는 가장 타당하고 대표적인 이미지는 '돌봄'입니다. 양들을 먹이고 입히는 일이야말로 목자의 가장 기본적인 의무입니다. 양들은 눈이 어두워 스스로 푸른 풀밭을 찾을 수 없습니다. 양들은 충분히 먹지

않으면 몸이 쇠약해지거나 병에 걸립니다. 양의 입장에서나 목자의 입장에서나 예수님의 입장에서나 모두 양들이 건강을 유지하고 건강하게 성장하는 것이 유일한 유익이요, 기쁨입니다.

목자는 양 떼를 푸른 풀밭으로 인도하여 먹이고, 쉴 만한 물가로 인도하여 갈증을 해소시키고, 그늘진 안식처로 인도하여 소생케 하고 양털을 다듬어 주어야 합니다. 양들을 먹이기 위해서는 양들의 성향과 기호, 체질을 알아야 합니다. 양들을 먹이고 입히는 일이 결코 쉬운 일이 아니기 때문에 목자들이 소홀히 하면 모든 것을 잃게 될 수 있습니다. 선지자 에스겔이 타락한 목자들을 책망할 때 직접적으로 언급한 것이 바로 양떼를 먹이지 않은 것입니다(겔 34:8). 좋은 목자는 양들에게 유익한 좋은 먹거리가 무엇인지 알고 그것을 찾아서 먹입니다. 좋은 목자는 양들의 체온을 알고, 양들의 혈색을 알며, 양들의 울음소리를 분별합니다. 좋은 목자는 양들을 먹이고 입히는 데 실수하지 않습니다.

목자가 양들을 먹이고 입히는 일은 무엇보다 중요한 일로, 양들의 생명과 직결되는 일이며 하나님의 목장의 자산이며 목자의 존재감이 결정되는 기준이 됩니다. 교사가 작은 목자라면 영적인 양식을 스스로 먹을 수 없는 어린 양들을 먹여야 합니다. 스스로 몸의 털을 관리할 수 없는 양들을 씻기고 입혀야 합니다. 목자는 교사가 아닙니다. 하지만 교사는 목자여야 합니다.

양들을 보호하고 지키는 목자의 삶

예수님 역시 스스로 선한 목자로서 양들을 대하셨습니다. 예수님께서는 늘 신실하게 양들을 지키시고 양들을 해하려 다가오는 모든 대적들을 그 목양의 신실함으로 이기셨습니다.

> 그러므로 예수께서 다시 이르시되 내가 진실로 진실로 너희에게 말하노니 나는 양의 문이라 (요 10:7)

우리는 자칫 목자의 일을 현대판 농가의 전원일기쯤으로 착각할 때가 있습니다. 그러나 이스라엘의 목자가 하는 일은 미술관에 걸려 있는 목장의 푸른 언덕을 바라보는 낭만적인 일이 아닙니다. 구약과 예수님 시대의 목자의 일이란 거칠고 수고로운 일이었습니다. 양들을 일일이 면밀하게 살피는 세심함과 식견이 있어야 했으며 양들이 끙끙거릴 때 치료할 수 있는 처방기술도 습득해야 했습니다. 양들을 푸른 초장과 쉴 만한 물가로 인도할 수 있는 지형에 대한 식견도 있어야 했습니다. 또한 양들을 잡아먹으려고 달려드는 맹수들과 대적할 만한 힘과 지략도 있어야 했습니다. 그리고 양들의 음성을 분별하여 들을 수 있어야 했습니다. 양들의 울음소리 하나에 양들의 기쁨과 슬픔, 안전과 불안, 노래와 신음, 평안과 분노, 만족과 갈증이 다 녹아져 있기 때문입니다.

그래서 목자의 길은 평탄하지 않습니다. 목자의 임무는 짧지도 않습니다. 외로울 수 있습니다. 허세로 할 수 없습니다. 배워야 하는 일입니다. 한 번에 한 마리씩 살펴야 하는 일입니다. 때로 외로운 일입니다. 주목 받지 못하는 일입니다. 들판의 맹수와 싸워야 하는 일입니다. 잠 시간이 부족하여 피곤하지만 항상 깨어 있어야 합니다. 목자인 교사의 일은 성령의 인격을 통하여 사람들에게 하나님의 사랑과 생명을 심어 구원에 이르도록 하고, 또 그 일을 계속할 수 있는 장성한 분량에 이르게 하는 모든 일입니다. 우리는 목자의 일을 하도록 부르심을 받았고 보내심을 받았습니다.

목자는 무엇보다 양들의 안전한 울타리가 되어주어야 합니다. 기독교 영성이 예수님을 닮아 가는 것에 목적이 있다는 것을 인정한다면 우리는 선한 목자이신 예수님과 같이 되어야 합니다. 예수님은 자신의 몸을 상하시고 찢기시면서까지 어린 양들을 위해 양의 문이 되어 주셨습니다. 세상의 짐승들로부터 위협 받고 있는 양 떼를 지키는 목자들은 이 음성을 분명히 기억해야 합니다. "네가 나를 사랑하느냐? 내 양을 먹이라! 내 양을 살피라! 내 양을 지키라! 나는 양을 위하여 목숨을 버리노라!" 이것이야말로 오늘 우리 목자로서 교사의 귀중한 사명입니다. 우리는 이 사명 위에 굳건하게 서야 합니다.

양들을 바른 길로 인도하는 목자의 삶

성도들이 많이 좋아하는 찬양 가운데 하나가 '선한 목자 되신 우리 주'입니다. 이 찬양에서 참으로 은혜가 되는 부분은 바로 '주여, 인도하소서.'라는 구절입니다.

> 선한 목자 되신 우리 주~ 항상 인도하시고, 푸른 풀밭 좋은 곳
> 에서 우리 먹여 주소서~선한 목자 구세주여 항상 인도하소서
> ~ 선한 목자 구세주여 항상 인도하소서~ (새찬송가 569장)

이 찬송은 분명 세대를 초월하여 많은 기독교인들이 기억하는 찬송가입니다. 뿐만 아니라 이 시대에 참된 목자로 사명을 다하고자 하는 사역자들에게도 귀중한 찬송입니다. 양들을 돌보는 목자의 일 중에 가장 대표적인 것은 '양들을 인도하는 일'입니다. 양의 특성 중 하나가 근시안이라는 것입니다. 그래서 인도자를 쫓아갑니다. 그네들은 목자의 음성만을 기억합니다. 양들에게 목자의 인도는 절실하고 절대적인 깃입니다. 그렇기 때문에 목자는 양들이 가야할 길을 알아야 하고 양들이 이탈하지 않도록 대열을 잘 유지해야 합니다. 성경에 예수님께서 길을 잃은 양을 지목하여 말씀하실 때 이런 식의 배경지식이 있습니다.

또 이 우리에 들지 아니한 다른 양들이 내게 있어 내가 인도하여야 할 터이니 그들도 내 음성을 듣고 한 무리가 되어 한 목자에게 있으리라 (요 10:16)

양들은 그들의 단순한 안목 때문에 길을 잃기 쉽습니다. 결국 양들은 목자의 음성에 귀를 기울입니다. 결국 참된 목자 되는 증거는 양들이 목자의 음성을 기억하는 것입니다. 양들이 목자의 음성을 기억할 수 있다는 것이 공동체적 친밀감을 입증해 주는 것입니다. 목자와 양의 관계는 법조문으로 만들어 줄 수 있는 것이 아닙니다. 양들이 목자의 음성을 기억하는 것은 뛰어난 지능이 있어서가 아닙니다. 양들이 목자의 음성을 따라가는 것은 목자의 목소리가 독특해서가 아닙니다.

양들이 목자의 음성을 기억하고 따라가는 이유는 양들이 목자를 믿기 때문입니다. 양들이 목자의 음성을 기억할 수 있을 만큼 가까이에서 자주 들었기 때문입니다. 양들이 배가 고플 때 목자의 음성을 듣고 가니 푸른 초장이 나타났고, 양들이 목이 마를 때 목자의 음성을 듣고 가니 시원한 물소리가 들렸고, 양들이 몸이 아파 신음할 때 목자의 음성이 들리면 목자의 따뜻한 체온을 느낄 수 있었습니다. 목자가 양들을 인도하는 기술은 딱딱한 막대기와 지팡이만이 아닌 양들과 동고동락을 함께하는 목자의 삶이었습니다.

BCM 주간목회의 구조

교사의 소그룹 반 목회 사역은 주일의 예배와 성경공부, 그리고 프로그램을 통하여 주로 진행됩니다. 대부분 교사들은 주일에 집중적으로 양들을 양육합니다. 그러나 BCM 교육목회는 여기서 교사의 사역을 마무리하지 않습니다. 교사는 주일 사역을 마무리하면서 양들을 세상에 파송합니다. 그리고 한 주일을 다시 주간 목회자로 살아갑니다. 교사들의 주간목회는 크게 네 가지로 구분할 수 있습니다. 개인의 영성 함양을 위한 시간과 양들을 돌보고 격려하는 시간, 교사들과 영적인 교제를 나누는 시간, 마지막으로 양들을 기다리며 환영을 준비하는 시간입니다.

예배와 성경공부 그리고 프로그램으로 주말 사역하기: 주일

하나님과 인간과의 관계는 온전한 예배를 통해서 형성됩니다(창 4:3~5). 온전한 믿음의 예배가 하나님을 기쁘시게 합니다(히 11:6). 예수님도 하나님께 참되게 예배하는 자들을 찾으셨고 예배하는 자들은 영과 진리로 예배해야 합니다(요 4:23~24). 구약시대에나 예수님 시대에도 참되게 예배하는 것이 쉽지 않았던 것 같습니다. 하지만 참되게 예배하는 사람들은 그 삶이 변했고, 예배로 인하여 풍성한 은혜를 경험했으며, 사랑이 넘쳤고 성령 충만했으며, 큰 부흥이 있었습니다(행 2:41~47).

그래서 BCM 교육목회의 시작은 다름 아닌 예배입니다. 온전한 예배자가 되는 것에 BCM 교육목회의 성패가 달렸다 해도 과언이 아닙니다. 세대에 따라 다양한 모습으로 형식이 아닌 영과 진리로 예배하기 위해 구성된 유아교회, 어린이교회, 청소년교회는 가장 우선적으로 예배공동체가 되어야 합니다.

대부분 교회학교는 예배가 끝나면 정리 후에 성경공부 시간을 갖습니다. 분반공부 교실이 없는 예배실 가운데 여기저기 모여 여러 반 교사들이 출석 부르랴, 아이들 모으랴, 광고하랴 목소리를 높여가며 진행되는 성경공부의 모습이 눈에 선합니다. 많은 교사들이 이렇게 열악한 환경에서 진행되는 성경공부 시간에 대해 불만의 목소리가 높습니다. 물론 교회가 하루빨리 좋은 학습 환경을 준비해야 합니다. 그러나 그때가 오기만을 넋 놓고 기다릴 수만은 없습니다. 성경공부 시간이 짧기 때문에 더 집중력 있는 성경공부를 준비해야 합니다. 집중력 있는 성경공부를 위해서는 교사들이 성경공부를 답만 맞추는 수준에 머물러 있으면 안 됩니다. 주중 목회를 통해서 성경공부가 교사의 삶이 되도록 준비한다면 아이들에게 필요한 영적인 양식을 준비하는 데 훨씬 도움이 될 것입니다.

또 교사가 많이들 오해하는 것이 프로그램에 대한 인식입니다. 지금까지 여타의 교회교육 프로그램이 단편적 행사, 놀이나 흥미 위주, 이름만 바꾼 구태의연한 진행에 불과한 것이 많았습니다. 그러나 BCM 교육목회 프로그램은 BCM 신앙교육 주제들이 심화되고 구체화 된 목적지향적인 실천 모델입니다. 그러기에 BCM 프로그램은 특정한 교사 개인의 책임으로 전가되어서는 안 됩니다. BCM 프로그램은 월례회를 통해 모든 교사들이 스피릿과 예배를 이해하고 주간목회를 실천하면서 공동체적으로 준비해야 할 또 하나의 목회실천입니다.

교사의 주간 사역은 교사의 주말, 주일 사역과 깊은 연관관계를 갖습니다. 교사가 치밀하고 성실하게 주일의 사역을 수행하게 되면, 그래서 어린이와 학생들의 한 주간의 삶을 신실하게 파송하게 되면 자연스럽게 교사의 소그룹 반 목회 사역이 주간의 목회로 이어지게 됩니다.

주일의 사역을 마무리하며 양들을 파송하기: 주일 오후

예수님께서는 열두 제자들을 세상으로 내보내시면서 "가면서 전파하여 말하되 천국이 가까이 왔다 하고 병든 자를 고치며 죽은 자를 살리며 나병환자를 깨끗하게 하며 귀신을 쫓아내되 너희가 거저 받았으니 거저 주라"고 말씀하셨습니다(마 10:7~8). 예수님은 그러면서도 마음 한 구석에는 험한 세상과 부딪쳐야 할 못내 안타까운 목자의 심정을 표현하십니다. "보라 내가 너희를 보냄이 양을 이리 가운데로 보냄과 같도다 그러므로 너희는 뱀 같이 지혜롭고 비둘기 같이 순결하라"(마 10:16). 목자의 보냄에는 이렇게 긍휼과 사랑의 마음이 가득합니다.

우리 다음세대들은 지금 예배를 통해서 새 힘을 얻고 은혜를 받고 말씀으로 무장했습니다. 그러나 그들이 살아가야 할 세상은 그리 만만한 것이 아닙니다. 제대로 무장하지 않으면 일주일 동안 세상에 살면서 매우 어려울 수 있습니다. 학교에서, 학원에서, 집에서, 그 영적인 에너지가 다 소진되어 다시 교회로 돌아오지 못할 수도 있습니다. 세상을 향해 파송 받는 제자들을 향하여 다시 당부하시는 예수님처럼 우리는 우리 영적인 자녀들을 향하여 한 명의 용맹한 군사처럼 떠나보내야 합니다.

동시에 교사들은 그들을 세상으로 파송할 때 꼭 기억해야 할 것이 있습니다. 그것은 우리 어린 자녀들이 이 세상에서 영적으로 싸우다가 기진하고 실패하고 슬퍼할 때 언제든 돌아올 수 있는 보금자리가 있음을 알려주는 일입니다. 교사들이 영적인 자녀들을 세상으로 파송하는 것은 비극적인 순교를 위함이 아니라 믿음의 승리를 위함이며 억울한 자기희생을 위해서가 아니라 하나님의 빛난 영광을 위해서라는 것을 잊지 말아야 합니다.

개인의 영성 함양을 위한 시간 갖기: 월요일과 화요일

기존의 목회 사역보다 한층 더 심화된 주일의 BCM예배-성경공부-프로그램을 마칠 때쯤 되면 교사들은 더 이상 몸을 움직일 힘조차 없을

지 모릅니다. 이렇게 피곤한 교사들이 월요일이 되어 다시 가사일로, 학업으로, 직장으로 나가는 모습을 생각하면 영화의 명장면처럼 부상 당한 몸을 이끌고 오면서 승전보를 알리는 병사 같아 매우 감동적입니다. 동시에 그렇게 피곤해 하는 교사들 한 명 한 명을 지켜주지 못한 마음에 안쓰럽기까지 합니다. 교사에게도 안식과 쉼이 필요합니다. 목회자들을 비롯한 지도자들은 먼저 교사의 안식을 위한 다양한 프로그램과 장치를 마련하는 일에 정책적으로 집중해야 합니다. 교사들은 스스로 쉼 없이 뛴 주일 하루의 사역을 마감한 후, 안정적이고 깊이 있는 쉼의 시간을 마련하는 것이 필요합니다. 이제 양들이 아닌 목자 자신을 돌볼 시간이 되었습니다.

목자도 양들에게 받은 상처가 있습니다. 양들을 돌보느라 끼니도 걸렀습니다. 때로 양들이 양으로 보이지 않을 만큼 고집을 부리고 독설을 쏟아냅니다. 양들만 돌보는 것이 아니라 양 우리, 양들의 배설물까지 치우느라 몸이 천근만근이 되었습니다. 영적인 목자에게는 영의 양식이 필요합니다. 월요일은 목자인 교사 자신에게 쉼의 특권이 허락되어 있습니다. 영적인 양식이 준비되어 있습니다. 오늘만큼은 누구를 가르치기 위함이 아닌 하나님과의 소중한 만남을 위한 시간입니다.

피곤한 월요일 아침이지만 학교나 직장에서, 혹은 집에서 조금 일찍 준비하여 모닝커피와 말씀으로 지친 목자의 영혼에 안식을 선물합니다.

이 때 BCM 추천도서를 펴보면 어떨까요? 마음과 영혼의 양식이 그 어떤 쉼보다 값진 쉼의 기쁨을 제공할 것입니다. 한 걸음 더 나아가 가장 가까운 높은 곳에 올라가보는 것은 어떨까요? 두 팔 벌려 하나님이 허락하신 세상을 안아 보면 목자로서의 삶에 대한 뿌듯함을 얻을 수 있습니다. 야고보서의 말씀처럼 예수님은 반드시 자기를 사랑하여 시험을 참는 자들에게 약속하신 생명의 면류관을 주십니다(약 1:12). 오늘은 교사 여러분이 생명의 면류관의 주인공입니다.

양들의 삶을 돌보고 격려하는 시간 갖기: 수요일과 목요일

선한 목자와 삯꾼 목자 사이에는 사소한 차이가 있습니다. 선한 목자는 양들과 떨어져 있으면 양들의 얼굴이 눈에 선하고 양들 걱정에 불안합니다. 양들이 사랑스러워서 한시바삐 자신의 일을 정리하고 양들에게로 달려가고 싶습니다. 양들의 노랫소리, 울음소리, 신음소리, 장난소리가 시끄럽지 않고 귀찮지 않습니다. 양들의 몸이 더러워질까 진드기가 있지 않을까 양들의 몸을 살펴 주고 긁어 주고 털을 깎아 줍니다.

반면에 삯꾼 목자는 가급적이면 양들과 멀리 떨어져 있는 것이 속이 편합니다. 며칠이 지나도 양들의 얼굴이 떠오르지 않습니다. 양들 없이 보내는 시간이 행복한 시간이라 여기고, 양 우리로 돌아갈 시간이 되어도 자기중심적인 발걸음은 쉽게 떨어지지 않습니다. 양들의 신음소리는 짜증나고 양들의 울음소리는 시끄럽고 양들의 노랫소리는 즐겁지 않습니다. 양털에 오물이 묻으면 가까이 가고 싶지 않습니다. 하얀 양이 회색 양이 되어도 아무렇지도 않습니다. 할 일은 다했다고 여깁니다.

교사가 돌보고 있는 양들은 어디서 어떻게 지내고 있을까요? 궁금한가요? 나는 선한 목자입니까, 아니면 삯꾼 목자입니까? 양들은 목자의 손길을 절대적으로 필요로 합니다. 예수님께서 어부 베드로에게 양의 비유를 들어가며 주님의 양을 먹이라, 치라 하신 이유가 있습니다. 교사와 아이들과의 관계는 어부와 물고기의 관계가 아닙니다. 목자와 양의 관계입니다. 오늘날 우리가 하는 것처럼 실제로 양들이 목자와 하루(주일)를 만나고 엿새(주간)를 떨어져 방치되어 있으면 양들은 자신의 건강과 생명을 보존하기 어렵습니다. 아니 불가능합니다.

우리가 영적인 목자라고 한다면, 주간 목회 기간 동안 최소한 한두 번은 양들의 삶을 돌아봐야 합니다. 그들에게 온유한 목자의 음성을 들려주고 기억하게 하고 그들을 찾아 나서야 합니다. 목자는 그들의 음성을 듣고 건강여부를 체크하고 영적인 상태를 파악하며 양들의 학교우리, 학원우리, 가정우리를 점검해 줘야 합니다. 교사는 삯꾼 목자가 아니고 삯꾼 목자가 되어서도 안 됩니다. 반드시 선한 목자여야만 합니다.

교사들 간 영적 교제의 시간 갖고 양들을 환영할 준비하기:
금요일과 토요일

목자들에게 가장 큰 힘이 될 수 있는 사람은 바로 동료 목자들입니다. 세상을 살아가는 목자들의 삶도 분주하고 피곤합니다. 마치 목자의 사역을 혼자만 하는 것 같아 지치고 낙심될 때도 있습니다. 열심히 한다고 하지만 왠지 보람이 없고 힘이 떨어질 때가 있습니다. 이럴 때 어린 양떼들을 돌보고 먹이는 목자의 일과 고민을 함께 아파하고 고민하여 이겨내려고 애쓰는 다른 목자와 함께 나누는 것이 큰 힘이 됩니다.

특별히 양들을 돌보는 교사들에게 힘이 될 수 있는 것은 단순한 전화통화나 푸념이 아닌 영적인 충전과 도전, 양들에 대한 뜨거운 사랑을 확인할 수 있는 영적 교제의 시간이어야 합니다. 이런 영적 재도전과 충전을 위해서는 바빠도 모이기에 힘써야 합니다. 시간을 떼어 놓고 교사들이 모여서 기도해야 합니다. 자신이 맡은 양들의 영적 상태를 진단하고, 양들을 돌보며 어려웠던 점들과 실수 했던 일들, 그리고 보람과 승리에 대해서 다른 교사들과 여유를 가지고 나누는 시간이 있어야 합니다.

함께 일하는 교사들의 삶에 대해서, 우리 부서가 이루려고 하는 비전에 관해서, 우리교회의 부흥에 대해서, 그리고 작은 목자들을 인도하시는 교역자의 영성과 성장을 위해서 진심으로 나누고 마음을 다하여 기도해야 합니다. 교사들이 함께 모여 식사도 합니다. 간단한 다과를 나누며 이번 주일에 아이들이 어떤 모습과 상태로 교회를 오게 될지 기대해봅니다. 세상에 사느라 지쳐있을 지도 모르는 양들, 웃음을 잃어버렸을 지도 모르는 양들, 아침밥을 거르며 교회를 향해 달려오는 양들을 위해서 목자 된 교사가 어떻게 그들을 환영해야 할지 기분 좋은 상상을 해 봅니다. 교제가 풍성한 목자들은 교육의 힘을 넘어서는 사랑의 힘으로 아이들을 변화시키는 은혜가 있게 될 것입니다.

다음세대를 세상을 향한 증인으로 세우는 주간목회자

여기서 우리가 다시 한 번 생각해 보아야 할 문제가 있습니다. 교사가 왜 목자여야 하고 우리가 왜 양들을 키우는가에 대한 너무 기본적인 질문입니다. 속도보다 방향이 중요하고 나침반이 없이는 거친 바다를 항해할 수 없듯이 신앙교육의 목적을 분명히 하고 공유하는 것이 무엇보다 중요합니다. 한 주간 동안 교사가 목자로서 실천하는 모든 사역의 핵심은 양들을 세상 가운데 복음의 증거자로 세우는 것입니다. 어린이와 청소년들이 각자 자기 삶의 자리에서 복음의 증인으로 바로 서고 당당하게 살도록 하는 일에 목자인 교사의 최우선적인 사명이 있습니다.

하나님의 선교현장에 대한 긍휼의 마음 품기

해마다 많은 교회들이 여름철이 되면 휴가를 반납하고 적지 않은 경비를 지출하면서 미전도 민족들이 있는 나라로 선교를 떠나는 이유가 무엇일까요? 선교지를 다녀온 성도들은 복음이 없는 그 척박한 땅에서 그 땅과 그 민족을 향한 하나님의 긍휼하심을 느꼈기 때문입니다. 예수님은 복음이 없어서 무지하고, 굶주리고, 눈이 멀고, 아프고, 외롭고, 소외 당한 사람들을 긍휼히 여기셨습니다. 예수님의 사역의 초점은 단지 고통의 문제를 해결하는 데 있는 것이 아니라 하나님이 긍휼히 여기심이 어디에 머무는가에 대한 문제입니다.

선교지를 향해 떠나는 청년들을 보면서 못내 안타까운 것은 우리가 안심하고 있는 교회교육의 현장이 선교지처럼 척박해 지고 있다는 현실을 저들이 알까 하는 마음 때문입니다. 오히려 우리 교회교육 현장이 선교지화 되어가는 현실은 눈에 보이지 않기 때문에 지원을 받기도 어렵습니다. 연말이 되면 이런 저런 이유로 교회교육 현장을 떠나려는 교사를 애원하며 붙잡는 일도 부서를 맡은 교역자에게는 말할 수 없는 영적인 아픔으로 다가옵니다.

교사가 목자의 역할을 감당하는 것이 그리 쉽지 않다는 것은 누구나 알고 있을 것입니다. 그러나 우리 교사들이 이렇게 부담스러운 목자의 삶에 동참해야만 하는 이유가 있다면 그것은 시대를 초월해서 복음이 없어서 무지하고, 영적인 양식에 굶주려 있으며, 하나님나라에 눈이 뜨이지 않았고, 언제나 연약하고, 성공을 향한 외롭고 고독한 경쟁에 희생자가 되어야 하는 어린 자녀들을 향한 하나님의 긍휼하심 때문입니다.

모든 선교지가 그렇듯이 모든 것을 내려놓고 그 땅과 민족에게 달려갈 수 있는 것은 우리의 눈과 귀가, 손과 발이, 마음과 영혼이 하나님의 긍휼로 연결되어 있기 때문입니다. 하나님의 마음이 머무는 곳에 우리의 마음이 머물기 때문입니다. 이제는 교사들이 더 밝은 영적인 눈을 떠서 겉으로만 화려하고 속으로는 병들어 가는 다음세대를 위한 선교를 향해 하나님의 긍휼하심을 인식해야 합니다. 하나님의 긍휼(compassion)은 고통 받은 이들과 함께 아픔을 나누게 하고 함께 연결되어 있기에 기도하게 하시고 회복을 위해 일하게 하십니다. 다음세대를 돌보고 양육하고 섬기는 일들이 궁극적인 하나님나라를 위한 선교의 첫걸음입니다.

하나님의 긍휼의 마음으로 각자 자기 삶의 땅 끝에 서기

"오직 성령이 너희에게 임하시면 너희가 권능을 받고 예루살렘과 온 유대와 사마리아와 땅 끝까지 이르러 내 증인이 되리라(행 1:8)"라고 하신 예수님의 말씀을 듣고 제자들은 성령의 권능에 힘입어 자신이 갈 수 있는 마지막 땅 끝까지 가서 복음을 전하다가 대부분 순교했습니다. 부활하신 예수님을 만나고 성령의 능력을 경험한 제자들이 달려간 땅 끝은 각자 달랐습니다. 예수님을 세 번이나 부인했던 베드로는 유대인의 땅 끝으로, 예수님을 믿은 이들을 가장 많이 핍박했던 바울은 이방인의 땅 끝으로, 부활한 예수님을 의심했던 도마는 이방종교의 땅 끝으로 죽음을 무릅쓰고 달려갔습니다.

하나님의 긍휼의 마음을 품게 되면 다른 사람들이 보지 못하는 땅 끝을 발견하게 됩니다. 그 땅 끝은 물리적이거나 지리적이 아닌 영적인 땅 끝이요 소명과 사명의 땅 끝입니다. 먼저는 내가 서 있는 예루살렘의 땅 끝에 서야 합니다. 다음은 유대의 땅 끝이요 사마리아와 세계의 땅 끝에 서야 합니다. 우리가 돌보는 영적 자녀들이 유대를 넘어 사마리아를 넘어 세계의 땅 끝으로 가려면 예루살렘의 땅 끝에 서 보게 해야 합니다. 예루살렘의 땅 끝은 우리가 익숙하지만 넘어서지 못하는 각자의 삶의 한복판입니다. 예루살렘의 땅 끝은 필연적으로 하나님의 선교가 요청되는 척박한 각자의 학교요 가정이요 일터입니다.

우리가 몸담고 매일 사람들과 만나고 이야기하고 살아가는 각자 자기 삶의 땅 끝에 서는 헌신과 노력이 없이는, 유대를 넘어간다고 해도 사마리아를 간다고 해도 그 땅 끝을 발견하기 쉽지 않을 것입니다. 우리 모두의 삶의 땅 끝은 하나님의 선교와 긍휼을 요청합니다. 복음이 전파되기를 기다립니다. 영적 자녀들을 각자의 땅 끝에 서게 하기 위해서는 교사가 먼저 자신의 땅 끝에 서서 땅 끝 영성을 가져야 합니다. 삶으로 하나님의 선교를 이루어가는 성실함이 교육목회의 저력입니다. 목자인 교사에게는 땅 끝으로 갈 수 있는 믿음과 땅 끝에 설 수 있는 용기, 그리고 땅 끝을 보여 줄 수 있는 비전이 필요합니다.

증인으로서 세상을 섬기고 복음을 전하는 삶 살기

예수님께서 마귀에게 시험을 이기시고 처음 하신 사역이 복음 전하는 사역입니다(막 1:14~15). 다음은 가르치시는 사역입니다(막 1:21~22). 복음을 전하는 것과 가르치는 일은 분리될 수 없습니다. 예수님은 권위 있는 가르침으로 복음을 가르치셨습니다. 권위 있는 가르침은 복음을 전파시킵니다. 온전한 복음은 하나님 말씀을 배우고 싶게 하고 가르칠 용기를 줍니다.

예수님께서는 당신이 세상에 오신 목적이 전도하기 위함이라는 것을 직접 말씀하셨습니다(막 1:38). 열두 제자를 선택하신 이유도 전도하게 하기 위함이었습니다(막 3:14). 성령이 충만하여 예수님을 따른 사람들은 예수님의 이름 때문에 채찍질을 당하고 능욕을 받는 일을 합당하게 여기며 오히려 기뻐했습니다. 그들은 날마다 성전에 있든지 집에 있든지 예수는 그리스도라고 '가르치기'와 '전도하기'를 그치지 않았습니다(행 5:40~42).

초대교회에 있어서 '가르치기'와 '전도하기'는 언제나 하나의 사역이었습니다. 그런데 언젠가부터 교회학교에서 '가르치기'와 '전도하기'가 분리되었습니다. 교사는 가르치기만 하고 아이들은 행사 때만 전도합니다. 교사는 전도에 무관심하고 아이들은 전도에 실패자가 되었습니다. 교사의 '가르치기'는 복음전도를 위한 모든 준비입니다. 복음전도는 피상적인 교회 성장 수단이 아니라 세상을 향한 하나님의 긍휼히 여기심의 표징입니다. 전도에는 교사와 제자가 다를 수 없습니다. 전도에는 실패가 있을 수 없습니다. 교사와 아이들이 하나님의 긍휼의 마음을 경험한다면 삶의 증거로서 전도의 열매가 맺혀질 것입니다. 교회학교는 아이들에게 성령의 능력으로 복음을 들고 세상으로 나갈 수 있도록 성령 충만해야 합니다.

증인으로서 삶의 결실을 가지고 교회로 돌아오도록 하기

예수가 그리스도라는 복음을 전도하고 돌아온 70명의 제자들은 기쁨으로 예수님께 보고했습니다. "주여 주의 이름이면 귀신들도 우리에게 항복하더이다" (눅 10:17). 이 보고를 들으신 예수님은 성령으로 기뻐하시며 하나님 아버지께 감사드렸습니다(눅 10:21). 그리고 그들의 이름이 하늘에 기록된 것을 더 기뻐하라고 하셨고 이 비밀을 깨달은 그들에게 복되다고 하셨습니다(눅 10:20~23). 그리고 사도된 바울은 지금의 영광뿐 아니라 영광을 위해서 받아야할 고난이 있음도 알고 있었습니다(롬 8:17).

우리 교회학교 자녀들이 이 진리만 확실하게 깨닫고 있어도 우리가 예수님의 증인으로 살아가는 것이 얼마나 복되고 가슴 벅찬 일인지 알 수 있습니다. 복음 전도에 실패란 없지만 복음은 전도자의 수고를 필요로 하기에 예수님은 인간의 능력이 아니라 성령의 능력으로 하기를 원하셨고 위로부터 입혀지는 능력을 기다리라고 하셨습니다(눅 24:48~49).

BCM 교육목회는 성령 충만한 능력으로 실행해야 합니다. BCM 교육목회는 교회학교 아이들에게 성령 충만이 입혀지게 하는 영적인 안내이자 돌봄입니다. BCM 예배는 복음을 증거하고 돌아온 자녀들이 승리의 소식을 전하는 축제의 장입니다. 최선을 다했지만 눈에 보이지 않는 하나님의 은혜의 씨앗을 위한 축하의 장입니다. BCM 교회는 모든 힘을 소진하고 돌아온 복음의 증인들이 하늘의 새 양식을 먹고 거룩한 새 옷을 입으며 성령의 새 능력을 힘입는 영적인 보금자리입니다. BCM 교회는 초대교회와 같이 사도의 가르침을 받아 서로 교제하고 떡을 떼며 오로지 기도하기를 힘쓰고, 기사와 표적이 많이 나타나고 믿는 사람이 다 함께 있어 모든 물건을 서로 통용하고, 또 각 사람의 필요를 따라 나눠주며 마음을 같이하여 성전에 모이기를 힘쓰고, 교회에서 떡을 떼며 기쁨과 순전한 마음으로 음식을 먹고, 하나님을 찬미하며 또 온 백성에게 칭송을 받으니 주께서 구원 받는 사람을 날마다 더하시는 부흥의 물결입니다(행 2:42~47).

반 목회자들을 위한 주간목회 사역지침

반 목회자인 교사는 구경꾼이 아닙니다. 교사는 아첨꾼이 아닙니다. 목회 실행을 강조하는 측면에서 본다면 교사는 전략가이자 간호사에 더 가깝습니다. 교사가 하는 반 목회는 머리로 하는 것이 아니기 때문입니다. 전략가에게는 분명한 목표와 과정과 방법이 있어야 합니다. 간호사에게는 환자의 모든 상황을 정확하게 살피는 차트와 섬세한 보살핌의 기록이 있어야 합니다. 왜냐하면 생명을 살려야 하기 때문입니다. 교사가 구체적인 사역지침을 가지고 반 목회를 할 때 그가 맡은 주님의 양들이 건강해 집니다.

주일 오후에 당일 결석자 심방하기

초등학교 어린 시절, 처음 교회를 나갔던 때가 기억납니다. 비록 어린 시절이긴 했어도 권위적이었던 교회의 보수적인 신앙 분위기를 잊을 수 없습니다. 주일에 버스를 타거나, 물건을 사거나, 음식을 사먹으면 주일을 범하는 것으로 책망 받던 엄한 시절이었습니다. 학교 앞 전도의 감동으로 교회를 다니긴 했지만 겨우 초등학교 3학년이었던 나는 교회 문화가 낯설고 흥미가 없었습니다. 그때 나는 한 목자를 만났습니다. 초등학교 3학년 꾸러기들을 맡으신 여자 선생님은 주일 예배를 마치면 서먹서먹한 반 아이들을 데리고 때로는 떡볶이 가게로, 때로는 문방구로 가서 아이들과 함께 이야기하고 웃으며 지냈던 기억이 생생합니다.

이제야 하는 말이지만 율법적으로 평가한다면 그분은 전통과 교리에 어긋난 교사임에 틀림이 없을 것입니다. 그래도 율법의 기초도 모르는 우리로 하여금 주일을 범하게 만들고 죄를 짓게 한 것은 아니었을 겁니다. 오랜 시간이 흘러서도 그분을 생각하면 흐뭇한 미소가 떠오르고 내내 고마운 것은 왜일까요?

BCM에서 가장 강조하고 있는 주간목회사역이 교사들의 심방활동입니다. 심방을 통해서 아이들의 영혼이 찾아지고 가정 전도의 문이 열리고 아이들에 대한 사랑이 싹트고 하나님의 긍휼하신 마음이 깨달아지기 때문입니다. 심방하지 않으면 학생들의 부모가 부담스러워지고 부모가 부담스러워지면 학생들의 삶의 터전에 대한 이해가 좁아집니다. 그리고 학생들의 삶의 터전에 대한 이해가 부족하면 양을 위기에서 보호하고 필요한 꼴을 먹이기가 어려워 집니다.

심방활동의 우선순위는 당일 결석자 심방입니다. 다음은 연속 결석자 심방입니다. 그 다음은 장기결석자 심방입니다. 그리고 꼭 잊지 말아야 할 것은 모범어린이 심방입니다. 잃은 양만큼 소중한 것이 우리 안에 있는 양입니다. 우리 안에 있는 양들의 건강을 잘 살펴야 잃은 양은 한 마리로 족하게 될 것입니다. 심방의 방법은 열려 있습니다. 교사의 따뜻한 마음만 있다면 전화도, 문자도, 심방엽서도, 가정방문도, 학교나 놀이터 방문도, 또래 그룹 단위로도, 학년 연합으로도 심방의 목적을 이루는데 부족하지 않을 것입니다.

한 주간 성경 읽기와 한 달 1권 신앙서적 읽기

말씀을 영의 양식으로 삼는 목회자로서 가끔 저 스스로에게 초라해 질 때가 있습니다. 성경 66권을 손에 들고도 전할 말씀이 마땅히 잡히지 않을 때입니다. 성경읽기와 성경묵상이 한동안 단절될 때입니다. 목회자가 성경을 읽지 못하고 가까이하지 못하는 데는 너무 많은 이유가 있습니다. 그런데 그것이 하나님과 양들 앞에서 저를 자유롭지 못하게 하는 이유는 무엇일까요?

하나님 말씀에는 깨달음이 있습니다. 평안이 있습니다. 위로가 있습니다. 안식이 있습니다. 치유가 있습니다. 부르심이 있습니다. 도전이 있습니다. 순종이 있습니다. 비전이 있습니다. 용기가 있습니다. 무엇보다 소망의 하나님나라가 있습니다. 무엇보다 우리에게 힘과 능력을 주시는 성령의 능력이 있습니다. 교사의 영혼에 하나님의 말씀을 새겨야 굶주린 아이들, 불쌍한 아이들, 영적 기근에 허덕이는 아이들이 보입니다. 사랑할 수 없는 아이를, 사랑해야할 이유가 없는 가정을 사랑할 수 있게 됩니다. 하나님의 말씀을 마음에 새기면 배우고 싶은 열정과 가르치고 싶은 용기가 생깁니다.

BCM 교사플래너에는 교사를 위해 매월 교육주제에 맞는 추천도서가 제시되어 있습니다. 목자를 목자 되게 하고, 교사를 교사 되게 하고, 목자가 양들을 가슴으로 품게 하고, 교사가 아이들보다 더 낮아지게 합니다. 목자의 꼴이 풍성해지고 교사의 영혼이 맑아집니다. 책 읽는 교사는 교사직의 소명을 깨닫게 됩니다. 책 읽는 교사는 헌신의 가치를 알게 됩니다. 책 읽는 교사는 영양이 풍부한 양식을 먹고 강건해집니다. 책 읽는 교사는 아이들을 사랑하게 되고 더 헌신하게 됩니다. 영적인 양들을 키우는 반목회자에게 있어서 한 달에 한 권 책 읽기는 자신과 양들을 위해서 지켜야할 자신과의 약속입니다.

이 약속을 잘 지키려면 이렇게 합니다. 먼저 그 달의 BCM 추천도서를 자신의 용돈으로 직접 구입합니다. 평소에 짬나는 시간을 이용해서 읽어도 좋지만 매주 월요일은 다른 취미생활을 내려놓고 책 읽는 날로 정합니다. 잠자리에 들기 전에 그날 읽은 분량 만큼에 대한 자신의 소감을 SNS나 블로그에 간략히 정리합니다. 월말이 되면 교사 모임 때 몇 분의 교사의 독후감 발표시간을 가지고 격려하는 순서를 갖습니다. 가끔씩 독서 나눔을 위한 교사 북카페 모임을 갖는 것도 좋습니다. 이러한 교사 독후감 자료를 1년 동안 모아서 아담한 소책자로 엮어 다른 분들에게 소개하는 것도 교회학교에 큰 유익이 됩니다.

성경공부 준비 시간 한 주일 2시간 확보, 실행하기

예전 교사 시절에 웃지 못할 일이 있었습니다. 어떤 교사가 1부 예배는 성가대에서 봉사를 하고 예배가 끝나면 교회학교 담임교사로 봉사를 했습니다. 그 교사는 설교시간에 참 열심히 설교말씀을 메모하는 것 같았습니다. 그런데 알고 보니 설교시간에 교회학교에서 가르칠 성경공부를 예습하는 것이었습니다. 더 안타까운 것은 어떤 교사가 주일 아침에 교회 오는 교통편 안에서 성경공부를 준비했다는 말을 무용담처럼 하는 것이었습니다. 어떤 교사는 토요일 밤에 성경공부를 준비하다 보니 문방구가 문을 닫아서 성경공부에 꼭 필요한 준비물을 사지 못했다고도 했습니다. 그러면서도 너무 많은 교사들이 성경공부 시간이 부족하여 성경공부를 할 수 없다는 이유만 늘어놓는 것을 생각하면 참으로 마음이 씁쓸해집니다.

어떤 면에서 교사의 성경공부는 가르치기 위해서라기보다 오히려 배우기 위해서 준비하는 시간이라고 해도 과언이 아닙니다. 우리가 교회학교 교사라고는 하지만 정작 아이들에게 성경을 가르칠 만큼의 준비된 지식이 있거나 훈련이 된 사람은 거의 없습니다. 교사가 부족하다 보니 너무 큰 은혜로, 아니 어쩌면 마지못해 교사가 된 분들도 많을 것입니다. 그렇다고 해서 교사가 된 후 성경을 잘 가르치기 위해서 체계적인 교육을 받은 적도 없는 것 같습니다. 그래서 사실 이런 교사가 아이들에게 성경을 잘 가르치기를 바란다는 것이 모순인지도 모릅니다.

그러나 하나님은 자비로우셔서 지혜를 구하는 자에게 꾸짖지 아니하시고 주신다니 참 다행입니다. 성경을 가르치는 교사가 되었다면 잘 가르치지는 못해도 잘 배워야 합니다. 가르치기 전에 배워야 합니다. 잘 배울 수 있다면 잘 가르칠 수 있는 가능성이 커지는 것입니다. 성경은 지식이 아니라 복음이기에 머리로 가르치는 것이 아니라 삶으로 가르쳐야 합니다. 그러기 위해서는 교사가 성경을 공부하고 배우는 것에 있어서 공과 책에 답을 다는 단순한 일이 아니라 교사 자신의 부족함을 채우고 성령이 말씀하시는 바가 무엇인지 귀 기울이는 시간이어야 합니다. 이것은 양적인 시간의 문제가 아니라 마음의 간절함의 크기로 결정되는 질적인 시간의 문제인 것입니다.

목요일이 되기 전 양들에 대한 심방활동 실행하기

어린이와 학생들의 심방활동에 눈을 떠서 그 의미를 깨닫고 강조하게 된 동기가 있습니다. 아이들이 변하지 않아서입니다. 아이들이 변하지 않는 이유는 가정이 변하지 않기 때문입니다. 가정이 변하지 않는다는 말의 의미는 가정에서 부모님들이 아이들을 위해서 챙겨주고 가르쳐주고 요구하는 것이 교회의 가르침과 전혀 다른 것이라는 의미입니다. 이제는 아이들이 희망이 아닌 듯싶습니다. 가정이 희망입니다. 부모가 희망입니다. 가정이 중요하다는 이야기는 많이 했지만 실제로 교회학교 사역이 가정에 스며들게 하지는 못했습니다.

그러나 이제는 정말로 가정을 교육목회의 파트너로 삼고 가정과 부모님을 동역자로 삼아야 희망이 있습니다. 왜냐하면 많은 부모들이 자녀 문제의 해법을 찾지 못하고 서로 상처를 주고받으며 관계가 깨져 있기 때문입니다. 부모에게도 자기 자녀들의 문제에 관심을 가져주고 코칭해주고 멘토링해 줄 안내자가 필요합니다. 그 역할을 교회학교 교역자나 교사가 잘할 수 있습니다. 부모들이 보지 못하는 자녀들의 삶을 보고 나눌 수 있기 때문입니다. 자녀들이 부모보다 교회학교 교역자나 교사들에게 더 마음을 잘 열 수 있기 때문입니다.

심방에는 여러 가지 방법이 있지만 가장 기본적으로 자녀의 부모님과 대화할 수 있는 가정 심방을 권장합니다. 교역자와 부장교사 혹은 담임교사가 동행하는 것이 좋습니다. 심방을 가기 전에 교적부에 기록된 가정 형편을 보고 기도하면서 적합한 말씀을 정해서 가는 것이 좋습니다. 조금 더 준비할 수 있다면 심방 말씀을 가정에서 보관할 수 있도록 예쁜

편지지나 무늬가 있는 종이에 출력해 가거나 액자에 담아가면 선물도 되고 좋습니다.

유아교회는 특성상 교회나 카페에서 유아 나이별 부모그룹으로 심방할 수 있습니다. 어린이교회는 개별적인 심방을 권장합니다. 청소년의 경우에는 부모심방을 학생심방과 구별해서 하는 편이 좋습니다. 때로는 부모심방에 대해 함부로 개방해서는 안 될 경우도 있으니 주의를 요합니다. 초등부나 중고등부 정도 되면 어머님에게 자녀에게 큰 변화가 일어났던 사건이나 계기가 있었는지에 대해 꼭 한 번 확인해 보는 것이 이해를 구하는 데 큰 도움이 됩니다.

한 주 1회 이상 동료 교사들과 영적 중보교제 나누기

연말이 되면 교회학교 교사를 그만두겠다는 교사들로 인해 교역자의 마음이 무겁기만 합니다. 교회학교 교사를 시작한지 1~2년밖에 안됐는데 너무 힘들어서 못하겠다고 합니다. 맞습니다. 교회학교 교사로 섬긴다는 것이 그렇게 힘든 일이니 지금껏 교사로 섬기시는 분들께는 참으로 감사한 일입니다. 교회학교 교사가 경력이 얼마 되지 않아 그만두겠다는 데는 여러 가지 이유가 있을 수 있지만 가장 큰 이유 중에 하나는 영적 탈진입니다. 교사의 영적 탈진은 반 목회자의 일의 무게가 은혜의 무게보다 크다고 느껴질 때 찾아옵니다.

개인 능력의 차이를 떠나 교사로서 바른 정체성을 가지고 수행을 하면 교사 자신의 신앙도 성장하고 보람도 느끼게 됩니다. 아이들과 함께 지내는 것이 때로는 너무 피곤하고 상처도 입고 한계를 느낄 때도 있지만 결코 떠날 수 없는 사랑스러운 아이들인 것을 확신하게 됩니다. 교사가 기도하면 학생들의 심령이 변합니다. 기도하면 문제가 해결됩니다. 기도하면 작아도 부흥합니다. 기도하면 상처가 치유됩니다. 기도하면 교사가 성장합니다.

교사의 반 목회는 영적인 일이기 때문에 교사가 영적으로 준비되어 있지 않으면 문제가 생깁니다. 교사가 기도하지 않으면 목소리가 커집니다. 기도하지 않으면 싸웁니다. 기도하지 않으면 수고가 헛됩니다. 기도하지 않으면 은혜 뒤에 실족합니다. 기도하지 않으면 서로 남을 탓합니다. 기도하지 않으면 헌신도 헌금도 없습니다.

교사들의 영적 중보와 교제는 기도를 통해서 은혜를 나누는 것이 가장 좋습니다. 매주나 매월 부서나 교회학교 전체 교사기도회를 정례화하여 아이들의 문제나 교사 자신의 문제를 솔직히 나누고, 서로에게 도움을 구하고 필요를 채워주며 격려하고 위로부터 오는 능력과 은혜를 사모하는 시간을 통해 교사들이 가까워지고 강건해지며 회복이 되고 힘을 얻게 됩니다. 교사들 간의 친밀한 교제가 교사가 아이들에게 먼저 다가가서 헌신하게 하고 사랑하게 하는 원동력이 됩니다.

BCM 교사의
프로그램 사역

정영호 목사
BCM 교육목회 책임코치 · 한우리교회

프로그램의 참 의미 되찾기

많은 교회들이 교육 프로그램을 외면하거나 그저 흥미 위주의 놀이로
전락시키고 있습니다. 시간이 없다는 이유가 대부분이지만, 교회가 예
배와 성경공부 외의 교육에 투자하고 헌신할 만큼의 여력을 갖지 못하는
것도 문제입니다. 전통적으로 신앙 교육은 예배와 성경공부 그리고 연
관된 프로그램에 이어 주간의 돌봄을 주로 하는 주간목회의 형태를 띠어
왔습니다. 그 가운데 예배와 성경공부는 대부분의 교회가 필수적인 사
항이라 생각하고 계속 유지합니다. 그런데 프로그램과 주간목회는 상대

적으로 점점 외면 당하거나 시행하기에 열악해 지는 것이 현실입니다.

학교교육에서도 마찬가지이지만 교육 프로그램은 교실과 교재 중심의 교육 상황을 벗어나 교육하고자 하는 주제와 관련하여 보다 실물적인 것들을 체험하게 하거나 그와 유사한 패턴을 경험하게 하고, 한 가지 주제에 대하여 보다 심화된 집중력으로 사고하게 하는 것이 목적이 됩니다. 수학여행이나 소풍이 단순한 유희나 놀이가 목적은 아닐 것입니다. 그것은 교실에서 다 다룰 수 없는 교육과제들을 현장으로 가서 실제로 경험하게 하고 경험한 것들을 교실에서 배운 것과 통합하여 보다 종합적이고 체계적인 지식을 형성하도록 하는 데 목적이 있습니다. 결국 이런 활동들이 교육의 어떤 주제 내용을 전수하는 데 있어서 매우 도움이 되는 것은 당연한 것입니다. 교회교육 역시 마찬가지일 것입니다. 지난 20세기 100년, 교회교육이 학교교육을 따라가느라 학교식 교육이 갖는 전형적인 특징, 즉 교실이나 준비된 교사, 교재 등의 여건을 구비해 온 것이 주지의 사실입니다. 이런 가운데 교회교육 역시 교실 중심, 혹은 교재 중심의 교육에 치우쳐 신앙 교육이 다루어야 할 실물적이고 실천적인 것들을 점차 외면한 것이 사실입니다. 신앙교육에서 실천과 실물과의 교육적 교류는 점차 극복하고 회복해야할 과제일 것입니다. 그리고 프로그램의 활성화를 통해서 이런 것들을 이룰 수 있습니다.

교회교육 전문가들 사이에서 프로그램은 일단 중요한 의미가 있다고 전제됩니다. 프로그램은 유아와 어린이, 청소년들로 하여금 그리스도인으로서의 삶을 실험하게 하는 장의 역할을 합니다. 프로그램은 유아와 어린이, 청소년들로 하여금 그들이 예배와 성경공부 등을 통해 배운 그리스도인으로서의 삶의 자세를 심화하고 강화하며, 한 번 정도 시뮬레이션 하도록 하기 위한 것입니다. 마치 군대의 훈련소처럼 그리스도인의 삶 역시 그 배운 바대로의 삶을 실험적으로 구현해 보는 일은 중요합니다. 결국 BCM 교육목회를 수행하는 교사는 실천과 실물체험을 중요하게 여기는 프로그램을 중심으로 가르치는 일을 중요하게 여겨야 합니다. 유아와 어린이, 청소년들로 하여금 각자의 삶으로 나아가기 전 한 번쯤 그들이 무엇을 가지고 어떻게 살아야 할지를 배울 수 있도록 해야 합니다.

성서의 이야기로 프로그램 이해하기

예수님의 공생애 3년은 제자들이 부르심 받은 제자로서의 합당한 삶을 경험할 수 있게 하신 일종의 실험 캠프였습니다. 예수님께서는 제자들로 하여금 하나님의 사랑을 전하는 복음의 일꾼으로 설 수 있도록 하셨는데, 오늘날의 교육적 안목에서 볼 때 그 프로그램들은 참으로 다양했습니다. 예수님은 가르치시되 심화하고 강화할 수 있는 기회를 제공하며 가르치셨고, 이런 식의 실험적 가르침에 사용된 프로그램들을 통해 제자들이 제자로서의 삶에 더욱 밀착되고 더욱 공고한 삶을 일구도록 인도하셨습니다.

실전적인 프로그램: 70인 전도대(눅 10:1~16)

예수님께서는 먼저 제자들로 하여금 복음을 전하고 복음으로 사는 삶에 대한 실전적인 경험을 갖게 하셨습니다. 누가복음 10장 1~16절에는 70인 전도대의 이야기가 나옵니다. 갈릴리 사역을 마치신 예수님께서는 공생애의 마지막 때가 가까이 다가옴에 따라 당신의 제자훈련 사역을 마무리 지으셔야 했습니다. 특별히 예수님께서는 제자들에게 가르치신 복음 전하는 삶, 복음의 능력으로 사는 삶에 대해 실질적인 훈련의 기회를 만드셨습니다. 그리고 제자들로 하여금 예수님께서 계시지 않는 동안에도 보다 강화된 증인의 삶을 살도록 하실 필요를 매우 실험적인 프로그램으로 이루셨습니다. 예수님께서는 열두 제자 외에 70인에 달하는 대규모 복음 전도단을 선정하시어 친히 그들을 파송하셨습니다. 예수님께서 인간으로 오셔서 물리적으로 여러 곳을 다니셨지만, 그 3년의 기간 동안 다 다니지 못하신 곳, 더 나아가 예수님의 승천 이후 제자들이 더 다니며 복음을 전해야 할 곳들에 이 70명의 제자들을 파송하신 것입니다. 중요한 것은 예수님께서 제자들을 파송하시면서 그들이 지켜야 하는 규칙을 정하셨다는 것입니다. 누가복음 10장에서 예수님은 제자들을 파송하시면서 다음의 몇 가지 규칙을 세우시고 제자들이 이 규칙을 따라 복음 전하는 사역에 참여하도록 하셨습니다.

1. 둘씩 짝을 지으시다(1절).
2. 파송 받는 곳의 특징을 설명하시다(2절).
3. 전대나 배낭이나 신발을 가지지 말게 하시다(4절).
4. 아무 하고나 함부로 인사를 나누지 말게 하시다(4절).
5. 어느 집에서든 먼저 하나님 나라의 평안을 전하게 하시다(5절).
6. 그 집에서 주는 것만 먹고 마시게 하시다(7절).
7. 이 집, 저 집 원하는 대로 옮겨다니지 않게 하시다(8절).
8. 주의 이름으로 병자를 고치고 하나님 나라를 선포하는 일에 집중하게 하시다(9절).
9. 영접하지 않는 곳에 대해서는 미련조차 갖지 않게 하시다(10,11절).

전도와 하나님나라 전파를 위한 예수님의 제자훈련 프로그램의 특징은 실전을 통한 체험과 강화입니다. 예수님께서는 제자들의 복음 전도 체험을 일정한 지침과 함께 제안하셨습니다. 예수님께서는 제자들이 온전한 복음 전파를 위해 어디서, 무엇을, 어떻게, 누구와 해야 하는지에 대해 적절한 지침을 제공하시고 제자들로 하여금 그 규칙과 지침을 따라 실제 프로그램에 참여해 보도록 하셨습니다. 예수님의 체험 프로그램은 생각보다 구체적입니다. 적어도 아주 상식적인 수준에서 육하원칙에 입각해 있습니다. 언제, 어디서, 무엇을, 어떻게, 왜, 누구와 해야 하는지가 자세하게 제시되어 있습니다. 또, 예수님께서는 체험 프로그램을 제안하시면서, 제자들이 겪게 될 다양한 상황에 대해 예견도 하셨습니다. 그리고 그 주어진 변칙적인 상황에서 어떻게 대처해야 하는지에 대해서도 자세하게 지침을 제공하셨습니다. 제자들은 예수님께서 제공하신 지침을 따라 충실하게 그 프로그램을 수행했습니다. 그리고 놀라운 경험을 하게 되었습니다. 악한 세력들이 무릎 꿇게 되고 귀신들이 항복하게 된 것입니다(눅 10:17).

예수님께서 프로그램의 규칙과 지침을 제공하신 이유는 제자들이 올바른 신앙 방식을 알고 그것을 실천하면서 몸에 익숙하게 만들기 위함입니다. 예수님께서는 무엇보다 당신의 부재상황, 당신이 승천하신 후의 상황을 염두에 두셨습니다. 그리고 예수님 부재의 상황에서도 복음 전파가 계속되어야 한다는 전제에서 제자들을 실전과 같이 훈련시키셨습니다. 제자들은 예수님께서 제시하신 규칙과 지침을 따라서 성실하게 그 파일럿 사역에 임했습니다. 그리고 놀라운 은혜와 변화를 체험하게 되었습니다.

심화하는 프로그램: 가이사랴 빌립보(마 16:13~20)

두 번째로 예수님께서 보여주신 프로그램은 점진적으로 주제와 목적을 향하여 심화하는 방식입니다. 마태복음 16장 13~20절은 예수님께서 제자들과 더불어 가이사랴 빌립보로 여행을 가시고 그곳에서 제자들과 대화하신 내용입니다. 여기서 예수님께서는 당신의 공생애를 중간 결산하시고 이제 본격적으로 십자가 수난을 향하여 나가시기 전에 제자들을 준비시키고 계십니다. 일종의 예수님 사역의 전환점입니다. 예수님은 그 전환점에서 당신의 사역에 제자들을 집중시키십니다. 그냥 단도직입적으로 집중시키신 것이 아닙니다. 학습자의 상황을 고려하여 점진적으로 심화하여 접근하고 계십니다.

대략은 이렇습니다. 어느 날 갈릴리에서 예수님께서 제자들더러 가이사랴 빌립보로 가자고 하셨습니다. 가이사랴 빌립보는 헬몬산 바로 아래 갈릴리의 북동쪽에 위치한 로마화되고 매우 빌달된 큰 도시였습니다. 이름도 가이사랴, 즉 로마의 황제를 뜻하는 곳이었고 덕분에 당대의 많은 사람들이 이 도시의 이름이 상징하는 바와 더불어 도시에 출입하고 도시의 문명화된 체계로부터 혜택을 누렸습니다. 무엇보다 이 도시는 로마화된 신들을 많이 숭배하는 곳이었습니다. 물론 황제 신도 숭배하는 곳이었습니다. 말하자면, 당대의 종교와 정치, 경제가 집중된 소규모의 메트로폴리탄 도시였던 것입니다. 예수님께서는 지금 그런 곳으로 일종의 제자들과의 학습 소풍을 계획하셨습니다. 도시에 도착한 제자들은 도시의 번화한 풍광에 놀랐습니다. 그들이 살다 온 갈릴리와는 사뭇 다른 매우 발달된 도시였던 것입니다. 무엇보다 놀란 것은 그 도시의 여러 신전들이었습니다. 보기에도 휘황찬란한 색깔의 건물들이 즐비했는데, 모두 신을 모시는 곳이었습니다. 제자들은 속으로 생각했을 것입니다. '우리가 모시는 예수님이 하나님의 아들이시라는데, 여기 이 도시의 신들이 훨씬 화려하고 멋있고 힘 있어 보이는 걸?' 그때 예수님께서 도시의 신전이 가득한 광장 한복판에서 어리둥절해 하는 제자들에게 물으셨습니다. "사람들은 날더러 누구라고 하더냐?" 제자들이 서로 눈치를 보다가 조심스럽게 "엘리야 혹은 예레미야 혹은 세례요한이 살아왔다고 합니다."라고 대답했습니다. 예수님께서는 주변을 한 번 둘러보시고는 베드로를 지그시 쳐다보시면서 다시 물으셨습니다. "너희는 나를 누구라고 하느냐?" 그때 베드로는 주저없이 대답합니다. 주변의 화려한 신전의 위용은 안중에도 없다는 듯 그는 담대하게 외칩니다. "주님은 그리스도시요, 하나님의 아들이십니다." 그 대답을 들으신 예수님께서는 비로소 당신이 하나님의 아들, 메시아로서 해야할 일 즉, 십자가를 저야할 일을 제자들에게 가르치셨습니다.

예수님의 가이사랴 빌립보의 고백 프로그램은 한마디로 점진적으로 심화하는 교육방식이었습니다. 예수님께서는 일단 상황과 현장을 극단적으로 만드셨습니다. 그리고 예수님에 대한 사람들의 평가를 물으셨습니다. 그리고 나서 동일한 질문에 대하여 제자들의 대답을 요구하셨습니다. 제자들은 가이사랴 빌립보의 종교적 상황을 바라보면서 이미 예수님께서 의도하신 바가 무엇인지를 가늠했을 것입니다. 예수님께서 주변의 화려한 신전들을 의식하면서 두 번째 질문을 던지셨을 때에는 차라리 대답하기가 편했습니다. 주변 사람들의 품평을 늘어놓음으로써 적당히 둘러댈 수 있는 기회를 얻을 수 있겠다 싶었던 것입니다. 그러나 그들은 예수님의 주도면밀한 심화에 빨려 들고 말았습니다. 이 모든 상황에서 예수님에 대해 무엇이라고 대답할 것인지 물으시는 그 질문에서 그들은 이제껏 배워오고 이제껏 목격해온 것들을 기반으로 분명한 대답을 할 수밖에 없게 된 것입니다. 예수님께서는 마지막 최종적인 심화 단계에서 비로소 당신이 메시아로서 이 땅에서 해야 할 일을 말씀하십니다. 예수님은 거기 가이사랴 빌립보의 화려한 신전에 있는 신들이 하는 방식의 권위적이고 현실감 떨어지며, 의미 없는 종교적 행위를 일으키기 위해 이 땅에 오신 분이 아니십니다. 예수님은 십자가에서 자기를 희생하여 세상을 구원으로 인도하기 위해 이 땅에 오신 메시아이십니다.

1. 가이사랴 빌립보라는 교육의 장을 형성하시다.
2. 예수님에 대한 주변의 평가를 물으시다.
3. 본격적으로 예수님에 대한 제자들의 생각을 물으시다.
4. 마침내 예수님의 십자가 사역에 대해 이야기하시다.

예수님께서 가이사랴 빌립보 고백 프로그램에서 보여주신 교육의 특징은 간단합니다. 점진적인 심화입니다. 예수님께서는 제자들과 그동안 나누신 것들을 최종적으로 확증하고 싶으셨습니다. 제자들과 더불어 예수님의 사역 다음 단계로 나아가기를 원하셨습니다. 다음 단계를 밟기 위해서 필요한 것은 바로 제자들의 확증 어린 고백이었습니다. 예수님께서는 따라서 제자들과 더불어 그들이 배워 온 것을 확실하게 다지는 시간을 가지셨습니다. 그리고 제자들에게 그 확증의 단계로 나아가기 위한 점증적 심화의 과정을 제공하셨습니다. 예수님께서는 제자들로 하여금 스스로 생각하게 하셨습니다. 예수님께서는 정해진 내용을 주입하듯 전달하지 않으셨습니다. 교육학자 제인 힐리(Jane Hilly)는 "선생님이 너무 말을 많이 하는 것은 높은 수준의 논리적인 사고를 하는 데 방해가 되는데 그 이유는 그것이 학생들이 스스로 생각하는 것을 막기 때문이다."라고 했습니다. 예수님은 제자들이 스스로 생각하기를 원하셨습니다. 이런 정신적인 씨름은 우리의 믿음을 더욱 공고하게 하고 심화하게 하며 풍성하게 하는 데 큰 도움을 줍니다. 예수님은 우리의 생각을 흔드셔서 우리가 더욱 깊은 배움의 단계, 심화의 단계로 나아가도록 도와주십니다.

모범을 보이는 프로그램: 세족식(요 13:1~20)

세 번째로 예수님께서는 본을 보이는 모범으로 당신의 교육 프로그램을 구성하셨습니다. 요한복음 13장 1~20절에는 예수님의 세족식 이야기가 나옵니다. 예수님께서 체포 당하시기 하루 전 저녁 마가의 다락방에서는 최후의 만찬이 열렸습니다. 그곳에서 예수님께서는 서로 높아지려 다투는 제자들에게 섬김의 도야말로 당신의 제자가 되는 지름길임을 몸소 행동으로 보이셨습니다. 제자들의 발을 씻기신 것입니다.

발을 씻기는 의식은 사실 창세기부터 나옵니다. 창세기 18장과 19장에 아브라함과 롯이 하나님의 두 천사를 영접하면서 그들의 발을 씻기는 장면이 등장합니다. 당대 사람들 사이에서 상대의 발을 씻기는 것은 먼 길을 온 귀한 손님에게 예를 다하는 모습입니다. 팔레스타인 사람들은 대개 샌들을 신거나 맨발로 다녔습니다. 따라서 외출하고 돌아왔을 경우 발에 쌓인 먼지를 씻지 않으면 위생상으로 문제가 많았고 집안의 이곳저곳을 더럽힐 염려도 있었습니다. 그러므로 만찬이 열리면 주로 주인이 종으로 하여금 손님의 신을 벗기고 발을 씻어 주도록 하는 것이 일반적인 관례였습니다.

제자들과 예수님이 지금 막 만찬 장소에 들어와 자리에 앉았습니다. 그런데 그 장소에는 아마도 종이 따로 없어 누구 하나 신을 벗기고 발을 씻길 만한 사람이 없었습니다. 그렇다고 제자들 가운데서 이 일을 자청해서 하는 사람도 없었습니다. 왜냐하면 손님들의 발을 씻기는 일은 유대 사회에서 종들 가운데서도 제일 하급의 종이 하는 일이었기 때문입니다. 이때 예수님께서 묵묵히 자리에서 일어나셨습니다. 그리고 제자들의 발을 씻기기 시작하십니다. 베드로는 거절했습니다. 종이 상전에게 하는 일을 선생님이 제자들에게 베푸니 당연히 거절한 것입니다. 그때 예수님께서 말씀하셨습니다. "내가 너를 씻어 주지 아니하면 네가 나와 상관이 없느니라"(요 13:8). 예수님께서는 비천한 종과 자기를 동일시하였습니다. 예수님께서는 제자들과의 마지막 순간에 다른 무엇보다도 서로 사랑하며 섬기는 일이 제자들에게 중요한 것임을 아셨습니다. 당신의 십자가 정신은 그렇게 섬기는 사랑, 희생하는 사랑에서 비롯된 것이며 그 십자가의 정신을 이어받아야 하는 제자들이 그것을 이해하는 것이 무엇보다 중요했던 것입니다. 결국 예수님은 그것을 가르치시기 위해 모범을 보이신 것입니다.

예수님의 세족식 프로그램은 당신의 십자가 사랑과 그 사랑이 세상에 전파되어야 하는 방식으로서 섬김과 희생의 사랑을 제자들에게 가르치기 위한 모범을 보이는 방식이었습니다. 본을 보이는 것은 무엇보다 빠른 전파력을 갖습니다. 게다가 평소에 존경해 마지 않는 스승에게서 그 본을 배우는 것이야말로 가장 강력한 영향력일 것입니다. 그래서 예수님께서는 이 프로그램의 마지막에서 이렇게 말씀하셨습니다. "내가 주와 또는 선생이 되어 너희 발을 씻었으니 너희도 서로 발을 씻어 주는 것이 옳으니라 내가 너희에게 행한 것 같이 너희도 행하게 하려 하여 본을 보였노라"(요 13:14~15). 핵심은 간단합니다. 본을 보이시고 그 본을 보인 행동의 의미를 가르치셔서 제자들로 하여금 그대로 행하게 하신 것입니다.

간접적인 경험의 프로그램: 성만찬(눅 22:14~23)

예수님의 교육 프로그램 가운데 마지막은 간접적인 경험을 위한 것입니다. 누가복음 22장 14~23절에는 예수님께서 제자들과 마지막으로 나누신 성만찬 이야기가 나옵니다. 유월절 때였습니다. 예수님께서 십자가에 돌아가신 것이 유월절 전날이었으니, 아마도 이날은 유월절 이틀 전이었을 것입니다. 유대인의 하루 개념으로 비추자면 하루 전이라고 할 수도 있겠습니다. 이날 유대인들은 일반적으로 유월절에 만찬을 나눕니다. 유월절의 참된 의미는 억압과 고통으로부터 해방된 것을 기념하는 것입니다. 유대인들은 이날 해방과 구원을 기념하며 소위 유월절의 식사를 나누었습니다. 예수님께서는 이날 나눈 빵과 포도주를 이용하여 당신의 죽으심과 부활로 이루어지는 하나님의 세상 구원에 관한 참 의미를 나누고 계십니다.

이날 예수님께서는 스스로를 유월절 어린양으로 삼으셨습니다. 나중에 있을 십자가 사건을 상기하는 것이지만 이 시간에는 스스로 유월절 제물로서 그 피와 살을 대속물로 내어주실 것에 대해 이야기하셨습니다. 그리고 제자들과 더불어 떡을 떼는 일과 포도주를 마시는 일이 바로 당신의 살과 피를 나누는 상징적인 행위임을 알리셨습니다. 결국 제자들은 유월절의 포도주와 빵을 나누면서 예수님의 살과 피 즉, 예수님의 십자가 희생과 구원을 기억하며 그 사랑의 의미를 나누는 도구를 얻게 된 것입니다.

그래서 예수님은 누가복음 22장 19절에서 '기념하라'고 말씀하셨습니다. 출애굽기 12장 14절에 사용된 것과 같이 '기념하다'라는 말은 '기억하다', '암송하다'라는 뜻을 갖고 있습니다. 유월절적인 표현으로 보자면 배은망덕하게 하나님의 은혜와 구원의 역사를 잊거나 경시하지 않도록 하기 위하여 경건히 기억하라는 말입니다. 예수님에게 비추어 보자면 스스로 유월절 희생양이 되신 예수님의 십자가 사랑, 그 희생으로 흘리신 피와 그 희생으로 바쳐진 살을 기억하라는 것입니다. 이렇게 기억하고 암송하게 하는 행위는 매우 교육적인 행위입니다. 예수님께서는 성찬 프로그램을 통하여 제자들에게 예수님의 십자가 희생과 구원을 간접적으로 경험하게 하셨습니다. 그리고 그 십자가 희생 사건을 믿음으로 기념하는 가운데 그를 기념하는 이들에게 동일한 구원의 역사가 일어나게 될 것을 말씀하셨습니다.

이 말씀 가운데 발견하게 되는 예수님의 프로그램의 특징은 바로 간접적인 경험입니다. 제자들, 심지어 오늘날의 교회들도 예수님께서 가르쳐 주신 그대로 프로그램을 재현합니다. 그 프로그램 가운데 포도주와 빵을 높이 들고서 예수님의 십자가 사건을 기억하고 그것을 기념하며 그 은혜와 사랑이 오늘 우리에게 여전히 의미 있고 영속적으로 완성되기를 기원합니다. 그리고 이 땅 가운데 복음을 알지 못하는 형제와 자매들에게도 동일하게 나타나게 되기를 소망합니다. 기념한다는 것은 그 의미를 머리로, 마음으로, 몸으로 기억하고 재현하여 그 의미가 후대의 누군가에게 영향력으로 드러나도록 하는 일입니다. 예수님께서는 성만찬 프로그램을 통해 예수님의 십자가를 기념하게 하셨습니다. 이렇게 상징적인 것, 간접적이지만 그 의미를 나누는 가운데 영향력이 동일하게 살아나도록 하는 것이야말로 교육적으로 매우 가치 있는 일입니다. 우리는 많은 부분에서 옛 것을 기념하는 가운데 그 옛날에 있었던 일들이 오늘에도 동일한 힘과 능력으로 우리에게 드러나고 이루어지기를 바랍니다. 바로 이런 의미에서 예수님의 성만찬은 오늘에도 구원의 영향력으로 우리에게 실현되는 프로그램입니다.

BCM 프로그램의 구조

　BCM 교육목회 프로그램의 구조를 이해하기 위해 매우 형식적인 몇 가지를 먼저 정리해 보아야 할 것 같습니다. 일반적으로 BCM 교육목회가 제공하는 프로그램은 형태에 따라 다음과 같이 네 가지로 나누어 볼 수 있습니다. 첫 번째는 기초적/지속적 프로그램으로, 매년 한 회 이상 지속적으로 반복하여 실천하는 절기나 시즌 프로그램들을 의미합니다. 이것은 BCM 교육목회의 중추적인 프로그램으로, 가장 기초적인 내용이면서도 지속적으로 운영해야 하는 프로그램입니다. 두 번째는 기초적/단속적 프로그램입니다. 내용은 기초적이고 필수적이나 때때로 필요할 때 실행되거나 혹은 실행되어도 짧은 기간으로 지속적인 과정을 보충하는 프로그램입니다. 세 번째는 선택적/지속적 프로그램입니다. 기초적인 내용은 아니지만 가르쳐야 할 내용으로 주로 구성되며, 한 번 개설되면 일정 기간 지속적로 운영해야 하는 프로그램입니다. 주로 학생들의 영적 요구나 신앙적인 흥미를 증진하고 만족시키기 위한 과정입니다. 마지막으로 선택적/단속적 프로그램입니다. 주로 학생들의 참여를 유발하는 흥미 위주의 프로그램입니다. 개최시기도 임의적이고 시간도 단회적이거나 짧습니다. 이 네 가지의 구분은 BCM 프로그램의 구조를 파악하는 데에 필수적인 사항입니다. 이 네 가지 형태로 프로그램의 구조를 파악하고 관리한다면 일 년 계획을 설정할 때 편리하면서도 효율적인 교육효과를 얻을 수 있습니다.

　BCM 프로그램은 기본적으로 재미와 의미가 통합적으로 운영되는 프로그램을 지향합니다. 일반적으로 프로그램은 5가지 영역으로 구분됩니다. 첫째는 영성 프로그램입니다. BCM 프로그램 중 주로 믿음마루의 영역에서 실행되며 예배 혹은 집회와 관련된 프로그램이나 영성을 함양하기 위한 겨울 수련회 등이 여기에 포함됩니다. 두 번째는 지적 학습 프로그램입니다. 주로 새김마루의 영역에서 이루어지며 성경공부와 제자훈련 등이 있습니다. 세 번째, 공동체 교제 프로그램은 주로 사랑마루의 영역으로 중보기도나 영적인 교제와 나눔, 심방과 돌봄 등이 여기에 포함됩니다. 네 번째는 대사회적 봉사 프로그램입니다. 주로 섬김마루 영역에서 실행되며 소그룹별 사회봉사, 사랑 나눔 등이 여기에 포함됩니다. 마지막은 전도와 선교 프로그램으로 주로 소망마루의 영역에서 발생합니다. 주로 선교적 비전을 고취하고, 전도행사 등이 여기에 포함됩니다. 각 프로그램들의 범주에서 알 수 있듯이 BCM 프로그램은 매우 개인적인 훈련과 교육을 강조하는 새김마루의 학습 프로그램에서 주로 중소그룹이나 중대그룹 중심으로 진행되는 믿음마루와 사랑마루 프로그램, 그리고 마지막으로 세상과 사회를 향하여 교회가 수행하는 봉사와 선교를 중심으로 진행되는 섬김마루와 소망마루 프로그램으로 구분됩니다. 그럼 이제 각 마루별 프로그램들이 앞서 성서적인 예수님의 프로그램의 입장에서 어떻게 구성되고 강조되는지에 대해 나누어 보겠습니다.

실전적인 훈련을 위주로 하는 캠프 프로그램

캠프는 성경말씀을 집중적으로 배우고 사회성을 강화하는 데 매우 유용한 교육 프로그램입니다. 신앙교육과 더불어 기초생활교육과 공동체 훈련에 큰 효과를 주는 활동입니다. 또한 캠프를 통하여 학생들의 특성과 행동을 더 잘 파악하고 이해할 수 있습니다. 캠프기간은 교사와 학생이 피부를 맞대며 지낼 수 있는 교육적으로 좋은 기회입니다. 교사의 말한마디, 행동 하나 하나, 표현들이 직접적으로 학생들에게 전달됩니다. 그리고 학생들의 반응도 주의 깊게 관찰하고 그에 따른 적절한 대응을 할 수 있습니다. 함께한다는 친밀감을 통해서 관계를 향상시키고, 교육적인 가르침도 더 깊이 전달할 수 있는 장점이 있습니다.

BCM 교육목회의 프로그램은 다수의 캠프 프로그램들을 가지고 있습니다. 특별히 캠프 프로그램은 계절과 주제에 따라서 다양하게 준비할 수 있습니다. 겨울과 여름 캠프, 별도의 1박 2일의 캠프 등을 다양한 주제로 실행할 수 있습니다. 특별히 1박 2일의 다양한 특별한 캠프 프로그램을 제시합니다. 예를 들어 이스라엘 민족의 광야생활을 체험해 보는 '텐트 투나잇' 또는, 찬양이라는 한 가지 주제를 집중적으로 배울 수 있는 '찬양스쿨' 등 다양한 주제와 형태로 제시하고 있습니다. 앞에서 살펴본 70인의 전도대도 전도캠프의 한 형태로 볼 수 있습니다.

배운 말씀을 심화하는 프로그램

신앙교육의 목표를 이루기 위한 교육방법으로 반복교육과 개별화교육이 있습니다. 반복교육은 동일한 주제를 다양한 방법으로 반복해서 가르침으로써 학생들의 마음에 신앙의 진리들을 심는 작업 즉, 심화과정입니다. 개별화교육은 학생들 각각의 개성과 상황에 따른 눈높이학습을 하는 것입니다. 학생들에게 있어서 동일한 주제 하에 흥미와 의미와 체험과 적용이라는 네 요소를 유기적으로 잘 연결하여 반복 및 개별화교육이 이루어져야 합니다.

BCM 프로그램은 다양한 방법들을 통해서 주제를 더욱더 심화하여 가르칩니다. 앞에서 살펴본 가이사랴 빌립보에서 제자들에게 사용하신 예수님의 프로그램과 같은 내용입니다. 심화시키기 위한 방법으로는 반복과 다양성입니다. 예를 들면 섬김이라는 주제를 알려주기 위해 조사를 하고, 저금을 하고, 축제를 하고, 예배를 드리는 다양한 프로그램들을 갖습니다. 이런 다양한 형태의 프로그램을 계속해서 시행함으로 섬김의 주제를 반복적으로 접하도록 합니다. 그렇게 되면 한 가지 주제를 강화시키는 효과를 가져 오게 됩니다. 프로그램은 학습자의 상황에 맞는 활동들을 통하여 내용을 이해시키고, 더 심화된 단계로 이끌어주게 됩니다.

모범된 삶의 예시로 가르치는 신앙생활 프로그램

학생들은 다양한 삶의 환경을 가지고 있습니다. 브론펜브레너(Martin Bronfenbrenner)는 생태학적 체계이론을 통하여 학생들을 둘러싸고 있는 여러 가지 환경들 가운데 가장 직접적인 영향을 주는 환경인 미시체계에 대해 연구했습니다. 이 미시체계에는 가정, 학교, 학원, 놀이, 또래, 교회 등이 포함됩니다. 여기서 교회는 학생들이 살아가는 삶의 영역 가운데 하나입니다. 물론 교회라는 영역이 학생들의 삶의 전부는 아닙니다. 그런데 교회라는 공간적인 영역에서 경험한 것들이 학생의 삶에서 신앙이라는 범주로 학생을 둘러싼 주변의 모든 것에 대하여 영향력을 갖습니다. 즉, 학생은 교회에서 형성한 신앙적인 생각과 자세 등으로 가정, 학교, 학원, 놀이, 또래 가운데서 올바른 신앙인의 삶을 살 수 있게 되는 것입니다. 이런 것들을 가능하게 하는 힘은 모범된 한 사람이나 공동체의 영향력입니다. 함께 교회에 다니는 부모, 교사, 목회자, 교회의 지도자 등이 그 모범된 신앙인으로서의 삶을 통하여 학생들에게 환경적인 영향을 끼칩니다. 그리고 그렇게 형성된 신앙적인 삶이 학생이 살아가는 다른 영역에서 일관성 있게 드러나게 됩니다.

BCM 교육목회의 프로그램은 교회에만 제한된 프로그램이 아닙니다. BCM 프로그램은 어린이와 청소년들이 그들의 일상생활 가운데 실천할 수 있는 삶의 지침과 방식 등을 제공합니다. 예를 들면 평소에 가지고 다닐 수 있는 물건을 만들어서 그것을 가지고 신앙인으로서의 삶의 예표를 드러나게 하는 것과 같은 활동들을 말합니다. 이렇게 신앙이 영향력이 되도록 하는 프로그램의 대부분은 물건 하나 만드는 무미건조한 것이어서는 안 됩니다. 신앙의 영향력으로 일관성 있는 삶을 꾸릴 수 있도록 하는 일은 교회의 누군가가 모범이 되고 사례가 되는 삶을 교육적인 프로그램으로 이끌어 내어 그 본이 되는 삶을 도제적으로 전수할 때 가능한 것입니다. 이렇게 도제적(徒弟的)으로 모범이 되는 삶을 통해 유아와 어린이, 청소년들은 그 모범된 범례들을 기반으로 각자의 일상생활에서 신앙인으로서 어떻게 살아야 하는지를 배우게 됩니다. 예수님께서도 세족식 프로그램을 통해 일상에서 실천할 수 있는 삶의 모습을 모범으로 보여주셨습니다. 예수님의 세족식처럼 교회는 모범이 되고 샘플이 되는 교육 프로그램을 통해 어린이와 청소년의 삶에 그리스도인다움을 심어주도록 해야 할 것입니다.

간접적인 경험을 나누는 주말 프로그램

BCM 교육목회 프로그램은 변화하는 사회상을 따라 사회문화적인 트렌드 흐름에 맞춘 프로그램 개발에 앞장서고 있습니다. 대표적인 것이 주일만이 아닌 주말에 확장된 교육 프로그램을 운영하는 것입니다. 2012년 3월부터 우리나라의 모든 학교들이 주 5일제 수업을 합니다. 따라서 토요일부터 시작되었던 주말 개념이 금요일부터로 바뀌게 되었고 교회학교는 학생들을 위한 교육시간을 많이 확보할 수 있게 되었습니다. 그러나 동시에 주 5일 근무제와 주 5일제 수업은 교회에 어려움과 갈등상황을 안겨주게 됩니다. 즉 주 5일제 수업은 한국교회에 위기이자 기회입니다. 이때 교회는 보다 다양한 제자훈련 프로그램과 신앙 강화 프로그램 등 교회가 제공할 수 있는 윤리적이고 다양한 사회봉사 프로그램들을 운영하여 시대적인 흐름에 대처할 수 있습니다.

특별히 BCM 교육목회는 이 기회를 잘 살리기 위해 주말 프로그램을 제시하고 있습니다. 예를 들면 한 달에 한 번 토요일에 부모와 어린이가 함께하는 구역예배를 드리게 하여 부모와 또래 어린이들이 함께 교제하는 가운데 신앙을 나누도록 합니다. 혹은 주말에 교회에서 하룻밤을 머무는 아주 간단한 캠프 프로그램을 운영합니다. '처치 스테이(church stay)'가 대표적입니다. 이외에도 4주간의 제자훈련 프로그램을 만들어서 토요일마다 진행하여 토요일에 함께 모여 더욱 집중된 사역이 이루어질 수 있도록 합니다.

영적 삶의 실험 기회를 제공하는 반 목회자

우리가 어떤 정보를 접하고 사흘이 지났을 때, 어떤 수단으로 그 정보를 접했는지에 따라 그 정보를 보존하는 능력이 다음과 같이 차이를 보입니다. 읽기 10%, 듣기 20%, 보기 30%, 보고 듣기 50%, 공부하기 60%, 큰소리로 낭송하기 70%, 그리고 어떤 것을 직접 수행했을 때 90% 등입니다. 그런데 한 가지 특이한 것은 복음을 통해 그 지식을 접했을 때는 그것을 100% 기억할 수 있다고 합니다. 여기서 복음이라는 것은 우리의 지적인 것과 정적인 것, 그리고 행동적인 의지에 관한 것, 나아가 우리 삶의 기반이요 통합으로서 영적인 것까지를 동시에 터치하는 일종의 통합적인 교육이 이루어질 때를 말합니다. 학생들에게 성경 지식과 이야기, 그리고 신앙적인 교훈 등을 오래 기억하도록 하기 위해서 우리는 학생들을 보다 전인적으로 참여시켜야 합니다. 학생들은 그냥 듣거나 말하는 것보다 스스로의 동기 부여 속에 스스로 말하고 행동할 때 큰 흥미와 재미를 느끼고 그 부분을 오래 기억하게 됩니다.

사실 기독교 신앙의 전달에 있어서 설교와 강의, 읽기는 필수적인 일입니다. 문제는 우리가 이 수동적인 방식에만 너무 의존하면서 더 나은 다른 학습 방법들을 거의 무시하고 있다는 점입니다. 프로그램을 통한 가르침이 중요한 것은 어린이와 청소년, 성도들이 신앙을 보다 핵심적으로 깊이 있게, 설득력 있는 모범을 통하여 실천적으로 배울 수 있도록 한다는 것입니다. 교사들은 결국 어린이와 학생들이 보다 더 의미 있고 깊이 있으며 근본적으로 변화하고 성숙할 수 있도록 하기 위해 교육 프로그램을 기획하고 그것을 준비하여 실행할 수 있어야 합니다. 이를 위해 교사는 다음의 몇 가지에 관하여 준비해야 합니다.

삶의 핵심을 깊이 있게 그러나 요약적으로 이해하기

신앙인으로서 살아가는 삶의 의미를 알아가는 방법에는 여러 가지가 있습니다. 설교를 통해서, 성경공부를 통해서, 제자훈련을 통해서, 독서를 통해서 등 여러 방법으로 배우고 익히고 알아갈 수 있습니다. 그런데 어린이들과 청소년들에게 이러한 방법만으로는 그 의미를 다 전달할 수 없습니다. 유아와 어린이, 청소년들은 핵심만 담되, 깊은 내용을 담은 전달이 필요한 시기입니다.

프로그램은 그 분명한 교육의 내용을 담고 있지만 장황한 설명을 담고 있지는 않습니다. 프로그램은 어린이와 청소년들이 알아야 하는 핵심을 다양한 방법으로 전달합니다. 때로는 규칙으로, 때로는 진행 방법으로, 때로는 여기저기 숨어 있는 형태로 내용을 전달합니다. 특별히 프로그램에서 규칙은 크게 세 가지의 의미가 있습니다. 첫째, 규칙은 프로그램의 내용입니다. 알아야 할 것들을 규칙으로 간단 명료하게 정리합니다. 둘째, 규칙은 실행해야 하는 것입니다. 규칙은 아는 것만으로 만족하는 것이 아니라 실천해야 하는 것입니다. 규칙은 몸의 훈련을 시키는 힘이 됩니다. 셋째, 규칙은 평가의 기준이 됩니다. 규칙은 프로그램을 평가하는 기준점이 됩니다. 프로그램이 제대로 이루어졌는지, 목적한 바를 제대로 이루었는지를 확인할 수 있는 기준을 제시합니다.

BCM 프로그램을 시행하는 교사는 전달하고자 하는 핵심을 잘 파악하고 있어야 합니다. 그리고 그 핵심을 다양한 프로그램을 통해 전달하여야 합니다. 그러나 이후에는 그 의미에 대해 자세하게 설명할 수 있어야 합니다. 프로그램 이후에 각자 느낀 점을 나누게 한 다음, 본래 이 프로그램이 가지고 있는 의미를 다시 한 번 전달하여야 합니다. 그러면 학생들이 더 확실하게 의미를 이해할 수 있게 됩니다.

신앙인의 삶의 규범을 접해볼 수 있는 기회 제공하기

삶은 실험이 없습니다. 살면서 부딪혀 생긴 문제들은 다시금 돌이킬 수 없습니다. 그렇다고 해서 방법이 없는 것은 아닙니다. 되도록 다양한 상황을 미리 실험적으로 접해 본다면, 그래서 그 상황이 발생했을 때 대처하는 방법들을 미리 익힌다면 우리는 많은 실수를 줄일 수 있게 됩니다. 그래서 야구선수들은 열심히 훈련을 합니다. 던지고, 잡고, 치는 훈련을 합니다. 그런데 이것이 다는 아닙니다. 야구에서 벌어지는 여러 가지 상황들을 예상하고 그 상황에 맞는 자신들의 역할을 훈련하게 됩니다. 이 훈련의 목적은 그러한 상황이 실제 경기에서 발생했을 때에 정확하게 자신의 역할을 하게 하는 데에 있습니다. 미리 경험하고 미리 부딪혀 보면, 똑같은 상황에서 어떻게 대처해야 하는지를 알게 됩니다.

신앙생활도 마찬가지입니다. 신앙인으로서 삶의 방식을 몸에 익숙하도록 하는 일이 매우 중요합니다. 프로그램이 바로 그러한 역할을 합니다. 교사들은 프로그램을 통해 어린이들과 청소년들에게 기회를 제공해야 합니다. 다양한 신앙의 원리들을 접할 수 있는 기회를 제공해야 합니다. 특별히 BCM에서 강조하는 20개의 주요개념을 경험해 볼 수 있도록 기회를 제공해야 합니다.

BCM 프로그램은 세상을 향한 방향성을 가지고 있습니다. 다시 말하면 세상에 복음을 전하는 제자를 양성하는 것입니다. 그리스도인이 교회와 신앙공동체에서 신앙을 전수 받고 신앙 안에서 거룩한 삶을 살아가도록 양육을 받는 일은 온전한 그리스도인 즉, 구원의 확신을 갖고 성령으로 충만한 새 삶을 받아 복음을 알지 못하는 세상 사람들에게 은혜로운 소식을 전하는 삶이 되도록 하기 위함입니다. 이를 위해 다양한 삶의 규범을 접할 수 있는 기회가 제공되어야 합니다. 직접적이고 의도적으로 구성된 교육적 환경 속에서의 다양한 경험이 세상 가운데 빛과 소금의 역할을 감당할 수 있는 힘을 불어넣어 줄 것입니다.

신앙인으로서 삶의 방식을 도제적으로 체득하게 하기

교회의 신앙은 사실 몇 가지 지적인 개념과 문장의 전달만으로 다 가르칠 수 없습니다. 신앙교육은 기독교가 전통적으로 지켜온 언어적·개념적 지식들에 더하여 그것이 내포하는 삶의 태도와 방식들을 실물적으로 전수하는 것에서 온전하게 발생합니다. 교사는 "바라는 것들의 실상이며 보이지 않는 것들의 증거"라는 고린도서의 말씀대로 자신이 배우고 익힌 신앙의 지식들이 무엇이며 그것이 삶 가운데서 어떻게 구현되고 실현되고 있는지를 제자들 앞에서, 그리고 공동체 가운데서 드러내야 합니다. 그렇게 공동체 속에서 제자들과 더불어 살아가는 가운데 자신의 삶을 "보여주는 것"이야말로 신앙교육의 진정한 모습이라 할 수 있습니다.

고대의 신앙교육은 바로 이러한 차원에서 전형적인 도제교육이었습니다. 아브라함은 이삭에게, 이삭은 야곱에게, 야곱은 그의 아들들에게 그들이 알고 있는 하나님과 그 하나님을 실제로 신앙하는 삶의 전형을 보여주며 살았습니다. 그렇게 몸소 보인 교육의 방식은 이후 이스라엘

인들에게 중요한 신앙교육의 모범이 되었습니다. 그들은 그저 아는 것에서 멈추지 않았습니다. 그들은 가나안에서나 바빌론에서나 아는 만큼 살기를 원했고 그렇게 투쟁하듯 살아가는 신앙인의 삶을 자녀들에게 전수하였습니다.

특별히 예수님의 '제자교육'은 전형적인 도제교육이었습니다. 예수님께서는 제자들에게 자신의 삶을 노출하셨고, 알고 있는 하나님과 세상, 하나님의 사역이 예수님 스스로를 통해 어떻게 구체적으로 구현되고 실현되는지를 보이셨습니다. 예수님께서는 제자들과 더불어 세상 곳곳을 다니시며 하나님께서 아들의 신실한 삶을 통하여 어떻게 세상을 구원으로 인도하시는지를 보이셨습니다. 예수님께서 왜 그러셨을까요? 예수님께서는 제자들을 당신의 지식을 전수 받아야할 학생으로서 보다는 돌봄을 받아야할 양으로 상대하셨기 때문입니다. 예수님께서는 당신의 언어와 마음과 영혼, 그리고 그 모든 것이 담긴 실천적 행위로 제자들을 양육하셨습니다. 예수님께서는 제자들을 바라보실 때 언제나 목자의 마음과 언어, 행동을 담으셨습니다. 이런 모습이 제자들에게 모델이 되었습니다.

BCM 교육목회는 도제로서 제자교육에 초점을 맞추고 있습니다. 교사는 교회공동체가 교사들에게 위임한 다음세대를 목자의 마음으로 품고 그들에게 자신이 알고 있는 것과 아는 만큼 살아가는 삶의 실제를 그대로 보여주고 그 보이는 가운데서 가르침의 사역을 다하도록 하는 것입니다. 교사는 기본적으로 본을 보이는 신실한 사람입니다. 교사는 기본적으로 자신이 아는 만큼의 삶을 실제로 구현할 줄 아는 용기 있는 사람입니다. 교사는 기본적으로 자신이 아는 만큼의 삶을 구현하는 가운데 다음세대에게 필요한 교훈을 전하여 주는 지혜 있는 사람입니다. 그래서 BCM 프로그램은 교사와 학생이 삶으로 함께 어우러지는 시간입니다. 그 시간을 통해 교사는 학생들에게 신앙적 삶의 모범을 전달할 수 있게 되고, 학생들은 교사들의 신앙의 모범을 직접 보고, 듣고, 느끼면서 자신에게 적용시키게 됩니다. 이렇게 도제적으로 체득하는 프로그램을 위해 관계가 중요합니다. 가르침과 배움의 관계 이전에 스승과 제자의 관계, 목자와 양의 관계 속에서 먼저 친밀한 관계를 형성하는 것이 필요합니다.

반 목회자들을 위한 프로그램 사역지침

BCM 교육목회의 한 축을 담당하는 프로그램에 대하여 교사들이 알아야 하는 지침들이 있습니다. 이것은 특정한 누군가 즉, 프로그램을 계획하고 준비하고 진행하는 목회자나 교사들에게만 국한된 것이 아니라 반 목회자라면 모두가 다 알아 두어야 하는 지침입니다. 5가지의 프로그램 사역지침을 제시합니다.

프로그램의 의도와 방향을 바르게 파악하기

교육에는 의도성이 있습니다. 의도성은 교육을 하는 동기와 목적을 말합니다. 그러므로 올바른 교육을 위해서는 의도성을 잘 파악해야 하는데 교육의 목적을 잘 파악해야 합니다. 교육목적을 설정하는 이유는 성취하고자 하는 것을 구체화할 수 있기 때문입니다. 교육목적이란 교육을 통하여 얻거나 이루고자 하는 것, 교육활동을 일정한 방향으로 일관성 있게 추진하기 위한 것을 가리킵니다. 교육목적은 첫째, 계획을 세울 때 학생들이 구체적으로 학습할 바를 결정하도록 도와줍니다. 둘째, 가르치는 동안 그 목적이 가야할 방향성을 벗어나지 않도록 도와줍니다. 셋째, 평가시에 학습의 성공여부를 판단하는 근거를 제공해 줍니다.

교육적 내용을 담고 있는 프로그램도 마찬가지입니다. 프로그램은 교육적인 목적을 가지고 구성됩니다. 즉, 의도성을 가지고 있고, 분명하게 가고자 하는 방향을 가지고 있습니다. 그러므로 프로그램의 의도성을 정확하게 파악해야 합니다. 교사는 먼저 기간에 따른 목적을 파악해야 합니다. 지금 진행해야 하는 프로그램으로 인한 학생의 변화가 장기적인 것인지 혹은 단기적인 것인지를 잘 아는 것이 중요합니다. BCM

프로그램이 그렇습니다. BCM 프로그램들은 장기적인 혹은 단기적인 목적을 가지고 있습니다. BCM 프로그램의 일부는 길게는 몇 년 혹은 짧게는 1년인 한 분기 정도의 기간을 두고 변화를 추구하는 의도를 가지고 있습니다. 전체적으로 큰 그림을 가지고 있는 경우입니다. 그러므로 그 목적이 실현되는 기간을 잘 알고 그 기간 동안 어떻게 그 목적하는 바를 이루어야 하는지를 알아야 합니다. 그렇게 긴 호흡으로 프로그램을 준비하고 실행하는 것은 교육의 긴 안목에서 매우 중요한 것입니다. 또 BCM 프로그램은 각 분기 이하의 기간을 두고 운영하는 프로그램들이 있습니다. 믿음마루, 사랑마루, 섬김마루, 소망마루 등 각각 마루 영역 내에서 혹은 그 분기 내의 달별로 원하는 바의 변화를 추구하는 경우입니다. 이렇게 단기적으로 프로그램을 운영하는 경우에는 그 목적하는 변화가 매우 단순하거나 단편적입니다. 너무 많은 변화보다는 아주 단순한 행동수정이나 습관화에 초점을 맞추는 경우입니다.

두 번째로 교사는 프로그램의 의도를 파악해야 합니다. 각 교육 프로그램들은 일반적으로 아래의 세 가지의 시선이 있습니다. 교사는 그가 준비하여 실행하는 프로그램이 아래의 세 가지 중 어떤 시선에 집중해야 하는지를 잘 살펴야 합니다. 먼저 집필자의 시선입니다. 교사는 교사 스스로의 시선으로 프로그램을 살펴봅니다. 교사의 시선에 집중하는 프로그램은 대부분, 지적인 전달력을 요구하거나 정보를 잘 전달해야 하는 경우가 많습니다. 두 번째, 프로그램 자체의 시선이 중요합니다. 어떤 프로그램의 경우 그 프로그램이 가지고 있는 방법과 내용 자체에 집중해야 하는 경우가 있습니다. 이 경우는 대부분 선교나 봉사, 탐방과 같은 외부활동 프로그램이거나 임상 프로그램일 경우가 많습니다. 마지막으로 학생의 시선으로 바라보아야 하는 프로그램입니다. 이 경우는 대부분 학생들의 입장에서 그 눈높이에 맞추어 그들의 흥미와 관심에 입각하여 제작된 프로그램입니다.

이제 마지막으로 교사는 프로그램의 목적을 재설정하는 단계를 거쳐야 합니다. 앞서 언급한 대로 프로그램이 목적하는 바와 프로그램을 풀어가기 위해 가져야 하는 시선 등을 잘 구비했다면, 교사는 이제 그 프로그램을 실행하기 위한 구체적인 상황(situation)을 이해해야 합니다. 프로그램의 목적과 의도를 파악했다면, 이제 준비하는 교사는 동참하는 교사들, 학생들, 그리고 부서의 현실을 바라보아야 합니다. 그리고 주어진 목적을 그 상황에 비추어 재설정 혹은 재진술해야 합니다.

프로그램이 목적하는 바를 바르게 이해하기(지, 정, 의)

BCM 프로그램은 근본적으로 변화를 지향합니다. 프로그램을 통해 배움을 얻었다는 것은 결국 변화를 일으키는 가능성으로 한 발 더 나아간 것입니다. 이 변화의 과정은 세 단계로 나눌 수 있습니다. 첫째, 지

(知)의 단계입니다. 이 단계는 개념적으로 논리적으로 아는 단계입니다. 삶에 적용하기 위해서 우선 그것이 무엇인지 알아야 합니다. 내용을 알아야 그 다음 단계로 나아갈 수 있습니다. 둘째, 정(情)의 단계입니다. 한마디로 느끼는 단계입니다. 그리스도인의 삶은 느낌을 통하여 이루어집니다. 느끼고 감동받아야 행동하기 위하여 결단하게 됩니다. 셋째, 의(意)의 단계입니다. 행동하는 단계입니다. 그리스도인의 신앙은 대부분 그 삶과 바로 연결되어 있습니다. 그리스도인의 변화는 삶의 변화를 동반하는 것입니다. 오늘 나의 삶 속에서 아는 것과 느낀 것을 행동화해야 합니다.

이렇게 BCM 프로그램은 이 변화의 과정을 지향하며, 프로그램마다 그 분명한 변화 지향의 목적을 가지고 있습니다. '~안다.', '~결단한다.', '실천한다.'는 식의 프로그램들의 목적 혹은 목표 진술은 이런 식의 지정의 구분에 의한 것입니다.

목적 혹은 목표 진술의 각 차원은 다음에서 보다 분명하게 이해할 수 있습니다.

1. 지(知): 프로그램이 가지고 있는 내용, 진행방법, 규칙 등을 확인해야 합니다.

2. **정(情):** 프로그램을 통해 얻게 될 느낌, 예를 들면 재미, 감동, 힘
   듦, 어려움, 결단, 도전 등과 관련된 느낌들을 확인합니다.
3. **의(意):** 프로그램 이후에 있을 변화를 위해 실천해야 할 행동들을
   확인합니다. 개인적이고, 구체적이고, 실천 가능한 것들을
   고백하게 합니다.

이런 식의 지정의 방식의 목적 혹은 목표를 분명하게 이해하고 실행
하기 원한다면 제시된 목표문을 자신이 이해한 단어와 문장으로 바꾸어
보는 것도 좋습니다. 나의 말로 바꾸어서 적어 보고 원래의 목적 혹은 목
표와 비교하여 자신이 제대로 이해했는지, 그 목적하는 바로 제대로 가
고 있는지를 확인합니다.

프로그램의 순서와 내용을 숙지하기

계열성(sequence, 혹은 연속성)이라는 말이 있습니다. 말하자면 교
육내용을 배우는 순서를 의미합니다. 즉, 학생이 어떤 내용을 먼저 배우
고 어떤 내용을 뒤에 배우는가의 순서를 결정하여 그대로 교육 실천에
적용하는 것입니다. 일반적으로 교육내용을 연속적으로 계열화하기 위
하여 자주 사용하는 일곱 가지 방법이 있습니다.

첫째는 시간 순서대로의 방법입니다. 이 방법은 다루게 될 내용이 시간의 흐름과 관련 있을 때 의의가 있습니다. 그 순서는 과거에서 현재 혹은 그 반대로 조직될 수 있습니다. 둘째는 주제별 방법입니다. 이 방법은 내용을 여러 단원들로 묶지만, 단원들이 상호 독립적이어서 학습자가 새로운 단원을 학습하기 전에 이전 단원에서 배운 정보를 활용할 필요가 없을 때 사용됩니다. 셋째는 단순에서 복잡으로의 방법입니다. 이 방법은 기초적인 내용을 보다 복잡한 내용의 앞에 오도록 순서 짓는 것을 말합니다. 넷째는 전체에서 부분으로의 방법입니다. 이 방법은 전체에 대한 이해가 부분들을 이해하는 데 필수적일 때 사용됩니다. 다섯째는 논리적 선행 요건 방법입니다. 이 방법은 어떤 내용을 학습하기 위해서 반드시 배워야 할 내용이 있을 때 사용됩니다. 여섯째는 친숙성에 따른 방법입니다. 이 방법은 학습자가 친숙한 교육내용부터 시작하여 점차 낯선 교육내용으로 안내되도록 배치합니다. 마지막으로 학생들의 발달에 의한 방법입니다. 이 방법은 학생들이 인지, 정서, 신체 등에서 일정한 단계를 거쳐 빌딜한다고 생각하고, 이 단계에 맞추어 교육내용을 배열합니다.

이러한 계열성, 말하자면 일련의 순서 진행은 BCM 프로그램들 안에도 적용됩니다. 각 프로그램들은 계열성을 가지고 순서와 내용이 짜여 있습니다. 먼저 교사는 실행하기에 앞서 프로그램의 순서와 내용을 파악하여야 합니다. 그리고 프로그램의 순서와 내용을 정확하게 숙지해야 합니다. 교사는 특별히 BCM 프로그램의 순서와 내용을 숙지함에 있어서 세 가지 단어를 확인해야 합니다.

1. **그대로:** 프로그램을 보면 먼저 쓰여 있는 그대로 읽고, 그대로 실행을 해 봅니다. 프로그램 개발자의 의도와 목적을 그대로 이해하고 그것을 그대로 살리기 위해 최선을 다하는 것입니다. 대부분 교사들은 프로그램을 실행할 때 자신의 몸에 맞고 자신이 이해하는 수준에 맞추는 것을 우선합니다. 그렇지만 그렇게 프로그램을 편집하기에 앞서서 먼저 주어진 그대로 해보는 것이 프로그램이 의도한 결과를 얻는 데 훨씬 도움이 됩니다.

2. **비추어:** 직접 실행해 보고 나서 교사와 학생과 교회와 부서의 현실에 비추어 봅니다. 프로그램 안에 있는 순서와 내용이 교사가 준비하고 실행하기에, 우리 교회 학생들이 그 순서와 내용에 참가하기에, 우리 교회와 부서의 공간적·재정적 상황이 그대로 하기에 맞는 것도 있고, 맞지 않는 것도 있기 때문입니다. 그러므로 교사와 학생, 교회와 부서의 현실에 비추어 보는 것이 중요합니다.

3. **바꾸어:** 교사와 학생, 교회와 부서의 현실에 비추어 보고 나서 프로그램의 진행 방식을 바꾸어야 할 것이 있다면 바꾸어야 합니다.

몸에 맞지 않는 옷을 입을 필요는 없습니다. 때로는 잘라내고, 때로는 늘려서 우리 몸에 맞춰 입는 수선의 과정이 필요합니다. 그러나 프로그램의 의도와 방향, 목적하는 바를 흩뜨려서는 안 될 것입니다. 우선은 의도와 방향, 목적하는 바가 중요합니다. 바꾸고 수선해야 하는 것은 주로 방법과 방식입니다.

BCM 프로그램을 그대로 해보고, 현실에 비추어보고, 더 적합하게 바꾸어 보는 일은 자신에게 더 알맞은 옷을 입는 작업입니다. 남의 옷을 입을 것인지, 자신에게 맞는 옷을 입을 것인지는 '그대로, 비추어, 바꾸어'라는 세 단어를 잘 활용하는 것에 달렸습니다.

프로그램의 방법을 숙달하기

프로그램을 진행하는 사람에게 가장 중요한 것은 그 주어진 프로그램의 진행 순서와 방법을 잘 숙달하는 것입니다. 프로그램을 진행하는 교사는 그 진행되는 과정 하나하나를 사전에 시뮬레이션으로 시행해 보아야 합니다. 그렇게 해서 실제 진행에서 일어날 만한 혼란을 사전에 없애야 합니다.

프로그램을 진행하는 교사가 제대로 진행을 하지 못하면 프로그램 자체가 제대로 진행되지 못할 우려가 있습니다. 목적이 변질되든지, 학생들에게 의미를 제대로 전달하지 못하든지, 엉뚱한 결과가 나오게 됩니다. 그러므로 BCM 프로그램 진행자는 프로그램 숙달을 위해서 반복에 반복을 해야 합니다. BCM 프로그램을 준비하고 실행하는 교역자와 교사들이 프로그램 숙달을 위해 꼭 기억해야 할 내용이 있습니다.

1. **경험보다 지침**: 자신의 경험을 믿어서는 안 됩니다. 오히려 그것이 방해가 될 수 있습니다. "내가 교사를 몇 년을 했는데, 내가 사역의 경험이 얼마나 많은데, 다 해본 거야, 프로그램이 다 거기서 거기지." 경험에서 나오는 지나친 자신감은 프로그램이 제대로 진행되지 못하는 결과를 가져오게 됩니다.

2. **말보다 행동**: 프로그램은 말과 눈으로 하는 것이 아닙니다. 직접 몸으로 실행해야 합니다. 한 번 해 본 것으로 만족해서는 안 됩니다. 프로그램의 내용을 한 번 읽어보고 그 목적과 내용, 방법을 다 알 수는 없습니다. 그것을 말로 하거나 글로 읽는 것만으로는 다 알 수 없습니다.

3. **한 번보다 여러 번**: 프로그램의 시연은 한 번만 해서는 안 됩니다. 익숙해지고 확실하게 진행할 수 있을 때까지 반복해야 합니다. 리허설이 꼭 필요합니다. 준비물도 확인하고, 리허설을 통해 여러 가지 변수를 확인해야 합니다. 그래서 모든 것이 잘 준비되었다고 느

껴질 때까지 반복하며 준비해야 합니다.

4. **혼자보다 함께:** 프로그램은 혼자 하는 것이 아닙니다. 전체 교사들이 함께 알고, 준비하고, 진행해야 합니다. 프로그램을 담당하는 교사에게만 짐을 지워 놓고, 다른 교사들은 편하게 있는 것은 교사 공동체의 건강성을 저해하는 일이며, 프로그램의 질을 떨어뜨리는 일입니다.

BCM 프로그램을 숙달하기 위해서 버려야 하는 4가지를 잘 기억하고 목적에 맞게 제대로 실행될 수 있도록 합니다.

혼자만이 아닌 협력하여 이루는 프로그램 되게 하기

BCM 프로그램은 한 사람만의 독단으로 진행되지 않습니다. 한 명이 교육적 책임을 감당하는 것은 오늘 일선 교육현장의 큰 문제입니다. 교회 안에, 부서 안에는 많은 교육의 주체가 있습니다. 목회자, 교사, 학생, 부모, 교인 등이 모두 교육의 주체입니다. 많은 교육의 주체들이 프로그램에 함께 참여해야 합니다. 다양한 상황에서 필요에 따라 서로 협력함으로 프로그램이 진행되어야 합니다.

그리고 프로그램이 진행되는 데에는 다양한 역할들이 있습니다. 계획, 조정, 진행, 조력, 홍보 등등 한 프로그램이 진행될 때 다양한 역할이 필요합니다. 이 모든 역할이 서로 협력적으로 이루어질 때 하나의 프로그램이 완성됩니다. 프로그램이 협력적으로 이루어지기 위해서는 4가지의 문서를 작성해야 합니다.

1. **계획서**: 프로그램의 목적, 예상 결과, 일시, 장소, 예산 등을 계획합니다. 이는 적어도 한 달 전에 이루어지는 것이 좋습니다. 그리고 이 계획서를 목회실에서 토론하며 회람하고, 담임목사에게 보고합니다. 예산에 대한 승인과 일시와 장소에 대한 타당성을 교회의 큰 목회의 틀 안에서 보고하고 승인 받아야 합니다. 다른 부서와의 협력을 위해서도 계획을 세우고 보고하고 승인받는 과정을 통해 마찰이 없도록 해야 합니다.

2. **진행안**: 프로그램의 목적과 시간대별 정확한 내용, 역할 분담에 따른 지침 등 잘 짜여진 진행안이 준비되어야 합니다. 동일한 진행안을 가지고 한마음, 한 방향으로 프로그램이 진행될 수 있도록 합니다.

3. **평가서**: 프로그램을 마치고 나면 솔직하고, 정확한 평가가 이루어져야 합니다. 목적에 맞는 프로그램이었는지, 진행상에 문제는 없었는지, 학생들이 만족할 만한 결과가 나왔는지, 예산은 알맞게 집행이 되었는지, 잘 된 부분과 고쳐야 할 점은 무엇인지, 일정과 장

소에 문제는 없었는지 등 여러 가지 질문들을 정해 놓고 솔직한 평가를 해야 합니다.

4. 보고서: 프로그램의 평가를 마치고 나면 보고서를 작성합니다. 목적과 일시, 장소, 프로그램의 내용과 결과를 사진과 함께 보고하고, 정확하게 결산해서 보고합니다. 자체 평가한 내용도 간략하게 요약하여 보고합니다.

시너지(synergy)는 일반적으로 두 개 이상의 것이 서로 연합하거나 관계하여 각자가 독립적으로 얻을 수 있는 것 이상의 결과를 내는 작용입니다. 상승효과라고도 합니다. BCM 프로그램은 일종의 시너지입니다. 소그룹 반 목회 교사들이 예배와 성경공부, 주간목회와 더불어 프로그램을 시행할 때 그 교육에는 분명 시너지가 발생합니다. 여기에 하나님의 능력이 함께하신다면, "합력하여 선을 이루는" 놀라운 역사가 소그룹 반 목회 현장에 나타날 것입니다.

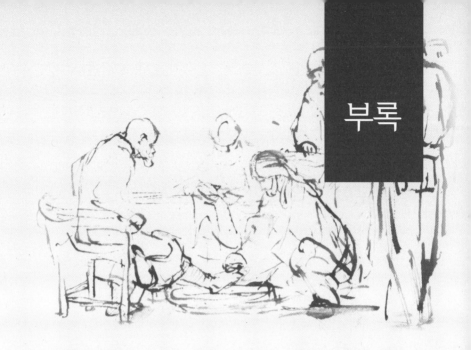

BCM 소그룹 반 목회
코칭 자료

우리교회 교육목회 사역 진단지

소그룹 반 목회 사역 실행 진단지

우리교회 교육목회 실천 조사

교회의 교육적 발전과 성장을 위한 설문에 응해주셔서 감사드립니다. 본 조사지는 우리 ○○교회 교육현장의 일반 현황을 파악하기 위하여 만들어졌습니다. 아래의 질문들을 읽으시고 해당란에 √, 혹은 ○표를 해 주시기 바랍니다.

기독교대한성결교회 총회본부 교육국

교 회 명	
성 별	남( ), 여( )
직 분	목사( ), 전도사( ), 장로( ), 권사( ), 안수집사( ), 집사( ), 장년 평신도( ), 청년( )
소 속 부 서	목회실( ), 유아·유치부( ), 유년·초등부( ), 중등·고등부( ), 청년부( )
교사봉사연수	0~1년( ), 1~3년( ), 3~5년( ), 5년 이상( )

1. 귀 교회는 매년 적절한 교육의 목적과 방향을 설정하여 활용하고 있습니까?

   ① 매우 그렇다 ② 그렇다 ③ 그저 그렇다 ④ 그렇지 않다 ⑤ 매우 그렇지 않다

   귀 교회의 최근 교육의 목적과 기본 방향을 간략하게 기록하여 주시기 바랍니다.

   _____

2. 귀 교회의 교육 목적과 방향은 성결교회가 추구하는 신앙노선과 일치하고 있습니까?

   ① 매우 그렇다 ② 그렇다 ③ 그저 그렇다 ④ 그렇지 않다 ⑤ 매우 그렇지 않다

3. 귀 교회는 연간 혹은 분기나 월별로 교육내용과 방법을 계획하여 실행하고 있습니까?

   ① 100% 그렇다 ② 75% 그렇다 ③ 50% 그렇다 ④ 25% 그렇다 ⑤ 거의 그렇지 않다

   귀 교회 교육부서와 청년회의 최근 주요 교육내용을 간략하게 기록하여 주시기 바랍니다.

   _____

4. 귀 교회는 성결교회 총회가 제공하는 교육교재와 자료를 적극 활용하고 있습니까?

   ① 100% 그렇다 ② 75% 그렇다 ③ 50% 그렇다 ④ 25% 그렇다 ⑤ 거의 그렇지 않다

   교단에서 제공하는 교재와 자료를 활용하는데 있어 어려움은 무엇입니까?

   _____

5. 귀 교회는 유아부터 청년까지 일관성 있는 신앙교육과정을 운영하고 있습니까?

　　① 100% 그렇다 ② 75% 그렇다 ③ 50% 그렇다 ④ 25% 그렇다 ⑤ 거의 그렇지 않다

6. 귀 교회 교사들은 현재 사역하고 있는 교육 사역에 만족하고 있습니까?

　　① 매우 그렇다 ② 그렇다 ③ 그저 그렇다 ④ 그렇지 않다 ⑤ 매우 그렇지 않다

　　만족하는 경우와 만족하지 못하는 경우의 이유를 각각 적어 주시기 바랍니다.

　　만족하는 경우 ＿＿＿＿＿＿＿＿＿＿＿＿＿＿＿＿＿＿＿＿＿＿

　　만족하지 못하는 경우 ＿＿＿＿＿＿＿＿＿＿＿＿＿＿＿＿＿＿＿

7. 귀 교회는 교사들의 질적 향상을 위해 체계적인 교육훈련과정을 활용하고 있습니까?

　　① 100% 그렇다 ② 75% 그렇다 ③ 50% 그렇다 ④ 25% 그렇다 ⑤ 거의 그렇지 않다

　　헌신하는 교사를 양성하기 위해 주로 시행하는 교육의 내용은 무엇입니까?

　　＿＿＿＿＿＿＿＿＿＿＿＿＿＿＿＿＿＿＿＿＿＿＿＿＿＿＿＿＿

8. 귀 교회 교사들은 주일의 공예배와 교육부서의 예배에 적극적으로 참여하고 있습니까?

　　① 100% 그렇다 ② 75% 그렇다 ③ 50% 그렇다 ④ 25% 그렇다 ⑤ 거의 그렇지 않다

9. 귀 교회 교사들은 주일 성경공부를 적극적으로 준비하고 실행하고 있습니까?

　　① 100% 그렇다 ② 75% 그렇다 ③ 50% 그렇다 ④ 25% 그렇다 ⑤ 거의 그렇지 않다

10. 귀 교회 교사들은 다양한 교육 프로그램을 준비하고 실행하고 있습니까?

　① 100% 그렇다 ② 75% 그렇다 ③ 50% 그렇다 ④ 25% 그렇다 ⑤ 거의 그렇지 않다

11. 귀 교회 교사들은 주간에 반 목회 활동에 적극 참여하고 있습니까?

　① 100% 그렇다 ② 75% 그렇다 ③ 50% 그렇다 ④ 25% 그렇다 ⑤ 거의 그렇지 않다

12. 귀 교회 교사들은 일반적으로 3년 이상 중·장기적으로 사역을 지속하고 있습니까?

　① 100% 그렇다 ② 75% 그렇다 ③ 50% 그렇다 ④ 25% 그렇다 ⑤ 거의 그렇지 않다

13. 귀 교회에 출석하는 어린이와 청소년, 청년들은 주로 교회 주변 지역에 거주하고 있습니까?

　① 100% 그렇다 ② 75% 그렇다 ③ 50% 그렇다 ④ 25% 그렇다 ⑤ 거의 그렇지 않다

14. 귀 교회 어린이와 청소년, 청년들은 현재 드리는 예배에 대해 만족하고 있습니까?

　① 매우 그렇다 ② 그렇다 ③ 그저 그렇다 ④ 그렇지 않다 ⑤ 매우 그렇지 않다

　만족하는 경우와 만족하지 못하는 경우의 이유를 각각 적어 주시기 바랍니다.

　만족하는 경우 _____

　만족하지 못하는 경우 _____

15. 귀 교회 어린이와 청소년, 청년들은 현재 나누고 있는 성경공부에 대해 만족하고 있습니까?

　① 매우 그렇다 ② 그렇다 ③ 그저 그렇다 ④ 그렇지 않다 ⑤ 매우 그렇지 않다

만족하는 경우와 만족하지 못하는 경우의 이유를 각각 적어 주시기 바랍니다.

만족하는 경우 _____

만족하지 못하는 경우 _____

16. 귀 교회 어린이와 청소년, 청년들은 현재 나누고 있는 교육 프로그램들에 대해 만족하고 있습니까?

① 매우 그렇다 ② 그렇다 ③ 그저 그렇다 ④ 그렇지 않다 ⑤ 매우 그렇지 않다

만족하는 경우와 만족하지 못하는 경우의 이유를 각각 적어 주시기 바랍니다.

만족하는 경우 _____

만족하지 못하는 경우 _____

17. 귀 교회 어린이와 청소년, 청년들은 주간에 심방과 같은 영적 관리를 받고 있습니까?

① 매우 그렇다 ② 그렇다 ③ 그저 그렇다 ④ 그렇지 않다 ⑤ 매우 그렇지 않다

18. 귀 교회는 어린이와 청소년들을 위한 교육 시설들을 잘 갖추고 있습니까?

① 100% 그렇다 ② 75% 그렇다 ③ 50% 그렇다 ④ 25% 그렇다 ⑤ 거의 그렇지 않다

19. 귀 교회 성도들은 교회교육에 대해 관심을 보이고 실질적인 지원과 협력을 하고 있습니까?

① 매우 그렇다 ② 그렇다 ③ 그저 그렇다 ④ 그렇지 않다 ⑤ 매우 그렇지 않다

성도들의 관심과 지원, 협력이 필요한 부분은 무엇이라고 생각하십니까?

_____

20. 귀 교회는 교회교육에 대한 부모의 관심과 참여가 적극적으로 이루어지고 있습니까?

① 100% 그렇다 ② 75% 그렇다 ③ 50% 그렇다 ④ 25% 그렇다 ⑤ 거의 그렇지 않다

참여가 높은 경우와 높지 않은 경우의 이유를 각각 적어 주시기 바랍니다.

높은 경우 _____

높지 않은 경우 _____

21. 귀 교회는 부모들을 위한 별도의 교육을 적극적으로 시행하고 있습니까?

① 매우 그렇다 ② 그렇다 ③ 그저 그렇다 ④ 그렇지 않다 ⑤ 매우 그렇지 않다

부모들을 위해 어떤 교육 프로그램을 시행하셨습니까?

_____

22. 귀 교회 교육의 발전을 위해 필요한 부분은 무엇이라고 생각하십니까? 가장 필요한 순서로 세 가지만 적어주시기 바랍니다.

_____

_____

_____

감사합니다.

BCM 소그룹 반 목회 실행 진단

    본 설문은 BCM 교육목회 실행에서 교사들의 소그룹 반 목회 사역의 실질적인 실행 정도를 측정하는 질문지입니다. 아래의 질문들을 읽으시고 해당란에 √, 혹은 O표를 해 주시기 바랍니다.

기독교대한성결교회 총회본부 교육국

교 회 명	
성 별	남( ), 여( )
직 분	전도사( ), 장로( ), 권사( ), 안수집사( ), 집사( ), 장년 평신도( ), 청년( )
소 속 부 서	목회실( ), 유아·유치부( ), 유년·초등부( ), 중등·고등부( )
교사봉사연수	0~1년( ), 1~3년( ), 3~5년( ), 5년 이상( )

1. 교사플래너 활용에 도움이 되는 월별 스피릿 자료를 제공 받고 있습니까?

    ① 그렇다 ② 그렇지 않다

    제공 받은 스피릿 자료를 개인적으로 충분히 숙지하고 있습니까?

    ① 100% 그렇다 ② 75% 그렇다 ③ 50% 그렇다 ④ 25% 그렇다 ⑤ 거의 그렇지 않다

2. 매월 제공되는 도서 안내를 활용하여 도서를 구입하여 읽고 있습니까?

    ① 그렇다 ② 그렇지 않다

    도서를 읽은 후 독후감을 작성하여 교사들과 나누고 있습니까?

    ① 그렇다 ② 그렇지 않다

    매월 제공되는 자기 코칭 자료를 활용하여 읽고 소그룹 반 목회 사역에 반영하고 있습니까?

    ① 100% 그렇다 ② 75% 그렇다 ③ 50% 그렇다 ④ 25% 그렇다 ⑤ 거의 그렇지 않다

    매월 제공되는 학습 코칭 자료를 활용하여 읽고 소그룹 반 목회 사역에 반영하고 있습니까?

    ① 100% 그렇다 ② 75% 그렇다 ③ 50% 그렇다 ④ 25% 그렇다 ⑤ 거의 그렇지 않다

3. 매월 지난 달 교육을 평가하고 다음 달을 계획하는 월례회를 진행하고 있습니까?

    ① 그렇다 ② 그렇지 않다

월례회에서 다음 달 교육의 실행을 위하여 역할 분담이 충분히 이루어지고 있습니까?

① 100% 그렇다 ② 75% 그렇다 ③ 50% 그렇다 ④ 25% 그렇다 ⑤ 거의 그렇지 않다

월례회에서 교육부서 내 어린이, 혹은 청소년들의 영적 상태를 충분히 나누고 있습니까?

① 100% 그렇다 ② 75% 그렇다 ③ 50% 그렇다 ④ 25% 그렇다 ⑤ 거의 그렇지 않다

소속된 부서는 매주 교사모임을 진행하고 있습니까?

① 그렇다 ② 그렇지 않다

매주 교사모임을 통해 다음 주 교사플래너의 핵심 내용(예배, 성경공부, 프로그램, 주간목회)을 확인 · 점검하고 있습니까?

① 100% 그렇다 ② 75% 그렇다 ③ 50% 그렇다 ④ 25% 그렇다 ⑤ 거의 그렇지 않다

4. 현재 진행되는 BCM 예배는 주어지는 지침과 자료대로 진행되고 있습니까?

① 100% 그렇다 ② 75% 그렇다 ③ 50% 그렇다 ④ 25% 그렇다 ⑤ 거의 그렇지 않다

주일 예배 시작 전에 교사들이 어린이와 청소년들을 환영하는 퍼포먼스를 진행하고 있습니까?

① 100% 그렇다 ② 75% 그렇다 ③ 50% 그렇다 ④ 25% 그렇다 ⑤ 거의 그렇지 않다

주일 예배시 설교가 제공되는 자료대로 선포되고 있습니까?

① 100% 그렇다 ② 75% 그렇다 ③ 50% 그렇다 ④ 25% 그렇다 ⑤ 거의 그렇지 않다

예배 중 "놀이천국", "재미퐁퐁", "Touch By Love" 등이 자료와 지침대로 진행되고 있습니까?

① 100% 그렇다 ② 75% 그렇다 ③ 50% 그렇다 ④ 25% 그렇다 ⑤ 거의 그렇지 않다

찬양과 기도가 진행되는 중에 어린이와 학생들을 위한 중보 기도를 하고 있습니까?

① 100% 그렇다 ② 75% 그렇다 ③ 50% 그렇다 ④ 25% 그렇다 ⑤ 거의 그렇지 않다

설교가 진행되는 중에 설교자와 아이들의 영적 부흥을 위해 기도하고 있습니까?

① 100% 그렇다 ② 75% 그렇다 ③ 50% 그렇다 ④ 25% 그렇다 ⑤ 거의 그렇지 않다

예배를 마친 후, 반 어린이나 청소년을 세상에 파송하는 일을 최선을 다해 진행하고 있습니까?

① 100% 그렇다 ② 75% 그렇다 ③ 50% 그렇다 ④ 25% 그렇다 ⑤ 거의 그렇지 않다

5. 매주 주어진 공식 교재로 성경공부를 진행하고 있습니까?

① 그렇다 ② 그렇지 않다

주간 목회 지침에서 제공하는 대로 성경공부를 주 2시간 이상 충실히 준비되고 있습니까?

① 100% 그렇다 ② 75% 그렇다 ③ 50% 그렇다 ④ 25% 그렇다 ⑤ 거의 그렇지 않다

교사플래너에 제공된 교수학습 준비 순서대로 성경공부를 준비하고 있습니까?

① 100% 그렇다 ② 75% 그렇다 ③ 50% 그렇다 ④ 25% 그렇다 ⑤ 거의 그렇지 않다

교단의 교재가 제공하는 지침대로 성경공부를 30분 정도 진행하고 있습니까?

① 100% 그렇다 ② 75% 그렇다 ③ 50% 그렇다 ④ 25% 그렇다 ⑤ 거의 그렇지 않다

6. 매월 교사플래너가 제공하는 프로그램을 2회 이상 진행하고 있습니까?

① 그렇다 ② 1회 정도 진행한다 ③ 그렇지 않다

주어진 지침대로 프로그램을 잘 진행하고 있습니까?

① 100% 그렇다 ② 75% 그렇다 ③ 50% 그렇다 ④ 25% 그렇다 ⑤ 거의 그렇지 않다

7. 매주 제공되는 주간목회 활동을 그 지침대로 철저히 실행하고 있습니까?

① 100% 그렇다 ② 75% 그렇다 ③ 50% 그렇다 ④ 25% 그렇다 ⑤ 거의 그렇지 않다

다음 주간목회 활동들을 보고 본인이 반드시 실행하는 순서로 번호를 적어 보십시오.

① 독서( ) ② 성경공부 준비( ) ③ 심방( ) ④ 교사간 교제( ) ⑤ 학습자 중보기도( )

본인은 주간목회 활동을 어느 정도 실행하고 있다고 생각하십니까?

① 100% ② 75% ③ 50% ④ 25% ⑤ 거의 하지 않는다

학습자 심방시 반 목회 팁이 제공하는 지침을 적극 활용하고 있습니까?

① 100% 그렇다 ② 75% 그렇다 ③ 50% 그렇다 ④ 25% 그렇다 ⑤ 거의 그렇지 않다

학생들 심방은 주로 어떤 방법을 사용하십니까?

① 문자로 ② 전화를 통해 ③ 학교나 학원 방문 ④ 가정방문 ⑤ 주간 접촉 없다

8. 교사의 사역을 처음 시작할 때 교회교육의 기초에 관한 교육을 받았습니까?

① 그렇다 ② 그렇지 않다

BCM 반 목회 실천의 실행력을 높이기 위해 지도자에게 정기적으로 점검을 받고 있습니까?

① 매일마다 ② 매주마다 ③ 월 단위로 ④ 분기 단위로 ⑤ 거의 없다

BCM 반 목회를 풍성하게 실천하기 위해 별도의 교사교육을 받은 적이 있습니까?

① 매주마다 ② 월 단위로 ③ 분기별로 ④ 1년에 한 번 ⑤ 거의 없다

BCM 반 목회를 풍성하게 실천하기 위해 학습자의 부모와 얼마나 자주 대화하고 있습니까?

① 매주마다 ② 월 단위로 ③ 분기별로 ④ 1년에 한 번 ⑤ 거의 없다

교사로서 사역하면서 교회로부터 물심양면 충분한 지원을 받고 있다고 생각하십니까?

① 100% 그렇다 ② 75% 그렇다 ③ 50% 그렇다 ④ 25% 그렇다 ⑤ 거의 그렇지 않다

감사합니다.